国家出版基金项目
NATIONAL PUBLICATION FOUNDATION

《尚書》學文獻集成·朝鮮卷

錢宗武 主編

15

鳳凰出版社

二〇一二年度國家社科基金重大招標項目

二〇一九年度國家出版基金資助項目

二〇一五年度江蘇省文化産業引導資金文化藝術精品補助項目

圖書在版編目（CIP）數據

洪範羽翼 / 錢宗武主編. -- 南京 : 鳳凰出版社,
2024.6
（《尚書》學文獻集成. 朝鮮卷）
ISBN 978-7-5506-4151-8

Ⅰ. ①洪… Ⅱ. ①錢… Ⅲ. ①《尚書》—研究 Ⅳ.
①K221.04

中國國家版本館CIP數據核字(2024)第042454號

書　　名　洪範羽翼
主　　編　錢宗武
整 理 者　王春華　傅永聚　于聯凱　孫永選　高尚舉
責任編輯　郭馨馨　陳曉清　王淳航　汪允普　李　霏
裝幀設計　姜　嵩
責任監製　程明嬌
出版發行　鳳凰出版社(原江蘇古籍出版社)
　　　　　發行部電話025-83223462
出版社地址　江蘇省南京市中央路165號,郵編:210009
照　　排　南京凱建文化發展有限公司
印　　刷　蘇州市越洋印刷有限公司
　　　　　江蘇省蘇州市吴中區南官渡路20號,郵編:215104
開　　本　880毫米×1230毫米　1/32
印　　張　159.75
字　　數　2914千字
版　　次　2024年6月第1版
印　　次　2024年6月第1次印刷
標準書號　ISBN 978-7-5506-4151-8
定　　價　2328.00圓(全十二册)
(本書凡印裝錯誤可向承印廠調换,電話:0512-68180788)

第十五册目録

洪範羽翼

《尚書》學文獻集成·朝鮮卷　第十五册

洪範羽翼

禹汝楙　著
王春華
傅永聚　整理
于聯凱

提要

《洪範羽翼》爲涑川禹汝楙（一五九一——一六五七）的著作。禹汝楙是朝鮮慶尚道安義縣（今爲咸陽郡安義縣）人，字太伯，世稱涑川先生，籍貫爲丹陽。二十六歲（光海八年）考中進士，四十四歲（仁祖十二年）登文科，歷任司憲府持平、河東縣監，丁父憂返鄉，居喪三年後，繼續蟄居鄉村，六十七歲（孝宗八年）終於家。

涑川具有出衆的材質，年少時，曾深受西厓柳成龍、白沙李恒福等元老宰相賞識，但作爲一個成長於鄉村的儒生，未易進入中央政界，登科後一生沉淪下僚，雖然繼承父、祖之家學，未能與京鄉師友廣泛交流，見聞未得開闊。或説受業於桐溪鄭蘊，但不詳其所授受。總之，他卓越、豐富的學問，多爲積學而成。

涑川於經史子集諸書無所不讀，尤好《周易》、《尚書》之《洪範》，嘗逐字逐句尋求二書經義，每遇疑難，思索和誦讀不息，直至通透方止，有廢寢忘食之勤。涑川的著作頗多，有

《詩經集疑》《書經集疑》《春秋要議》《春秋補案》《四書釋義》《家禮增撰》和精心之作《周易》的《象辭會成》《繫辭通義》等，而還有三種有關《洪範》的力作，即《洪範羽翼》四十二篇、《洪範衍義》八篇、《箕範》兩篇，此書比之《周易》是更爲精心的結晶，可稱爲韓國經學史上罕見的研究成果。

其中，《洪範羽翼》在韓國衆多有關《洪範》的著作中，是最爲出色的名著。當時，朝鮮學者對『洪範學』的理解和論述多基於宋明性理之學，即以性理學説明水、火、木、金、土之五行特性，其理論過度繁縟，不易理解。涑川《洪範羽翼》採取中國古代類書的體例編纂而成，他汲取了明代以前中國歷代學者，特别是唐宋兩代學者所編類書的成果，又加上自己的搜羅寫出了一部内容豐富，涉及社會歷史各個方面的著作。全書共分爲四百二十餘部，分述各類專題，在中國古代幾部著名類書和其他文獻的基礎上又有所發展。如『一五行一曰水』條，先引諸家之説以論『水』之德性及特性，以《左·昭十七》梓慎『水，火之牡也』之論，明五行之相勝。又引《説文》『水，準也。準，平物也。北方之行也。象衆水並流，中有微陽之氣也。』解説水滿則溢之特性以爲天下之準，水於方位爲北。又論水之象形字，外虚内實，以至柔可以克剛。又引《元命包》：『水者，天地之包幕，五行之始焉；萬物之所由生，元氣之津液也。』論『水』生化萬物之功能。凡引二十一家以明『水』之德性及功能。由水而論『水瑞』『水患』『水灾』『風濤之險』『海』『潮』『浙江潮』『河』『河瑞』『河灾』『河清』『天河』『江』『江灾』『沱潛汜』『淮』『淮灾』『漢』『漾沧浪沔』『漢灾』『濟』『汶』『淄澠』『泗沂灾』『淇泉』『伊洛瑞』『洛伊灾』『瀍澗波穀灾』『涇渭』『涇渭灾』『灃』『漆沮』『黑弱』『汝潁』『溱洧』『漳滏』『汴』『天池』『湖澤』『池沼』『淵』『源』『泉』『甘泉、醴泉』『温泉』『井鹽井』『川』『溪澗』等四十餘條目，連類而及，輾轉引述，如論『河』則有『河瑞』『河灾』『河清』『天河』，其内容是對《洪範》『五行 一曰水』理解上的擴展與深化。

由於涑川在以上述論中自覺或不自覺地列述了『水利』與『水害』的問題，因而對於更深刻理解『洪範八政』的思想内涵是有重要意義的。另一方面是，由於本書是按照中國古代類書的體例編纂的，僅本册即引用中國古代文獻一千四百餘種，因之，本書完全可以獨立於類書之林並無愧於優秀類書之稱號。至於有助於了解名物學及增廣見聞等功用，更是題中之義。

據《涑川年譜》，禹汝楙十六歲時已關注《洪範》，而有關《洪範》的三種著作都完成於他六十歲時，欲獻給朝廷資君爲治。此三書是否獻君王一覽，朝廷有何反應，資料闕如，無以知曉。

禹汝楙過世一百三十餘年後，赴任於安義縣的縣監燕巖朴趾源讀《洪範羽翼》，敬佩不已而爲之作序，使涑川的『洪範學』賦有劃時代的意義。當時，燕巖是實學派，特别是利用厚生派的中心人物，在思想、見識方面是時代的尖端人物，他作序强調解釋五行是實用爲主的利用厚生學。總之，燕巖具有將五行説從思辨哲學轉换成『實用主義』的思想。燕巖引伸、發揮涑川的學説，大幅提升了涑川學術史的位置，而燕巖之實用主義的思想經過涑川經義的發揮得以發揚，而涑川的學問亦託燕巖而得新的意義。

本書據韓國禹炳台氏所藏本整理。

以今觀之，應該説，涑川對於《洪範》的研究已經沖破了以思辨哲學爲主的狀態，而引導人們把目光投向國計民生等實際事務，這是值得重視的一件事。這種狀况的形成，除與涑川本人的殫精竭思，孜孜求之的態度有直接關係外，還與當時整個東亞地區經濟形態的發展，例如資本主義生産關係的萌芽等有一定關係。

涑川先生是一位飽讀儒家經典的儒學大家，對《詩》《書》《禮》《樂》《易》《春秋》等儒學原典及後世儒學著作、儒士詩詞皆有很深造詣，對儒家名言名句及名詩皆可信手拈來，背誦如流，這就爲他在列述諸種實際事物時能以儒家學説分析説明提供了可靠條件。使讀者在了解某項實際事物時，同時領會了有關的儒學義理。上面已指出《洪範羽翼》可以説是一部優秀的類書，但是從另一方面來説，又是一部結合實際事物闡述儒學原理的著作。

因而是一部值得今人認真閱讀的優秀之作。當然，像一切歷史文獻一樣，涑川先生的《洪範羽翼》也存在着若干局限，例如，鄙視『夷狄』的封建正統觀念，因果報應思想和其他迷信意識等。但是從總體上看，涑川之著作仍是瑕不掩瑜，應該説這份屬於世界各國人民的珍貴文化遺産必將價值永存。

詩序

風驪受圖而八卦畫，洛龜負文而九疇叙。由是則可以演之而作《易》也，由是則可以叙之而作《範》也。然而，河圖之數演於羲、文，而名之以《周易》則得也；洛書之數叙於禹、箕，而載之於《周書》則備也。不有五行之傳，則誰知《洪範》之爲範，而或未免卦一而漏八也；不有經世之書，則誰知《洪範》之爲範，而或未免滿九而除八也。眇眇予末，倀倀擿埴，半世劬書，出入經史，一篇箕《範》，推衍增益於五行而衍在天之五行，於五事而衍在人之五事。衍之而農用之八，未嘗不衍。衍之而協用之五，未嘗不衍。皇極之衍，而推而至於三德而衍之。稽疑之衍，而推而至於庶徵而衍之。衍之而五福之享，誠不可以不衍；衍之而六極之威，尤不可以不衍。則使皇之建極，君盡君道；而皇之不極，則君不君也。皇之建極，臣盡臣道；而皇之不極，則臣不臣也。建其有極，乃所以爲人父而止於慈；而父不父，則皇之不極也。建其有極，乃所以爲人子而止於孝；而子不子，則皇之不極也。夫婦之別，極之所以建，而非惟不能建極，而至於咏《白華》之詩，則是極之不建也。朋友之信，極之所以建，而非惟不能建極，而至於吟《谷風之什》，則是極之不建也。於以用五事，五事豈有不敬？而一切反是，則事不可以用也。於以用八政，八政豈有不農？而一切反是，則政不可以用也。五紀之協，必於是，而天反時則協其協，而非吾所謂協也。三德之乂，必於是，而人反德則乂其乂，而非吾所謂乂也。既已衍於庶徵，而又以衍於五福，則五福之臻如日之昇也。又以衍於稽疑，而亦以衍於六極，則六沴之消如冰之釋也。况初一之疇，不言其用，而一之有汩，九之不畀，故言其質之具於地，則衍而又衍而無適，而非用也。言其氣之行於天，則衍而又衍而無適，而非用也。且自初一而至次九，而爲九疇之綱，則神禹以之，自五行而至六極而爲九疇之目。則箕子以之，發之於禹，而叙在洛之數，則所謂天不人不因也。成之於箕而推在天之數，則所謂人不天不成也。台之生，適在東夏，則受箕子之賜；而台之姓，乃爲禹字，則以神禹之錫，故於是乎衍禹、箕之叙而又從而爲之詩。

詩曰：『南士留參日，東坡在惠年。憑將賣兔訓，題作衍龜編。惚恍三才裏，分明兩眼前。吾言如不信，請更問皇天。』

皇明崇禎閼逢〔一〕涒灘〔二〕三三後九年，橫艾執徐七七越十日，丹山後人涑川禹汝楙題於參禮驛亭。

〔一〕　今按：閼逢，《史記・曆書》作『焉逢』，與天干中『甲』相對應。《爾雅・釋天》：『太歲在甲曰閼逢。』古用以紀年。

〔二〕　今按：涒灘，《爾雅・釋天》『〔太歲〕在申曰涒灘』，與地支中的申相對應。橫艾，與天干中的壬相對應。《爾雅・釋天》：『〔太歲〕在辰曰執徐。』

卷之一

初一曰五行

朱子曰：『五行質具於地，氣行於天。以質而語其生之序，則曰水、火、木、金、土。以氣而語其行之序，則曰木、火、土、金、水。』

真西山曰：『五行者，天之所生以養乎人者也。其氣運於天而不息，其材用於世而不匱，其理則賦於人而爲五常。以天道言，莫大於此，故居九疇之首。』

陳大猷曰：『五氣運行於天地間，未嘗停息，故名五行。』

《禮運》孔子曰：『故人者，五行之秀氣也。播五行於四時，和而後月生也。五行之動，迭相竭也。五行四時十二月，還相爲本也。故人者，五行之端也。故聖人作則，五行以爲質。五行以爲質，故事可復也。』

《家語》孔子曰：『「天有五行：水、火、金、木、土，分時化育，以成萬物。」其神謂之五帝。古之王者，易代而更號，取法五行，五行更旺[一]，終始相生，亦象其義。是以太昊配木，炎帝配火，黄帝配土，少昊配金，顓頊配水。』孔子曰：『所尚則各從其五行[二]之德次焉。夏以金德，色尚黑，金次水，故尚黑。殷用水德，宜尚青，而尚白者避土象之尚青。周以木德，色尚赤，木次火，故尚赤。』

《漢・律曆志》：『共工雖有水德，在木火之間。秦以水德，在周、漢木火之間。』

《王莽傳》：『贊：莽非命之運，紫氣蛙[三]聲，餘分閏位。』

《光武記》：彊華赤伏符：『劉秀發兵捕不道，四七之祭火爲主。』

天寶崔昌議：自魏晋至周隋皆不得爲正統，欲唐遠繼漢統。

《伊川語録》：『唐土德，少河患。本朝火德，多水灾。』

《長編》徐鉉曰：『莊宗中興，土運相傳，晋以金，漢以水，周以木。宋運膺火德。宋高宗趨應天府，耿南仲議本朝以火德王，請曰建炎，爲壇於宋之陽，名曰中興受命之壇。至道

〔一〕今按：『旺』，四部叢刊本《孔子家語・五帝第二十四》卷六作『王』。
〔二〕今按：『五行』，四部叢刊本《孔子家語・五帝第二十四》卷六『所王』。
〔三〕今按：『蛙』，中華書局《漢書・王莽傳》『圭黽』。

九[一]年，知通利軍錢昭獻赤烏、白兔，上曰：「烏色如渥丹，信火德之符也。」』

劉峻晋金行不競。

王融《序》：『冠五行之秀氣。』

歷代德運，林駉至論。『「五行相勝」鄒衍説也，「五行相生」劉向説也。若以相勝而言，則舜受堯之天下，是有勝堯之心。禹受舜之天下，是有勝舜之心。如其以商之金而克夏之木，則是彰湯之得天下出於本心矣。如其以周之火而克商之金，則是彰武之得天下出於本心矣。徒見夫商尚白故以謂尚金，周尚赤故以謂尚火。若從相勝之説則夏之木德，胡爲而尚黑？徒見夫夏有青龍之瑞，以爲尚木。商有銀山之祥，以爲尚金。若從相勝之説，則周之火德，胡爲有白魚之瑞？秦本西戎，餘分閏位。班固削而不取焉。繼周者，漢也。自魏至隋[二]皆非正統，崔昌去而不用焉，繼漢者唐也。

莊宗中興，土運未絶。一傳而晋以金，再傳而漢以水，又再傳而周以木。我宋運膺火德。受命宋分，星應火[三]辰火之祥也。收復河東，日在重午，火所旺也。赤烏報蕃昌之

[一] 今按：『九』，中華書局《續資治通鑒長編》作『元』。
[二] 今按：底本作『隋』，當作『隋』。
[三] 今按：『火』，《古今圖書集成·明倫彙編皇極典帝運部》作『人』。

兆，紅光彰誕育之祥。大觀高宗生。赤帝有祭也，商丘有祠也，乾德。色尚赤也，臘用戌也。

一五行一曰水

《左・昭十七》梓慎曰：『水，火之牡也。』

《説文》：『水，準也。準，平物也。北方之行也。象衆水並流，中有微陽之氣也。』徐曰：『衆屈爲堅〔一〕，至柔，能攻堅，故一其内也。』

《元命包》：『水者天地之包幕，五行之始焉；萬物之所由生，元氣之津〔二〕液也。』

《子華子》：『水涵太一之中精，故能潤澤萬〔三〕物，而行乎地中。』

《易》：『水流濕，坎爲水。』

《坎・象》：『習坎，重險也，水滋〔四〕而不盈，行險而不失其信。維心亨。乃以剛中也，

〔一〕今按：『堅』，《康熙字典》作『水』。

〔二〕今按：『津』，上海古籍出版社（安居香山中村璋八輯）《緯書集成》作『腠』。

〔三〕今按：『萬』，清程林《醫暇卮言》作『百』。

〔四〕今按：『滋』，中華書局《十三經注疏》本作『流』。

行有尚，往有功也。』

《荀子》：『民者，水也。水能載舟，亦能覆舟。』〔一〕

《中庸》：『今夫水，一勺之多，及其不測，黿鼉蛟龍魚鱉生焉，貨財殖焉。』由其不思以致盛大，非由積纍而後大。

《淮南子》：『天下之物，莫柔弱於水，然而大不可極，深不可測，修極於無窮，遠淪於無涯。上天則爲雨露，下地則爲潤澤。萬物不得不生，百事不得不成。大包群生而無好憎，澤及蚑蟯而不求報，行而不可得窮極也，微而不可得把握也，擊之無創，刺之無傷，斬之不斷，焚之不然，動溶無形之域，而翺翔忽區之上；邅迴川谷之間，而滔騰大荒之野。是故無所私而無所公，無所左而無所右，靡濫振蕩，與天地澒洞，蟠委錯紛，與萬物始終，是謂至德也。』〔二〕

子華曰：『水有四德：沐浴群生，澤流萬世，仁也；揚清激濁，滌蕩塵穢，義也；柔而難犯，弱而難勝，勇也；導江流〔三〕河，變盈流謙，智也。』

〔一〕今按：『水能載舟，亦能覆舟』，諸子集成《荀子集解》作『水則載舟，亦則覆舟』。

〔二〕今按：『紛』，諸子集成《淮南子》作『紾』。

〔三〕今按：『流』，《藝文類聚》作『疏』。《藝文類聚》無『柔而難犯』四字。

《説苑》：孔子曰：『夫水者君子比德焉。遍予而無私，似德；有所及者生，似仁；淺者流行，深者不測，似智；受惡不让，似包蒙；不清以入，鮮潔以出，似善化。』

《孫卿子》：孔子曰：『夫水遍與諸生而無爲也，似德。其流也埤下，裾拘必循其理，似義。其洸洸乎不淈盡，似道。其赴百仞之谷不懼，似勇。主量必平，似法。盈不求概，似正。淖弱微達，似察。出入就潔，似善。萬折必東，似忠。是以君子見大水必觀焉。』〔一〕

《論語》子曰：『智者樂水。』周流無滯，有似於水。

《韓詩外傳》：『夫智者何以樂於水也？曰：「夫水者，緣理而行，不遺小間，似有智者；動而下之，似有禮者；蹈深不疑，似有勇者；障防而清，似知命者；歷險致遠，卒成不毁，似有德者。天地有成，群物以生，國家以寧，萬事以平，品物以正，此智者所以樂於水也。」』〔二〕

東坡：『天下之至信者，惟水而已。』

《揚子》或問：『進。』曰：『水。』或曰：『爲其不舍晝夜與？』曰：『有是哉！滿而後漸

〔一〕　今按：『忠』，諸子集成《荀子集解》作『志』。禹汝楙本『簡稱禹本』無『盡』字。

〔二〕　今按：『天地有成』，四部叢刊初編《韓詩外傳》作『天地以成』。

者，其水乎？』

《孟子》：『孺子歌曰：「滄浪之水清兮，可以濯我纓；滄浪之水濁兮，可以濯我足。」孔子曰：「自取之也。」』

記水位居坎而其流歸東者，由其生於天，一行於地中也。

屈子賦：『東流不溢，孰知其故？』

柳子曰：『東窮歸虚，又環西盈。充融有餘，泄漏復行。器運脉脉，又何溢焉〔一〕！』

朱子曰：『水流東極，如沃焦釜，氣盡而散；無有遺餘。』歸虚、尾閭亦有沃焦之號。

杜詩曰：『政化平如水。』

水瑞

李寻对，德裕奏。漢李尋對哀帝曰：『五行以水爲本，王道公正修明，則百川理，絡脉通；偏黨失綱，則涌溢爲敗。』德裕奏：《唐書》：寶曆二年，亳州言出聖水，飲之者愈疾。

〔一〕今按：『焉』，中華書局《柳宗元集》作『爲』。

李德裕奏曰：『訪聞此水，本因妖僧誑惑，昔吴時有聖水，宋、齊有聖水〔一〕，事皆妖妄，古人所非。乞下本道觀察使令狐楚，速令填塞，以絶妖源。』從之。

谷水平〔二〕，女水竭。《唐書》：新豐鸜鵒谷水清，世傳谷水平〔三〕，天下平。《述征記》：『臨淄牛山下有女水，齊人諺曰：「世治則女水清，世亂則女水竭。」故慕容超時乾涸，彌載，及宋武北征乃激洪流。』

變芳醪，涌孝水。宣皇在蕃時，常從駕墮馬，歸中因渴，求水，曰：「我光王也。」及以水進，舉杯悉變爲芳醪。』醴陵縣學前有孝水涌出，自地如絲如霧，用白器入水，酹而澄之，其色深緑，可以書字。每出則其年登科者必多。

大王水，籠覆水。漢武時，竹王興於遊水，有一女子浣於水濱，有三節大竹流於足間，推之不去，聞有聲，破之得一男兒，遂雄夷濮氏，竹爲姓。所損破竹於野成林。王祠竹林是也。王至石上命作羹。從者白無水。王以劍擊石，出水，今竹王水是也。《周禮》：『司烜

〔一〕今按：『水』，中華書局《舊唐書・李德裕傳》作『火』。無『飲之者』三字。
〔二〕今按：『谷水平』，四部叢刊三編《太平御覽》作『谷水清』。
〔三〕今按：『世傳谷水平』，四部叢刊三編《太平御覽》作『世傳此水平』。

氏掌以鑑取明水於月，以共祭祀之明齍，共明水。』『明明者[一]，世謂之方諸，取日之火，月之水，欲得陰陽之潔氣也。』明水以爲玄酒，明齍謂以明水修滌齍盛黍稷。《周禮》：『水有時以凝，有時以澤，此天時也。』《續述征記》：『梁鄒城西有籠水，云齊孝娥[二]誠感神明，涌泉發於室，潛以績籠覆之。』

水患

洪水，洚水。《書》：帝曰：『咨！湯湯洪水方割，蕩蕩懷山襄陵，浩浩滔天。下民其咨，有能俾乂？』僉曰：『鯀哉。』帝曰：『吁！咈哉，方命圮族。』《堯典》。帝曰：『格，汝禹！洚水警汝[三]，成允成功，惟汝賢。』《禹謨》。禹曰：『洪水滔天，浩浩懷山襄陵，下民昏墊。予乘四載。』《益稷》。

《孟子》：『當堯之時，洪水横流，氾濫於天下。』水逆行，氾濫於中國。

[一] 今按：『明明者』，中華書局《十三經注疏》作『取水者』。
[二] 今按：『齊孝娥』，上海古籍出版社《藝文類聚》作『齊孝婦』。
[三] 今按：『洚水警汝』，中華書局《十三經注疏》作『降水儆予』。

《書》曰：『洚水警〔一〕予。』洚水者，洪水也。胡雲峰曰：『洚水自繫乎氣化，而曰警予。所以未嘗不反而求諸人事也。』

宋水，魯水。《左・莊十一》：秋，宋大水。公使吊焉。對曰：『孤實不敬，天降之灾。』臧文仲曰：『宋其興乎！列國有凶稱孤，禮也。言懼而名禮，其庶乎。』言懼罪己名禮稱孤。《廿五秋，大水。鼓，用牲于社、于門，亦非常也。』失常禮。《桓元》：秋，大水，凡平原出水爲大水。胡氏曰：『大水者，陰逆而與冤氣並之所致也。桓行逆德，而致陰沴，宜矣！』《桓七》〔二〕：秋，大水，無麥苗。胡氏曰：『書大水，畏天灾也。「無大水」，重民命也。』

文年水〔三〕，武年水。漢文十三，秋，大雨，藍田淹。民室八千餘所，殺三百餘人。時新垣平得幸，歲餘謀逆誅。漢武元狩三夏，山東大水，徙貧民於關西、朔方。發明，此魏巒移民移粟之故智也。

成帝水，王莽水。六夏，大水，人餓死。書法，書大水六十三，書人餓死，一而已矣。成

〔一〕今按：『警』，中華書局《十三經注疏》作『儆』。

〔二〕今按：『桓七』，中華書局《十三經注疏》作『莊公七年』。

〔三〕今按：『文年水』與今本記載有異。中華書局（東漢班固）《漢書・五行志》載：『文帝後三年秋，大雨，晝夜不絶三十五日。藍田山水出，流九百餘家。燕。壞民室八千餘所，殺三百餘人。』

帝建始三夏，霖雨，殺四千餘人，壞官寺民舍八萬三千餘所。讖曰：『水者，純陰之精。小人專制擅權，治疾賢者，依公結死，侵乘君子，矢懷得志，故涌水爲灾。』王莽天鳳二，邯鄲以北大雨，水，流數千餘人。

漢殤水，晉武水。殤帝元，詔曰：『水灾，傷〔一〕稼，朝廷憂懼。而郡國多張墾田，競增户口；掩匿盜賊，「不畏于天，不愧于人。」』書法，書懼灾也，大后於是賢矣。晉武泰始五，青、徐、兖大水。書法，去年書大水，於是復大水，變異可謂頻矣。

咸寧水，太康水。咸寧二七月，河南、魏郡暴水，殺百餘人。閏月，荆州流四千餘家。去年擇良家子女，露面入殿，有蔽匿者以不敬論。搢紳愁怨，陰盛之應也。咸寧四秋，大水。杜預以爲：『宜敕兖、豫等州留漢氏舊陂，以蓄水，餘皆决瀝，令飢者盡得魚菜螺蚌之饒。』從之。太康二夏，泰山流，殺六千餘人。時平吴，收吴姬五千，納之後宮。

晉元康之水，宋元和之水。惠帝元康五六月，荆、揚、兖、豫、青、徐州大水。書法，大異也，水殆半天下矣。宋延和三，宋大水。設酒禁。揚州西曹主簿沈彦以爲酒糜穀而不足療饑，請禁止，從之。

〔一〕今按：『傷』，中華書局《後漢書·孝殤帝》作『妨害秋』。

魏李崇，漢王尊。魏延昌二，壽陽大水。揚州刺史李崇勒兵泊城上，城不没者二板。將佐勸棄壽陽保北山，崇曰：『吾豈以愛身，而取愧於王尊哉！』〔一〕漢成時王尊爲東郡太守。河水泛浸瓠子金堤，王尊沉白馬，祀水神。請以身填金堤。水盛堤壞，吏民奔走。尊〔二〕，立不動。水波稍迴。

太和之水，咸安之水。海西太和六六月，京師大水，侵及太廟〔三〕。朱雀大航纜斷，三艘流入大江，稻稼蕩没，黎庶饑饉。簡文十二月，咸安之水入石頭。明年，妖賊盧竦率其屬數百人入殿，略取武庫甲仗，游擊毛安之討滅之。孝武太元十三十二月，水入石頭。毁大航，殺人。明年，尒容氏〔四〕寇擾司兖。

元興二年，天監六年。安帝元興二，桓玄簒位。明年二月，濤入石頭。梁天監六八月，建康大水，濤上御道七尺。中大通五五月，御道通船。《易飛候》曰：『大水至國，賤人將貴。』侯景僭號之應也。

〔一〕今按：『吾豈以愛身』，四部叢刊初編《資治通鑒・梁紀三》作『豈愛一身』。

〔二〕今按：『尊』，中華書局《漢書・王尊傳》作『唯一主簿泣在尊旁』。

〔三〕今按：『侵及太廟』，中華書局《晋書・五行志》作『浸及太廟』。

〔四〕今按：『尒容氏』，中華書局《晋書・五行志》作『慕容氏』。

永徽四月，永徽六月。唐永徽五，閏四月，帝在萬年宮，夜大水。書法，書帝在何咎不明也。六月〔一〕，恒州大水。胡氏曰：『謂治亂非天數耶？則周秦卜世，漢家陽九。隋蕭平仲、唐李淳風之言不誣也。謂皆天數耶，則高宗正厥事，周公代兄死，宣王側身修行，旱不爲灾之應，不誣也。天於高宗再三譴告。惜乎高宗之不察也。』

嗣聖元年，貞元八年。嗣聖元七月，温州大水〔二〕，括州大水〔三〕。書法，大水，何陰盛之徵也。爲昭儀，則書萬年宮大水，書恒州大水。武氏，秋水也。爲皇后，則書括州海濤，御殿，紫宸。則書温州大水，括州大水。土之不勝，有自來矣。貞元八年，四十餘州大水。陸贄請遣使賑恤，乃遣奚陟等宣務諸道。書法，此其大，何無不大也。延齡大用，小人之陰盛矣。

唐出宮人，漢與貧民。元和八六月，大水。上以爲陰盈之象，出宮人二百車。漢安帝

〔一〕今按：即『永徽六年六月』。

〔二〕今按：『嗣聖元七月，温州大水』，未見兩《唐書》有載。但《新唐書》《舊唐書》載：文明元年十月，温州大水，漂流四千餘家。

〔三〕今按：『嗣聖元七月……括州大水』，未見兩《唐書》有載。但《新唐書·五行志》載：『總章二年六月，括州大風雨，海溢，壞永嘉、安固二縣，溺死者九千七十人。』

以公田賦與貧民，遣使廪貸冀、兗流民。書法，以大水故也。

水灾

秦武王，秦昭王。《國史異纂》：懷州北有丹水，其源出長平山。傳云：秦殺趙卒，其水變赤，因以爲名。秦武王三年，渭水赤三日。昭王三十四年，渭水又赤三日。

睢水之逆，池水之赤，臨水爲血。光武廿四六月，沛國睢水逆流一日一夜。安帝永初六，河東池水色赤如血。元初二，襄城臨水化爲血。京房占曰：『水化爲血，兵且起。』

池水如血。晋武帝大康五六月，魯國池水赤如血。

淮水之赤，浦水之黑。齊東昏侯永元元七月，淮水赤如血。陳宣帝禎明二四月，浦水黑，黑水在關中。而淮南水黑，荆揚之地。陷于關中之應。

國人之請，子産不許。《左・昭十九》：鄭大水。龍鬥于時門之外洧淵城門洧水門。國人請爲禜焉，子産不許，曰：『我鬥，龍不我覿也。龍鬥，我何狝〔一〕覿焉。禳之則彼其室

〔一〕今按：『狝』，《藝文類聚》卷九十六《鱗介部上龍》作『獨』。

也。吾無求於龍，龍亦無求於我。』乃止也。傳言：子産之智。

長安水影，深州水影。苻堅時，遠觀若水，視地見人。大曆末，人馬往來如在水中。青之水影，謂之地鏡。宋文帝元嘉廿五。

風濤之險

義方之誓，蘇頌之號。唐王義方素善張亮，亮抵罪。貶吉安丞，道南海，舟師持酒脯祈福，義方酌水誓江曰：『有如忠獲戾，孝見尤，四維廓氛，十〔一〕里安流。神之聽之，無作神羞。』天雲開露。人壯其誠。宋蘇頌知婺州，泝桐江，水暴迅，舟欲覆。魏國大夫人在舟，幾溺。公哀號赴水救之，舟忽自正。夫人甫出，及岸，舟乃覆。衆以爲誠孝所感。

謝安之吟，跛男之濟。謝安與孫綽等泛海，風起浪涌，諸人皆懼，吟嘯自若，衆服雅量。唐袁天綱嘗渡江，叩舟而還。左右請故，曰：『舟人鼻下氣皆黑〔二〕，不可以濟。』俄有一男

〔一〕今按：『十』，中華書局《新唐書·王義方傳》作『千』。無『江』字。

〔二〕今按：『黑』，中華書局《新唐書·袁天綱傳》作『墨』。

子，跛而負，就舟，客師：『貴人，濟。』天綱字曰『吾可濟江』。中風起，幾覆。跛男妻師德也。

呂端讀書，伊川正襟。呂端使高麗，遇風濤，檣折，舟人大恐。公怡〔一〕然讀書。伊川貶涪州，渡漢江，船幾覆，人皆號哭，伊川獨正襟安坐。同舟父老曰：『君無怖色，何也？』伊川曰：『心存誠敬耳。』老父曰：『心存誠敬，不若無心。』伊川欲與言，徑去不顧。

柳子《哀溺文》：冰〔二〕之氓咸善游。一日水暴甚，有五六氓乘小船，船破，皆游。其一氓盡力而不能，其侶曰：『何後？』曰：『腰千錢，是以後。』遂溺死。吾哀之，且若是得不有大貨之溺大氓者乎？吾哀溺者之死貨兮，惟大氓之爲憂。

曹娥之死，繞娥之死〔三〕。曹娥父盱溺水，娥投江而死。命邯鄲子作碑，蔡邕題云：『黄繭幼婦〔四〕，外孫齏臼。』繞娥父醉漁，風卒起，溺死。走哭水上，氣盡伏死。明日黿魚鼉

〔一〕今按：『怡』，中華書局《續資治通鑒長編》作『恬』。
〔二〕今按：『冰』，四部叢刊《增廣注釋音辯唐柳先生集》作『零陵』。
〔三〕今按：『繞娥之死』，中華書局《柳宗元集》作『饒娥之死』。
〔四〕今按：『黄繭幼婦』，東方出版社（于根元等編）《語言的故事》作『黄絹幼婦』。『黄繭』意爲『絶』，『幼婦』意爲『妙』，『外孫』意爲『好』，『齏臼』意爲『辭』。

蛟浮死萬數，鄉人葬娥鄱水西。柳子厚作碑。

海

《釋名》：『海，晦也。』主引晦濁〔一〕，其水黑而晦。

《博物志》：『天地四方，皆海水相通。地在其中，蓋無幾也。東渤海又謂滄海，南海别有漲海，西海東有青海，北海别有瀚海。』

《列子》：『渤海之東有大壑焉，實惟無底之谷，名曰歸虚。八紘之水，天漢之流，莫不注之，而無增無減焉。』

《十洲記》：『東有碧海，水不鹹苦，正作碧色。』

《山海經》：扶桑在碧海中，有蓬萊山〔二〕，有大帝宫，太真東王所居。有員海，水色正黑，謂之溟海。

〔一〕今按：『主引晦濁』，中華書局《初學記》作『主引穢濁』。

〔二〕今按：『有蓬萊山』，中華書局《山海經》作『蓬萊山在海中』。

《書》：『江漢朝宗于海。』

《揚子》：『百川學海而至于海。』

《莊子》：『萬川歸之，不知何時止而不盈；尾閭泄之，不知何時已而不虚。』

陽侯爲神，帝女爲鳥。《博物志》：陽國侯溺水，爲大海之神。

《山海經》：發鳩之山，有鳥曰精衛。是炎帝之女，遊東海而不返，常銜西山木石，填東海。〔一〕左思賦曰：『犴犴〔二〕精衛，銜木償怨。』庾信賦曰：『豈冤禽之能塞海。』李白詩曰：『精衛費木石。』杜甫詩曰『浪作禽填海』是也。

我聖乘桴，師陽入海。《論語》子曰：『道不行，乘桴浮于海。』杜甫詩『餘力浮于海』『東逝想乘桴』是也。

磬襄之入，趙鼎之浮。少師陽、擊磬襄，入于海。《神仙傳》：麻姑曰：『東海三變爲桑田。』王方平曰：『東海行復揚塵耳。』趙鼎謫朱崖，浮海而南。見紅旗靡靡，相逐而下。舟人曰：『蓋巨鯫也。』《夷堅志》。

〔一〕今按：『填』，中華書局（方韜譯注）《山海經・北山經》作『以堙於』。

〔二〕今按：『犴』即『豣』，左思原句作『嬛』。

木華《海賦》：『包乾之奥，括坤之區。何奇不有，何怪不儲。曠哉坎德，卑以自居。』居卑故爲百川之主。

柳子《招海賈文》：『行險徼幸咨海賈兮，君胡以利易生而卒離其形？咨海賈兮，君胡東出幽險而疾平夷〔一〕？咨海賈兮，賈尚不可爲，而又海是圖。』

《韓碑》：『海於天地間，爲物最巨。自三代聖王，莫不祀事。』

《孟子》：『觀於海者難爲水。』

孔融曰：『子不見東海納萬流，浩汗不溢、不驚，君子之量當亦如此。』

《揚子》：『浩浩〔二〕之海濟，喻艱難。樓航之力也。喻國。航人無楫，如航何？喻儒喻勢位。』

潮

《説文》：『朝曰潮，夕曰汐。』

《抱朴子》：『日精生水，故月盛則潮大。又，天河入地下，與海水合，天轉之，激成潮。』

〔一〕今按：『君胡東出幽險而疾平夷』，四部叢刊初編《增廣注釋音辯唐柳先生集》作『君胡樂出幽險而疾平夷』。

〔二〕今按：『浩浩』，諸子集成《揚子法言》作『灝灝』。

又，潮者言朝來也；汐者言夕至也。一月之間，天再東再西，故潮汐再大再小也。又夏時日居西宿〔一〕，陰消陽盛，而天高一萬五千里，故夏潮大也。冬時日居北宿，陰盛陽消，而天卑一萬五千里，故冬潮小也。春时日居東宿，而天高一萬五千里，故春潮漸起也。秋时日居西宿，而天卑一萬五千里，故秋潮漸減也。』

《高麗圖經》云：『潮汐往來。天地之至信。』《山海經》以爲海鰌出入之變。《浮屠書》以爲神龍之變化。竇叔蒙《海嶠志》以爲水隨月之盈虧。盧肇《海潮賦》以爲日出乎海，衝激而成。王充《論衡》以爲水者地之血脉，隨氣進退。

大抵『天包水，水承地，而一元之氣升降於大空之中，地乘水則以自持〔二〕，且與元氣升降，互爲抑揚而人不覺，亦猶坐於船中而不知船之自運也。方其氣升而地沉，則海水溢上而爲潮。及其氣降而地浮，則海水縮而爲汐。』《臨安志》。

余道安《海潮圖序》：『古之言潮者多矣，或言如橐籥翕張，或言如人氣呼翕，或云海鰌出處，皆無經據。』

〔一〕　今按：『又夏時日居西宿』，諸子集成《抱朴子外篇佚文》作『又夏時日居南宿』。

〔二〕　今按：『地乘水則以自持』，學苑出版社（楊渭生等主編）《十至十四世紀中韓關係史料彙編上》引宋趙彦衛《雲麓漫鈔》十卷作『地乘水力以自持』。

唐盧肇著《海潮賦序》以爲『夫潮之生，因乎日也。其盈其虛，繫乎日也。月之與海同物也，物之同能相激乎，日激水而潮生，月離日而潮大。』出於胸臆不知而作者也。『陰鑑取水於月，從其類也。蓋月之所臨，則水往從之。日月右轉而天左旋，一日一周，臨於四極。故月臨卯酉則水漲乎東西，月臨子午則潮平乎南北。彼竭此盈，往來不絶，皆繫於月，不繫於日。朔望前後，月行差疾，故晦前三日潮勢極長，朔後三日潮勢極大，望亦如之。非謂遠於日也。月弦之際，其行差遲，故晦前三日潮勢極長，朔後三日潮勢極大，望亦如之。非謂遠於日也。月弦之際其行差遲，故潮之去來亦合沓不盡，非謂近於日也。夫春夏晝潮常大，秋冬夜潮常大。蓋春爲陽中，秋爲陰中。歲之有春秋，猶日之有朔望，故潮之極漲常在春秋之中，潮之極大常在朔望之後。』吳人弄潮，越王射潮，子胥死依潮往來，或有見其乘白馬素車在潮頭者，爲之立廟。每歲仲秋既望，潮水極大，杭人以旗鼓迓之，弄人之戲始此〔一〕。

馬子才〔二〕詩曰：『浙江豈無水，鴟革裹胥骸，但見潮頭怒氣如山來。』是也。梁開平四，武肅王錢氏築捍海塘，潮水衝激，又禱胥山祠。潮水避錢塘。

〔一〕今按：『弄人之戲始此』，《臨安志》作『弄潮之戲始此』。

〔二〕今按：馬存，字子才。《長淮謠爲徐先生咏》：『浙江豈無水，鴟革胥漂骸，但見潮頭怒氣如山來。』

蘇軾銘〔一〕曰：『强弩射潮，江海爲東。』是也。

《神異經》：『天下之鷄悉鳴，而潮水應之矣。』《述異記》以爲伺潮鷄。

《輿地志》：『移風縣有潮鷄，鳴如吹角，一名林鷄。』

浙江潮

捍潮，捍河。林駧《至論》。

强弩射潮，江海爲東。則論水患者，歸之天理。負薪塞流，河不爲溢，則論水患者責之人力。錢鏐武帝。夫五事既正，行無汨陳，德修明，水循故道。蔡墨擾龍之對，必謂水官以修其方。子產漳澤之官〔二〕，亦歸。臺駘能業其官。武帝时河决瓠子，議者謂江河之决，人力不可强塞也。成帝初，河决館陶，議者謂一川兼受數河，雖增堤防，不能泄也。推原其由，漢猶近古，有都水長丞，有河堤使者，有渭水司空，有陂官，雲夢等官領水之職，蓋非一人。海潮衝

〔一〕今按：銘指表忠觀碑。

〔二〕今按：『漳澤之官』林駧原作『障澤之功』。《左傳》『漳』作『障』。

溢，其患尤難。顯慶中，括州海溢，溺者九千餘人。上元中，青州海溢，漂者五千餘家。永貞中，密州海溢，至有毁城之决。大曆海溢杭州，寶曆海溢會稽，光化浙江又溢。然讀瓠子之歌，誦黄樓之賦，堤防捍築之力，此不可不講也。曩時潮水衝擊，景祐中，轉運張夏命作石堤，以防江潮。曩時潮多入市。元祐中，杭守蘇軾浚茅山〔一〕，一河受江潮，浚鹽橋，一河受湖水。錢氏立國，大城其地，壘石以衛塘，築岸以夷谷，今之通闤帶闠即朝帆百櫓之鄉，向之魚龍出没爲連甍接棟之所。中興南渡，六飛駐蹕。

馮夷海若頫首帖耳，行都千里，屹然奠枕，石塘雄峙，鮫鰐避舍。又曰：天河激涌，地機翕張，白浪黑沙，下無根着。嗟夫！斷鰲立極，猶藉人爲，湮谷塹山，具有往迹，然懷襄湯湯，不書至治，天作大水，宋其興乎！在懂德以召和修政，以治變可也。

河

李白：『君不見黄河之水天上來，奔流到海不復回。』《説文》：河出曰下也，隨地下流而

〔一〕 今按：『茅山』，中華書局《宋史·河渠志》作『茆山』。

通也。

《山海經》：崑崙山河水出焉。

《漢書》：『河有兩源：一出葱嶺，一出于闐。』

朱子曰：『河，千里一曲一直。』

以積石北行，又東折而南，應三千里至龍門爲西河。龍門地勢險，河破山以行，禹功於此最難。自龍門南流至華陰而極，始折而東至于底柱，又東至孟津，東過洛汭而爲南河，至大伾而極，始折而北流，爲東河，至兖州而爲九，復合于一，而入海。

蘇氏曰：『河，既分爲九又合爲一〔一〕，以一迎八而後入海。』

李復云：同州韓城北，瀕河有禹廟。〔二〕

漢高临带之誓，晋文投璧之誓。

《書》：『導河積石，至于龍門。』『九河既道。』既，順其道也。

《孟》：『河海之於行潦類也。』疏九河。

〔一〕　今按：『蘇氏曰：「河，既分爲九又合爲一」』，天津社會科學院出版社《天津通志》舊志點校卷中作『蘇軾曰：「逆河者，既分爲九又合爲一」』。

〔二〕　今按：李復云：『同州韓城北有安固嶺，東西四十餘里，東臨大河，瀕河有禹廟。』引用有所删略。

《詩》：河水洋洋，北流活活。置之河之干兮，河水清且直漪。誰謂河廣，一葦抗之〔一〕。誰謂河廣，曾不容刀。泛彼柏舟，在彼中河。泛彼柏舟，在彼河側。不敢憑河，在河之滸。在河之涘。在河之漘。河上乎翱翔。河上乎逍遥。

方叔之入，子犯之言。《論語》：『鼓方叔入於河。』『暴虎憑河，死而無悔。』《詩》：『河水瀰瀰，河水浼浼。』《左傳·廿八》：子犯曰：『表裏山河，必無害也。』武侯曰：『美哉！山河之固，魏國之寶也。』

吴起之對，婁敬之言。吴起曰：『在德不在險。』婁敬曰：『秦地被山带河，四塞以爲固。』

昭王之卒，荀偃之卒。《左·哀六》：楚子卒。昭王有疾，卜曰：『河爲祟。』曰王不〔二〕祭。『江、漢、睢、漳，楚之望也。不穀雖不德，河非所獲罪也。』

屠狄之沉，李振之語。《韓詩外傳》：申屠狄言非其時，負石而沉于河。李振不中第，疾搢紳之士。語於朱全忠曰：『此輩清流，宜投之黄河，使爲濁流。』殺裴樞等於白馬驛，投尸于河。

〔一〕今按：『一葦抗之』，中華書局《十三經注疏》作『一葦杭之』。
〔二〕今按：『王不祭』，中華書局《十三經注疏》作『王弗祭』。

《左・襄十八》：晋伐齊，沉玉而濟。荀偃卒。

西門沉巫，子羽投璧。《史》：西門豹爲鄴令，三老、廷椽歲斂錢，爲河伯娶婦。巫視小家女，飾如嫁女，浮之河中。豹至，呼河伯婦，視之曰：『是女不好，大巫嫗入報河伯，更求好女，送之。』抱大巫嫗投河中。復以弟子一人投河中。凡三投弟子。復投三老。欲復使廷椽與豪長者一人。皆叩頭，破額。吏民大驚，自此〔一〕，不敢復言爲河伯娶婦。《博物志》：澹臺子羽賫千金璧渡河，河伯欲得。波浪急起，子羽怒以劍斬蛟，浪乃止。子羽投璧於河中。

子玉之夢，河神之謂。《左》：楚子玉自爲瓊弁玉纓，未之服也。城濮之役夢河神謂己曰：『畀余，余賜汝孟諸之麋。』不致也〔二〕。既敗及連穀而死。

三王之祭，時周之由。《學記》：『三王之祭河也〔三〕，皆先河而後海，或源也，或委也，此之謂務本。』注：河爲海之源，海乃河之委。《詩》：『於皇時周，時周之由《詩》，允猶翕河。』〔四〕允，信也。猶與由同。翕河，河善泛溢，今得其性，故翕而不爲暴也。

〔一〕今按：『自此』，中華書局《史記・滑稽列傳》作『自是以後』。
〔二〕今按：『不致也』，中華書局《十三經注疏》本作『弗致也』。
〔三〕今按：『三王之祭河也』，中華書局《十三經注疏》本作『三王之祭川也』。
〔四〕今按：『於皇時周』，中華書局《十三經注疏》『於皇時周』四字下有『時周之命』。

河瑞

伏羲受圖，黄帝受圖。《前·五行志》：『伏羲氏受《河圖》，則而畫之八卦。』《易》：『河出圖，聖人則之。』《禮運》：『河出馬圖。』《論語》：『河不出圖。』黄帝受河圖，見日月星辰之象，始有星官之書，未知與伏羲圖異也。

虞帝受符〔一〕，武王沉璧。舜即位，與三公臨觀於河，黄龍五采負圖出置舜前，以黄金爲濉〔二〕，白玉爲檢，黄玉爲柙，黄芝爲泥，章曰：『天賜黄帝符璽。』《本紀》：武王渡河，白魚躍入于王舟中。《尚書·中候》：『武王沉璧，而熒光塞河。』注：熒光，五色，從水中出。

〔一〕 今按：關於虞帝受符的傳説，亦見於其他資料，例如：［日］安居象山、中村璋八輯《緯書集成》下載《河圖》：『舜以太尉即位，與三公臨觀。觀黄龍五采負圖出置舜前。以黄玉爲柙，白玉檢，黄金繩，黄芝爲泥，章曰：黄帝符璽。』《龍魚河圖》《洛書録運法》《河圖挺佐輔》亦有相同記載。

〔二〕 今按：『以黄金爲濉』，河北人民出版社（［日］安居象山、中村璋八輯）《緯書集成》作『以黄金爲繩』。

河灾

周河之壅，隋河之逆。周安，虢山崩，壅河。書法，記異也。隋大業，底柱崩，偃河逆流數千里〔一〕。

永隆之水，長壽之水。永隆二年八月，河南北大水，壞民居十萬餘家。長壽二年五月，棣州河溢，壞民居二千餘家。開元十四秋，河北大水，支州〔二〕皆溢，人或巢或舟，死者千計。

淳化之漲，祥符之溢。宋淳化四九月，澶州河漲，衝陷北城，壞民廬舍、官署、倉庫殆盡，民溺死者甚衆。大中祥符六六月，保安軍積雨河溢。判官趙震死，兵民溺者六百五十人。

政和之決，長慶之赤。政和七年，滄州河決，城不没者三板〔三〕，死者百餘萬人。長慶元三月〔四〕，河水赤三日。

〔一〕今按：『偃河逆流數千里』，中華書局《隋書・煬帝紀》作『偃河逆流數十里』。
〔二〕今按：『支州』，中華書局《新唐書・五行志》作『支川』。
〔三〕今按：『板』，中華書局《宋史・五行志》作『版』。
〔四〕今按：『元三月』，中華書局《新唐書・五行志》作『元年七月』。

大中之水，神龍之水。宣宗大中十二，河南北大水。書法，盜賊之陰兆矣。龐勛亂塗，芝、巢起山東，而唐遂以亡。神龍元年，河南北十七州大水，制求直言，右衛參軍宋務光疏曰：『水陰類，臣妾之象，恐後庭有干朝之政者，宜杜絶其萠[一]。』疏奏不省。自當陽至海口禦河患，號金堤。

瓠子之决，宣防之塞。漢武帝《瓠子歌》：『瓠子决兮將奈何？浩浩湯湯兮，閭殫爲河。殫爲河兮地不得寧，功無已時兮吾山平。填河。鑿山。爲我謂河公兮何不仁，泛濫不止兮愁吾人。』又，『河湯湯兮激潺湲，北渡回兮迅流難。搴長茭兮湛美玉，河公許兮薪不屬。燒旱。薪少。隤竹林兮揵石灾，臿石立之爲楗。宣防塞兮萬福來。』[二]

河竭商亡，河凍晋亡[三]。《國語》：伯陽父曰：『昔河竭而商亡。』晋安義熙四河凍，皆合。

[一] 今按：『萠』，四部叢刊初編影印上海涵芬樓藏宋刊《資治通鑒》作『萌』。
[二] 今按：『浩浩湯湯』『閭』『爲我』，中華書局《漢書溝洫志》分别作『浩浩洋洋』『慮』『皇』。
[三] 今按：『河凍晋亡』未見《晋書》有載。

河清

《黄河》：『莫把阿膠向此傾，此中天意固難明。解通銀漢應須曲，纔出崑崙便不清。高祖誓切衣帶小，仙人占斗客槎輕。三千年後知誰在，何必勞君報太平。』

王子年《拾遺記》：『黄河清而聖人出。〔一〕』又，『黄河今年一清〔二〕，至聖之君以爲瑞。』

京房《易傳》：『河水清，天下平。』

《左傳·襄八》：『《周詩》曰：「俟河之清，人壽幾何！」』漢桓帝延喜〔三〕九四月，河水清。襄揩之疏，京房之傳。襄揩〔四〕疏曰：『春秋以來及古帝王，未有河清。臣以爲河者，諸侯位也。清者屬陽，濁者屬陰。河當濁而反清者，陰欲爲陽，侯欲爲帝也。』惟京房《易傳》曰：『河水清，天下平。』今天垂異，地吐妖，人癘疫，三者並時而有河清，猶春秋麟不當見，而

〔一〕今按：『黄河清而聖人出』，未見王子年《拾遺記》有載。但明程登吉《幼學瓊林》載：『聖人出黄河清。』

〔二〕今按：『黄河今年一清』，黑龍江人民出版社（王嘉）《拾遺記譯注》作『黄河千年一清』。

〔三〕今按：『延喜』，中華書局《後漢書·五行志》作『延熹』。

〔四〕今按：『襄揩』，中華書局《後漢書·郎顗襄楷》作『襄楷』。

孔子書之以爲異也。書法，清於桓，狀其爲不祥也，審矣。

漢之河清，齊之河清，宋之河清。《綱目》：書河清二，皆亂季也。自漢桓延喜〔一〕至高齊壬午近四百年爾，則千年一清之説亦不足信矣。齊高湛河清元，清州言河水清，齊主遣使祭之，改元。書法，漢桓之策，書河水清矣，此其曰，言何謂也？蓋疑之清云耳，而因以改元，誣矣！宋元嘉中，河濟俱清。鮑照爲《河清頌序》：『長河鉅濟，異源同清，澄波萬壑，潔瀾千里。泉室凝淀，水府清涓。』

王勃《序》：『紫泉清而萬物睹。』駱賓王啓：『德水應千年之色。』杜詩：『討人解撰河清頌。』〔二〕

天河

『常時任顯晦，秋至轉分明。縱被微雲掩，終能永夜清。含星動雙闕，伴月落过〔三〕城。

〔一〕今按：『延喜』，《後漢書·五行志》作『延熹』。
〔二〕今按：『討人解撰河清頌』，《全唐詩》杜甫《洗兵馬》作『詞人解撰河清頌』。
〔三〕今按：『过』，《全唐詩》杜甫《天河》作『邊』。

牛女年年渡，何曾風浪生。』杜詩。

《博物志》：『天河與海通。』

《列子》：『無底之谷，天漢〔一〕之流，注之。』

《詩》：『維天有漢，監亦有光。倬彼雲漢，爲章于天。倬彼雲漢，昭回于天。』

《焦林大斗記》：『天河之西，有星煌煌，與參俱出，謂之牽牛。天河之東，有星微微，在氐之下，謂之織女。』

《淮南子》：烏鵲填河而渡織女。

趙璜詩曰：『織女牽牛〔二〕雙扇開，年年一度過河來。莫言天上稀相見，猶勝人間去不回。』是也。

蕭衍曰：『丈夫用〔三〕事欲清天步，懸河注火，奚有不滅？』

杜甫詩：『安得壯士挽天河，净洗甲兵長不用。』

〔一〕今按：『天漢』，諸子集成《列子注》作『天漢』。

〔二〕今按：『織女牽牛』，《全唐詩》趙璜《七夕》作『烏鵲橋頭』。

〔三〕今按：『用』，四部叢刊初編《資治通鑑》作『舉』。

江

《釋名》：『江者，公也。小水流入其中，出物不私，所公共也。』

《風俗通》：『江者，貢也。所出珍物可貢獻也。』

《詩》：『江之永矣，不可方思。滔滔江漢，南國之紀。江漢浮浮，武夫滔滔。江漢湯湯，武夫洸洸。江漢之滸，王命召虎。』

《書》：『岷山導江。九江孔殷。』永康。軍岷山，今之洞庭。『三江既入。』安、東、松。『九江納錫大龜。』

《家語》：『江水始出岷山，其源可以濫觴言微。及至于江津，不方楫不可以涉〔一〕。』

《楚辭》：『令沅湘兮無波，使江水兮安流。』

郭璞《江賦》：咨五材之並用，實水德之靈長。惟岷山之導江，初發源乎濫觴。聿經始於洛沫，攏萬川乎巴梁。二山。衝巫峽以迅激，躋江津而起漲。總括漢泗，兼包淮湘。並吞沅

〔一〕今按：『不方楫不可以涉』，四部叢刊初編《孔子家語》作『不舫舟不可以涉』。

澧，汲引沮漳。源二分於崌崍，流九派乎潯陽，鼓洪濤於赤岸，烏陵。淪餘波乎柴桑。豫章。注五湖以漫漭，灌三江而瀰沛。滈汗六州之域，經營炎景南方。之外。所以作限於華裔，壯天地之險介。呼吸萬里，吐納靈潮，自然往復，或夕或朝。巴東之峽，巴峽最急，故獨言之。夏后疏鑿。圓淵九迴，溢流雷呴。若乃岷精垂耀於東井，陽侯遯形乎大波。奇人也。相得道而宅神，乃協靈爽於湘娥。駭黄龍之負舟，識伯禹之仰嗟。壯荆飛之擒蛟，終氣乎大阿。悍要離之圖慶，忌。在中流而推戈。悲靈均之任石，嘆漁父之櫂歌。想周程〔一〕之濟師，驅八駿於黿鼉。〔二〕感交甫之喪佩，愍神使之嬰羅〔三〕。保不虧而永固，禀元氣於靈和。考川瀆之妙觀，實莫著於江河。

《淮南子》：赤地三年而不絶流，澤及百年而潤中木者，惟江、河也。是以天子秩而祭之。江水之始出於岷山也，可褰衣而越也；及乎下洞庭，鶩石城，經丹徒，起波濤，舟航一日不能濟也。是故聖人者，常從事於無形之外，而不留思盡慮於成事之外〔四〕。

〔一〕今按：『程』，《歷代賦選》作『穆』。
〔二〕今按：原本『黿鼉』二字下有『以之爲梁』四字。
〔三〕今按：原本『嬰羅』二字下有『神龜』二字。
〔四〕今按：『成事之外』，諸子集成《淮南子·人間訓》作『成事之内』。

龍負，馬渡。《吕氏春秋》：禹濟乎江，黄龍負舟。仰視天而嘆曰：『死，命也。余何憂於龍焉？』龍絻首曳尾而逝[一]。晋元帝時童謡曰：『五馬争渡江[二]，一馬化爲龍。』

得萍，解劍。楚昭王渡江，有物如斗，直觸王舟，孔子曰：『此萍實也。唯霸者能獲焉，此吉祥。』昔童謡曰：『楚王渡江得萍實，大如斗，赤如日，剖而食之甜如蜜。』《家語》。庾信賦曰：『江萍送王。』左思賦曰：『想萍實之復形。』王勃《序》曰：『蠡澤東浮，考丹萍於夢渚。』是也。伍子胥奔吴。至江，漁父渡之。解劍：『直百金，以與漁父。』漁父曰：『楚國之法，得伍胥者，爵執珪，豈徒百金劍耶[三]！』庾信賦：『託蘆中而渡水。』是也。

項羽，曹瞞。不渡烏江，釃酒臨江。庾信賦：『艤烏江而不渡。』東坡賦：『釃酒臨江，横槊賦詩。』

孫權笑，曹丕嘆。魏人多作布囊，欲盛沙塞江。孫權話曰：『令人失笑。』苻堅曰：『以吾

[一] 今按：『龍絻首曳尾而逝』，諸子集成《吕氏春秋》作『龍絻首低尾而逝』。
[二] 今按：『五馬争渡江』，中華書局《晋書·中宗元帝紀》作『五馬浮渡江』。《晋書·五行志》作『五馬游渡江』。
[三] 今按：『耶』，中華書局《史記·伍子胥傳》作『邪』。

之衆，投鞭於江，可斷其流〔一〕。』曹丕臨江觀兵，見波濤洶涌，嘆曰：『固天所以限南北也！』〔二〕杜牧之詩曰：『魏帝縫囊真戲劇，苻堅投箠盡荒唐〔三〕。』

投鞭，擊楫。祖逖渡江擊楫而誓曰：『不清中原而復脩者〔四〕，有如大江。』

神女之佐，仲方之策。《夔州志》：『大禹岷山導江，神女佐禹。』開皇八，崔仲方等争獻平江南之策。隋主曰：『我爲民父母，豈可限一衣帶水不拯之乎！』張佺曰：『區區一掌，欲獨至江河，多見其不知量也。』賀若弼爲將帥，酹酒祝江曰：『得葬魚腹中，死且不朽〔五〕。』『遠潭昏似霧，前浦沸成雷。風摇蜀柹下，日照楚萍開。』蘇味道。潘〔岳〕才如江。韓〔愈〕文如江〔潮〕〔六〕。

〔一〕今按：『可斷其流』，中華書局《晋書・苻堅載記》作『足斷其流』。

〔二〕今按：影印本『曹丕臨江觀兵，見波濤洶涌，嘆曰：「固天所以限南北也！」』在『祖逖渡江擊楫而誓曰』九字上，誤。

〔三〕今按：『苻堅投箠盡荒唐』，《全唐詩》杜牧《西江懷古》作『苻堅投箠更荒唐』。

〔四〕今按：『不清中原而復脩者』，中華書局《晋書・祖逖傳》作『不清中原而復濟者』。

〔五〕今按：『死且不朽』，中華書局《隋書・賀若弼傳》作『死且不恨』。

〔六〕今按：柳宗元文如江。

江灾

宋江之漲，陳江之赤，禎明之赤，光啓之赤，元延之竭，河平之逆，何汧、渭之間，奈江漢之俱凍。宋淳化四九月，梓州涪江漲，入州城，壞官私廬舍萬餘區，溺死者甚衆。陳宣帝十四七月，江水赤如血。禎明中，江水赤。光啓元正月，潤州江水赤，數日。漢元延三，岷山崩，壅江三月，江水竭。劉向曰：『漢起於蜀，所起之地山崩川竭，殆必亡矣！』田蚡言：『江河之决皆天事，未易以人力强塞。』河平三，犍爲山崩，壅江水，逆流。非子主馬，江漢俱凍，餘見漢。〔一〕

〔一〕今按：此處有佚文：『何汧渭之□，奈江漢之俱凍，非子主馬，江漢俱凍。』疑爲撰者從『大雹示警』故事中摘抄。『大雹示警』文如下：周孝王命秦非子主馬於汧、渭之間，馬大蕃息，王封爲附庸之君，邑於秦，使續伯益後。其日大雨雹，牛馬死，江漢俱凍。明天啓二年，大雨雹著屋，瓦磧俱碎，禾稼多傷。

沱潛泛

《爾雅》：『自江出爲沱，自漢出爲潛，水決復入爲泛。』
《書》：『東别爲沱，沱潛既道。』
《詩》：『江有泛，之子歸，不我以。江有沱，之子歸，不我過。』
《揚子》：『他人之道者，西北之流也，或入于海〔一〕或淪于漢。』

淮

《釋名》：『淮，圍也。』圍繞揚州北界，東至淮〔二〕。《水經》：淮水出南陽平氏縣胎簪山。

〔一〕今按：『海』，諸子集成《揚子法言》作『沱』。
〔二〕今按：『東至淮』，中華書局《初學記》作『東至海』。四部叢刊本《太平御覽》亦作『東至海』。

《書》：『淮圻其乂〔一〕，導淮自桐柏。』豫州山。

幽王鼓鐘，宣王平夷。《詩》：『鼓鐘將將，淮水湯湯。鼓鐘喈喈，淮水湝湝。鼓鐘伐鼛，淮有三洲。』幽王鼓鐘，淮水爲流速之樂。《孟子》：『排淮、泗而注之江。』《周禮》：『橘逾淮而北爲枳。』《國語》：『雀入于淮爲蜃〔二〕。』《書》：『淮夷蠙珠暨魚。』《詩》：『匪安匪遊，淮夷來求。匪安匪舒，淮夷來鋪。』陳師以伐。宣王命召穆公平淮南之夷。

唐天子之伐，夏后氏之導。韓：『淮蔡爲亂，天子伐之。既定淮蔡，四夷畢來。』唐憲。『淮之水舒舒。』『清淮無波平如席。』第五錡曰：『丘〔三〕，賦之所出以江淮爲淵。』王延壽《桐柏廟碑》：泫泫淮源，聖禹所導。湯湯其逝，惟海是造。疏穢濟遠，柔順其道。弱而能强，仁而能武。晝夜不舍〔四〕，明哲所取。定爲四瀆，與河合矩。

薛道衡之祭文，唐子方之吟詩。《薛道衡祭文》：『導源桐柏，長邁蓬萊。標四瀆而引

〔一〕今按：『淮圻其乂』，中華書局《十三經注疏》作『淮沂其乂』。

〔二〕今按：『蜃』，上海古籍出版社《國語·晋語》作『雉』。

〔三〕今按：『丘』，中華書局《新唐書·第五琦傳》作『兵』。

〔四〕今按：『晝夜不舍』，國學整理社（曾國藩纂）《廣注經史百家雜鈔》作『聖武立式』。

百川，擅玉材〔一〕而含七德。』天寶六載，淮瀆封爲長遠公〔二〕。唐介謫官渡淮，中流大風，波濤泛濫，舟人恐。介兀坐舟吟詩云：『聖宋非任楚，清淮異汨羅。平生仗忠信，今日狂風波。』日暮，泊瀆舟岸，續云：『舟楫顛危甚，魚龍〔三〕出没多。斜陽幸無事，沽酒聽漁歌。』情動於中，其辭無諂。故免禍。

遇風之詩，到淮之筮。范文正《淮上遇風》詩：『一棹危於葉，傍〔四〕觀欲損神。他年在平地，無忽險中人。』王導到淮，郭璞筮之，曰：『淮水絶，王氏滅。』子孫蕃衍〔五〕，竟如璞言。

淮灾

中和之門，大中之水。中和三秋，汴水入于淮水門，壞船數艘。宣宗大中十二，淮南大

〔一〕今按：『玉材』，中華書局《初學記》作『五林』。
〔二〕今按：『長遠公』，岳麓書社《通典》作『長源公』。
〔三〕今按：『魚龍』，人民文學出版社（宋阮閱）《詩話總龜前集・雲齋廣録》分别作『黿鼉』。
〔四〕今按：『傍』，人民文學出版社（郭紹虞主編、阮閱編）《詩話總龜後集》作『旁』。
〔五〕今按：『子孫蕃衍』，中華書局《晋書・王導傳》作『子孫繁衍』。

水。書法，盜賊之陰兆矣。厖勛亂塗，芝、巢起山東。而唐遂亡。

禎明之黑，永元之赤。禎明二四，郢州南浦水黑。黑水在關中，而淮南水黑。荆、揚之地，陷於闕中之應。《岳瀆經》：禹三至桐伯山，獲淮渦水神，名曰無支祈。形猶獮猴。乃命庚辰逐〔一〕，鎖於龜山之足。唐永泰初，楚州漁人夜釣山下，見大鐵鎖繞山足〔二〕，一獸形如青猿，兀若昏醉。齊東昏永元元七月，淮水赤如血。

漢 漾滄浪沔

《書》：嶓冢導漾，東流爲漢，又東，爲滄浪之水，南入于江。水汪漾山出嶓冢山。常璩曰：『漢水有兩源。此東源也，即嶓冢導漾者。西源出隴西嶓冢山，會泉〔三〕，逕葭萌入漢』『始源曰沔。』酈道元云：『武當縣北四十里，漢水中洲曰滄浪洲，水曰滄浪水。』《詩》：『漢之廣

〔一〕今按：『乃命庚辰逐』，中華書局（元陶宗儀）《南村輟耕録》作『乃命庚辰制之』。
〔二〕今按：中華書局（元陶宗儀）《南村輟耕録》『見大鐵鎖繞山足』上有『其鈎爲物所制，沈水視之』。
〔三〕今按：『會泉』，中華書局叢書集成初編（東晉常璩）《華陽國志·漢中志》作『會白水』。

矣，不可咏思〔一〕。滔滔江漢，南國之紀。江漢浮浮，武夫滔滔。江漢湯湯，武夫洸洸。』《左·僖四》：屈完曰：『楚國，漢水以爲池，雖衆，無所用之。』《左·哀六〔二〕》：楚子曰：『江漢睢漳，楚之望也。』

蔡侯沉玉，襄守拔劍。蔡昭侯如楚，一佩一裘於昭王。子常欲之，三年不與。蔡侯歸，及漢，執玉而沉，曰：『余所有濟漢而南者，有若大川。』沔水隈潭，有蛟爲害，鄧遐爲襄陽太守，拔劍入水，揮劍截蛟，蛟患自息。

杜預沉碑，庾亮遣軍。沔水東經萬山，下有潭，杜元凱作兩碑，述己功。一碑在峴山，一碑沉此潭中。庾亮遣軍羅布江、沔爲伐趙之規。蔡謨曰：『以大江不能禦蘇峻，安能〔三〕以沔水禦石虎。』詔止之。《孺子歌》曰：『滄浪之水清兮，可以濯我纓。滄浪之水濁兮，可以濯我足。』

神禹之决，蔡武之入。《孟子》：『禹决汝漢。』《論》：『播鼗武入於漢。』

〔一〕今按：『不可咏思』，中華書局《十三經注疏》作『不可泳思』。
〔二〕今按：『哀六』，中華書局《十三經注疏》作『定公三年』。
〔三〕今按：『安能』，四部叢刊初編本《資治通鑒》作『而欲』。

漢灾

漢后之變，周王之灾。《漢》：高后八夏，漢中、南郡流六千餘家。沔水流萬餘家。非子主馬。《外紀》。周孝王封爲附庸，邑於秦，江漢俱涷。胡一桂曰：『當秦始封之世而灾異若兹，履霜之象已兆於此〔一〕。』

濟

《釋名》：『濟，濟也。』言源出河北濟河而南也。《六帖》：清濟貫黄河，截流而不混。《書》：導沇水，東流爲濟，入于河，溢爲滎；東出于陶丘北，又東至于菏，又東北，會于汶，又北，東入于海。蔡沈曰：『發源爲沇，既東爲濟，濟水出河東郡王屋山，復出河之南，

〔一〕今按：『於此』，上海碧梧山莊本（一九一八年，明楊慎撰，清孫德威輯注，楊達奇增注）《二十五史彈詞輯注》作『矣』。

溢而爲滎，即滎波之滎。濟水自温縣入河潛行絶河，南溢爲滎。』《淮南子》：沸水多〔一〕麥。《周官》：鸜鵒不逾濟。《説苑》：『四瀆何以視諸侯？注：四瀆：江、河、淮、濟。能蕩滌垢濁焉，能通百川於海焉，能蕩出雲雨焉，能爲德美甚〔二〕，故視諸侯也。』後魏武帝〔三〕祭《濟瀆文》：乾光資曜，坤載播液，惟瀆暢靈，協輝陰辟，庶象憑和，升降芳瀝，藴神包化，比王宣績。唐高宗問許敬宗曰：『天下洪流，不載祀典，濟甚細而在四瀆，何也？』對曰：『瀆之爲言獨也。不因餘水，獨能赴海者也。濟潛流屢絶，狀雖微細，獨而尊也。』帝曰：『害〔四〕。』天寶六載，濟瀆封爲清泉公〔五〕。唐李甘《濟爲瀆問》：『今盡濟水之力，載數石之舟，廣不能横，深不能浮，而曰與何同靈等秩，吾不知〔六〕先王班祀之意何如也。』《元和志》：海畔有沙阜，高一丈，周二里，俗呼爲鬥口淀，是濟水入海之處，海潮與濟相觸，故名。淀上有甘泉〔七〕，

〔一〕今按：『多』，諸子集成《淮南子・墬形訓》作『宜』。
〔二〕今按：『能爲德美甚』，四部叢刊初編《説苑・辨物》作『爲施甚大』。
〔三〕今按：『魏武帝』，中華書局《初學記》作『魏文帝』。
〔四〕今按：『害』，中華書局《新唐書・許敬宗傳》作『善』。
〔五〕今按：『清泉公』，中華書局本《舊唐書・禮儀志》作『清源公』。
〔六〕今按：『知』，宋姚鉉編，吉林人民出版社（任繼愈主編）《中華傳世文選・唐文粹》作『識』。
〔七〕今按：『淀上有甘泉』，巴蜀書社（吉成名著）《宋代食鹽産地研究》作『淀上有井可食』。

海潮雖大，淀終不没。阿膠：阿，濟上地名。濟水全清，取以煎膠，故曰阿膠。用，攪濁水則清。庾信賦曰『阿膠不能止黄河之濁』是也。《揚子》：『仲尼之道猶四瀆也，經營中國，終入大海。』

汶

汶水出泰山郡萊蕪縣原山。西南入濟。《書》：『東流爲濟，又東北會于汶。』季氏使閔子騫爲費宰，閔子騫曰：『善爲我辭焉。如有復我者，則吾必在汶上矣。』《論語》。建興十四，帝如湔，後主觀汶水，旬日而還。書法，許書觀，譏也。『旬日而還』，甚譏之也。

《詩》：『汶水湯湯，行人彭彭。汶水滔滔，行人儦儦。』齊人刺文姜〔一〕。

〔一〕今按：『文姜』，中華書局《十三經注疏》作『襄公』。

淄〔一〕澠

淄水出萊蕪原山之陰，東北入海。杜預注：『淄水出泰山梁父縣西，北入汶。』〔二〕《列子》：淄澠之合，易牙難辨〔三〕之。《左・昭廿六》：『成人伐齊師之飲馬于淄者。』《左》：『有酒如澠。』史騁乎淄澠之間。《書》：濰淄其道。《淮南子》：白公曰：『若以水投水，何如？』孔子曰：『灾澠之水合，易牙嘗〔四〕而知之。』庾信賦：『混〔五〕然千里，淄澠一亂。』注：大亂不能別賢否貴賤，猶淄澠二水之味不能卞〔六〕。晉安帝義熙四：『河凍皆合，而淄水不冰。』

〔一〕今按：『淄』，諸子集成《淮南子・道應訓》作『灾』，疑誤。

〔二〕今按：中華書局《漢書・地理志》『泰山郡』條：汶水出萊蕪，西入濟。又，汶水出萊蕪，西南入泲。實際情况是有多條以『汶』爲名的河流。

〔三〕今按：『難辨』，諸子集成《列子注・説符》作『嘗而知』。

〔四〕今按：『賞』，諸子集成《淮南子・道應訓》作『嘗』。

〔五〕今按：『混』，南海出版公司《歷代賦選》作『渾』。

〔六〕今按：『卞』當作『辨』。

南燕主超問於李宣，宣曰：『澠水無冰，良由逼帶京城，近日月也。』超大悦。

泗沂灾

泗水出魯國卞縣桃墟西北陪尾山，源有泉四，四泉俱道〔一〕，因以爲名。過下邳入淮。沂水出泰山郡艾山南，至于下邳，西南而入于泗，泗水至彭城、吕梁入淮。《書》：『淮沂其乂，泗濱浮磬。』《論語》：曾點曰：『浴乎沂。』古詩曰：『春服初成麗景遲，步隨流水玩清〔二〕沂。』是也。《論衡》：『孔子當泗水而葬，爲之却流。』任昉表：『配天之迹，存乎泗水之上，素王之道，泛〔三〕於沂川之側。』有漢昌郡，有孔子碑。咸通八七月，泗州下邳雨湯，殺鳥雀。水沸于火，則可以傷物，近火沴水也。爾〔四〕者，自上而降；鳥雀，民象。

〔一〕今按：『四泉俱道』，上海古籍出版社《戰國策》作『四源皆道』，上無『源有泉四』四字。
〔二〕今按：『清』，上海古籍出版社（宋朱熹撰，朱傑人，嚴佐之，劉永翔主編）《朱子全書》作『晴』。
〔三〕今按：『泛』，中州古籍出版社《昭明文選》作『紀』。
〔四〕今按：『爾』，中華書局《新唐書·五行志》作『雨』。

淇泉

淇在衛之西南，東流與泉源合。泉源在衛之西北，東南流入淇，出相州林慮縣。《詩》：『送子涉淇。送我乎淇之上矣。』『瞻彼淇奥，绿竹猗猗。瞻彼淇奥，绿竹青青。』衛人美武公之德。『淇則有岸。以釣于淇。淇水湯湯，淇水滺滺。毖彼泉水，亦流于淇。泉源在左，淇水在右。淇水在右，泉源在左。』帝女思歸，寧而不得。

伊洛瑞

《山海經》：『熊耳之山，伊水出焉。至洛陽縣南，北入于洛。』

《春秋説題辭》：『洛之爲言繹也。言水繹繹光耀也。』出弘農郡冢領山。《地》《略》〔一〕，洛字或作洛。漢火行忌水，故去『水』加『隹』；魏土行。土，水之母。水得土而

〔一〕今按：《地》即《初學記・地部中》，《略》即《魏略》。

流，土得水而柔，故去『隹』加『水』。

得小兒於伊水，見被髮於伊川，敗姚襄於伊川。《列子》：伊尹母居伊水上〔一〕，妊身〔二〕，夢神曰：『臼水出而東走。』母去東走，邑盡爲水。母因溺死，化爲空桑之木。水乾之後，小兒啼水涯，人取養之。既長大，有殊力〔三〕。《楚辭》：『水濱之木，得彼小子。』劉峻曰：『空桑之里，變成洪川。』是也。《左傳》：辛有適伊川，見被髮而祭者，曰：『不及百年，此其戎乎？』《僖廿二》：秦晉遷陸渾之戎于伊川。庾信賦：『見被髮於伊川，知百年爲戎矣。』是也。桓温至伊水，姚襄敗走。

書出於洛，木宜於洛。《易》：『洛出書，聖人則之。』《詩》：『瞻彼洛矣，維水泱泱。』天子會東都，講武事。《淮南子》：『洛水輕利宜木〔四〕。』

神龍之會，帝王之察。《易・乾鑿度》：帝王將起，河洛龍見。皆察其首，黑者人正，赤者天正，白者地正。

〔一〕今按：『伊尹母居伊水上』條：張湛注《列子注》與宋洪興祖撰白化文點校《楚辭補注》卷三文字略有異。

〔二〕今按：『妊身』，諸子集成本《列子注》作『既孕』。

〔三〕今按：『力』，中華書局《楚辭補注》作『才』。

〔四〕今按：『木』，諸子集成本《淮南子・墬形訓》作『禾』。

有神，無冰。伏羲氏之女，溺死洛水，爲神。《楚辭》：『求宓妃之所在。』曹植賦『洛靈感焉』是也。洛有礜石，故無凝冰。

獲瑞稱王，錫疇叙範〔一〕。湯時有神牽白狼銜鈎入殷朝者，乃東觀沉璧于洛，獲黄魚黑玉之瑞，於是始受命稱王。

龜食，龜出。孔安國云：『神龜負文，因而第之，有數至于九，列於背，以成九類。』《河圖》：『洛水地理，陰精之官。帝王明聖，龜書出文。天以與命，地以授瑞。按河合際，居中護郡〔二〕。王道和洽，吐圖佐神。逆名亂教，摘亡吊存。故聖人觀河洛也。』《書》：周公曰：『我乃卜瀍水西，惟洛食。我又卜瀍水東，亦惟洛食。』孔子坐於洛水上，有玄龜負書而出。王勃《序》：『運斗陳經，動玄符於北洛。』是也。《運斗樞》：書名，夫子所著也。

夏康之田，晋侯之伐。《書》：太康尸位，畋于有洛之表，十旬不返。厥弟五人御其母以從，徯于洛之汭。五子咸怨，述大禹之戒以作歌。《昭十七》：晋侯使屠蒯請有事於洛，萇弘曰：『客容猛，非祭也，其伐戎乎？』九月遂滅陸渾。

〔一〕今按：『獲瑞稱王』『錫疇叙範』，中華書局《初學記》分别作『黑玉丹書』『帝王世紀』。

〔二〕今按：『郡』，中華書局《初學記》作『群』。

洛伊 灾

伊洛竭而夏亡，穀洛溢而唐禍。《國語》：伯陽父曰：『昔伊洛竭而夏亡。』唐貞觀十一，穀、洛溢，詔百官極言過失。書法，書美之也。發明，武氏之禍，其端甚微。水溢兩月，武氏入宫。水爲陰象，證應若此。

魯襄穀洛鬥，漢后伊洛流。魯襄二十三年，穀洛水鬥，將毁王宫。《易傳》曰：『天子弱，諸侯力政，厥異水鬥。』漢高后四秋，伊洛流千六百餘家。〔一〕

貞觀之漂，永淳之溢。貞觀十九〔二〕年，洛水漂六百餘家。永淳元五月，洛水溢，壞天津橋，漂千餘家。

如意四月溢，如意七月溢。如意之四月，洛水溢，壞永昌橋，漂四百餘家。七月洛水溢，漂五千餘家。

〔一〕今按：禹本『漢高后四秋伊洛流千六百餘家』十三字在『開元八年溢』條『衛士溺死千餘人』七字下。

〔二〕今按：『十九』，中華書局《新唐書·五行志》作『十一』。

聖曆二年壞，開元八年溢。聖曆二七月，洛水壞天津橋。開元八六月庚寅夜，穀、洛溢，入西上陽宫，宫人死者十七八。衛士〔一〕溺死千餘人。

瀍澗波穀 灾

瀍水出河南郡，澗水出弘農郡。穀城縣北山實瀍水所出也；新安城東北白石山，澗水所出也。伊瀍澗水入于洛，而洛水入于河。《爾雅》：水自洛出爲波。穀水出穀城。〔二〕《山海經》：婁涿之山，波水出其陰，流注于穀。《書》：『伊、洛、瀍、澗入于河。』『我乃卜澗水東、瀍水西，我又卜瀍水東。』

周鬥，唐溢。《國語》：周靈廿二，穀、洛鬥。王欲壅〔之〕，子晉諫曰：『吾聞長民者，不墮山，不防川。今吾執政無乃實有所避，而禍〔三〕夫二川之神。』潘岳賦曰：『靈壅川以止

〔一〕今按：『士』，中華書局《新唐書・五行志》作『兵』。

〔二〕今按：未見《爾雅》載『穀水出穀城』。晋郭璞注，清洪頤煊校，譚承耕、張耘點校《山海經・中山經》曰：『傅山之西有林焉，曰墦冢。穀水出焉，東流注於洛。』岳麓書社《後漢書・郡國志》：『穀城瀍水出。』

〔三〕今按：『禍』，上海古籍出版社《國語・周語下》作『滑』。

鬥，晋演義以獻説。』是也。

貞觀十一，穀洛溢。發明，武氏之禍，其端甚微。水溢兩月，武氏入宫。見洛門。

至營，入宫。開元八，關中卒營穀水上，夜半山水暴至，萬餘人皆溺死。貞觀十一七月，穀水溢，入洛陽宫，深四尺。

涇渭

涇水。《地志》：『出安定郡，今原州百泉縣岍頭山也。東南入渭。』《書》：『涇屬渭汭。』

《詩》：『涇以渭濁。』

鄭渠，白渠。鄭國，韓之水工，決涇水溉田，名鄭渠。漢武時，趙大夫白公穿渠引涇溉田，名白渠。歌曰：『田於何所？池陽谷口。鄭國在前，白公起後。舉鍤爲雲，決渠爲雨。涇水一石，其泥數斗。且溉且糞，長我苗黍。衣食京師，億萬之口。』班固賦：『鄭白之沃，衣食之源。』是也。

秦人之毒，周女之奔。《左·襄十四》：秦人毒涇上流，師人多死。庾信賦『水毒秦涇』

是也。徐珩《涇水》詩：『毒流秦卒斃，泥糞漢田腴。』是也。《詩》：『鳧鷖在涇，公尸來燕來寧。』恭王游於涇上，密康公從，有三女奔之。其母曰：『必致之於王。』《春秋説題題辭》：『涇〔一〕之爲言布也。渭，流行貌』《雜兵志〔二〕》：『東海出氣如鱉，渭水出氣如蜃。』『秦居渭陽，而水數赤』，『瑞應之效也。』《漢書》。《三浦黃圖》：『渭水貫都，川象天極。』〔三〕庾信賦：『渭水貫於天門。』是也。《書》：『導渭自鳥鼠同穴，東會於灃〔四〕，又東會於涇，又東過漆沮，入於河。』

人從橋下走，女逐水中浴，西伯遇太公，康公送重耳，鄭當時之穿，公孫鞅之臨。漢文帝出中渭橋，一人從橋下走。漢武帝從祀甘泉。有女浴於渭水，乳長七尺。問張寬，對曰：『天星主祭祀者，齊戒不潔〔五〕，則女人星見。』太公釣渭，西伯遇太公於渭水之陽。《詩》：『我送舅氏，曰至渭陽。』秦康公送重耳。漢元光六，穿渭渠。大司農鄭當時請穿渭

〔一〕今按：『涇』，中華書局《初學記》作『渭』。
〔二〕今按：『志』，中華書局《初學記》作『書』。
〔三〕今按：『川象天極』，中華書局《初學記》作『以象天漢』。
〔四〕今按：『東會於灃』，中華書局《十三經注疏》作『東會於灃』。
〔五〕今按：『潔』，團結出版社《太平廣記》作『嚴』。

渠，漕開東粟，溉下民田，人以爲便。商鞅臨渭沴〔一〕囚，渭水盡赤。杜牧賦：『渭流漲膩，棄脂水也。』

涇渭災

建昭之逆，天鳳之壅，武年之赤，昭年之赤。漢建昭四年，安陵岸崩，壅涇水，逆流。王莽天鳳三年，長平岸崩，壅涇水。秦武王三年，渭水赤三日。昭王三十四年，渭水又赤三日。

澧

澧水〔二〕。《地志》：出鄠縣終南山。

〔一〕今按：『沴』，四部叢刊初編本《資治通鑒·周紀二》作『淪』。

〔二〕今按：『澧水』，中華書局《史記·夏紀》作『灃水』。

《書》：『灃水〔一〕攸同。』注：同於渭也。

《詩》：『灃水〔二〕東注，維禹之績。』『灃水〔三〕有芑草，武王豈不仕。』事。

秦文公伐梓樹，中有青牛，逐之入灃水。〔四〕

漆沮

漆水，沮水。《寰宇記》：『自耀州來，經華原縣合沮水。』《地志》：『出北地。』

《寰宇記》：『沮水自坊州子午嶺出，號子午水。』

《書》：『漆沮既從。』注：從於渭也。

『猗與漆沮，潛有多魚。』民之初生，自土漆沮。古公但父，率西水滸。』避狄難也。漆沮之

〔一〕今按：『灃水』，中華書局《十三經注疏》作『灃水』。

〔二〕今按：『灃水』『灃水有芑草』，中華書局《十三經注疏》分别作『灃水』『豐水有芑』。

〔三〕今按：同上。

〔四〕今按：『秦文公伐梓樹，中有青牛，逐之入灃水』：《藝文類聚》引《列異傳》作：『秦文公伐梓樹，梓樹化爲牛。文公遣騎擊之，騎墮地被髮，牛畏之，入水不出，没豊水中。』

側。『漆沮之從，天子之所。』

黑弱

黑水。《地志》：出犍爲郡汾關山，水涇出張掖鷄山，過三危山，南流入于海。《書》：『導黑水至于三危，入于南海。』王炎曰：『百川東注，黑水獨南。』《書》：『黑水西河惟雍州。』庾信賦：『秦中水黑。』

弱水。《地志》：『出吐谷渾界窮石山，自删丹西至合黎山，與張掖縣河合。』《通鑑》：『魏太武擊柔然。循弱水西行至涿邪山。則弱水在涿邪山之東矣。』《書》：『弱水既西。』注：導之西流也。『導弱水至于合黎，餘波入于流沙。』王炎曰：『百川東注，弱水獨西。』柳宗元曰：『西海之山有水焉，散涣無力，不能負芥，投之則委靡墊没，及底而後止，故名曰弱。』柳宗元《招海賈文》：弱水蓄縮，其下不極。投之必沉，負羽無力。

汝潁

汝水出汝州天息山。《詩》：『遵彼汝墳，伐其條枚。遵彼汝墳，伐其條肄。』汝潁之涌，汝水之竭。漢李尋對哀帝曰：『王道公正修明，則百川理，落脉通；偏黨失綱，則涌溢爲敗。今汝、潁漂涌，並爲民害，「百川沸騰」。咎在皇甫卿士之屬。惟陛下小抑外親大臣。』晋安帝義熙元，汝水渴〔一〕，南燕主備德寢疾，北海王超請禱之，備德曰：『人命在天，非汝水所能制也。』是夕卒。四年，汝水竭。書法，江水竭而西漢衰，汝水竭而南燕亡。許州許由山，北有潁水。

灌氏之族，巢父之洗。灌夫，潁陰人也。爲權利，横潁川。兒歌之曰：『潁水清，灌氏寧。潁水濁，漢灌氏族。』《逸士傳》：堯讓許由，巢父洗耳。李白詩有『耳莫洗潁川水』是也。

〔一〕今按：『渴』，四部叢刊初編本《資治通鑒》作『竭』。

溱洧

洧水出密縣，東南至潁川〔一〕入潁。《詩》：『子惠思我，褰裳涉溱。子惠思我，褰裳涉洧。溱與洧，方渙渙兮。洧之外，洵訏且樂。溱與洧，瀏其清矣。』

乘輿之濟，乘龍之鬥，乘蘭之續〔二〕。子産以其乘輿濟人於溱洧。《孟子》曰：『惠而不知爲政。』《左・昭十九》：鄭大水，龍鬥于洧淵。《韓詩外傳》：『鄭國之俗，上巳於溱洧之上。招魂續，乘〔三〕蘭，祓除〔四〕不祥。』

〔一〕今按：『潁川』，中華書局《十三經注疏》作『長平』。
〔二〕今按：『乘蘭之續』，四部叢刊初編本《韓詩外傳》作『秉蘭之續』。
〔三〕今按：『乘』『祓除』，中華書局《宋書・禮志二》引《韓詩外傳》分別作『秉』『拂』。
〔四〕今按：同上。

漳滏

《括地志》：漳水俗名柳河，漳水冷，滏水熱。左思賦曰：『北臨漳水〔一〕，則冬夏異沼。』是也。西門豹、史起並灌田爲鄴令，俱開漳水，鄴人皆富。左思賦曰：西門溉其前，史起灌其後。墱流十二，同源異口。墱，級次，泄水之處十二也。蓄爲屯雲，泄爲行雨。

汴

汴水出陳留浚儀陰溝，至蒙爲灉水，東入于泗。杜牧《汴河懷古》：『錦纜龍舟隋煬帝，平臺複道漢梁王。遊人閑起前朝念，折柳孤吟斷殺腸。』又：『千里長河初凍時，玉珂瑶珮響參差。浮生恰似冰底水，日夜東流人不知。』杜詩曰：『血走浚儀渠。』浚儀渠即汴河也。柳耆卿《望海調》詞曰：『東南形勝，三吴都會。』金主亮有『立馬吴山第一峰』之句。謝處厚

〔一〕今按：『水』，南海出版公司《歷代賦選》作『滏』。

有『牽動長江萬里愁』之詩。而羅景綸詩曰：『殺胡快劍是清謳，牛渚依然一片秋。却恨荷花留玉輦，竟忘烟柳汴宮愁。』

天池

《莊子》：『南溟者，天池也。』

山上天然之池在夔州。杜詩曰：『天池馬不到，嵐壁鳥纔通。百頃青雲杪，層波白石中。鬱紆騰秀氣，蕭瑟浸寒空。直對巫山出，兼疑夏禹功。魚龍開闢有，菱芡古今同。聞道奔雷黑，初看浴日紅。飄零神女雨，斷續楚王風。欲問支磯石，如臨獻寶宮。陽紆山馮夷居。九秋驚雁序，萬里狎漁翁。更是無人知〔一〕，誅茅任薄躬。』是也。

〔一〕今按：『知』，中華書局《全唐詩》杜甫《天池》作『處』。

湖 澤

《説文》：『湖，大陂也。』《廣雅》：『湖，池也。』《風俗通》：『湖，都也，流瀆四而所限都也。』

張勃《吴録》：『五湖者，大湖之别名。周行五百里，故以五湖爲名。』《揚州記》：『太湖一名震澤，一名笠澤，一名洞庭。』《荆州記》：『宫亭即彭蠡澤也，一名匯澤。青草湖一名洞庭湖。雲夢澤一名巴丘〔一〕湖。』《初學記》：晋楊泉賦曰：『受三方之灌溉，爲百川之巨都。』是也。白樂天詩『一泓鏡水誰能羨？自有胸中萬頃湖』。勾踐曰：『吾將與子分國而有之。』

范蠡之浮，賀老之賜。范蠡曰：『君行令，臣行意。浮扁舟，泛五湖。』《先賢傳》。賀知章『請爲道士，還鄉，詔賜《鑑〔二〕湖剡川》一曲。』李白詩『敕賜鏡湖水』是也。

〔一〕今按：『丘』，中華書局《初學記》作『邱』。

〔二〕今按：『鑑』，中華書局《新唐書・賀知章傳》作『鏡』。

巢姥之免，蘇子之詩。今巢湖古巢縣，港有巨魚。一姥不食。遇老叟曰：『此吾子也。汝獨不食，吾厚報汝。東門石龜目赤，城當陷。』姥日往視。稚子訝之，姥以實告。稚子欺之，以朱傅龜目。姥見，即〔一〕出城。青衣童子曰：『吾龍之子。』乃引姥登山而免。《青瑣高議》。杭有西湖。潁有西湖。東坡連守二州。其詩曰：『欲把西湖論次第〔二〕，淡妝濃抹兩相宜。』是也。

奏修西湖狀。漢末翟方進爲相，决壞汝南鴻隙陂。父老怨之，歌曰：『壞陂誰？翟子威。飯我豆食羹芋魁。不生稻粱惟生豆魁。反乎覆，陂當復。誰言〔三〕者，兩黄鵠。』蓋民心之所欲而託之天，以爲有神下告我也。孫皓時，臨平湖開，皓以爲己瑞。長老傳：此湖開，天下平。已而，晋平吴。陂湖河渠之類久廢復開，事關興運。杭州之有西湖，如人之有眉目，蓋不可變也。唐長慶中，白居易爲刺史。溉田千頃，及錢氏日宿開浚。天禧中，王欽若奏以

〔一〕今按：『即』，中華書局（晋干寶撰，汪紹楹校注）《搜神記》作『急』。
〔二〕今按：『論次第』，文化藝術出版社（朱德才主編）《增訂注釋全宋詞（第二卷）》引蘇東坡《飲湖上初晴後雨》作『比西子』。
〔三〕今按：『言』，中華書局《漢書·翟方進傳》作『云』。

西湖有必變之漸爲放生池，禁捕魚鳥，爲人利补〔一〕。有不可之憂。書法，書湖開何？記異也。故吴辟平湖開而吴亡。

陳辟平湖開而陳滅：吴天璽元，陳禎明元。

有一老嫗常行仁義。兩書生曰：『此國當没爲湖。城東門有血，便走山上。』門吏殺鷄，以血塗門。便走山上，因〔二〕没爲湖。《辨命論》曰：『歷陽之都，化爲魚鼈。』是也。《岳陽樓記》：『予觀夫巴陵勝狀，在洞庭一湖。銜遠山，吞長江，浩浩湯湯，横無際涯。朝暉夕陰，氣象萬千，此則岳陽樓之大觀也。』范希文。《書》：彭蠡既猪，震澤底定，雷夏既澤。雲土夢作乂。

《山海經》：『澤中有雷神。龍神人類〔三〕，鼓其腹則雷。』因名之曰『雷夏』。

相如賦：『吞若雲夢者八九。』杜甫詩：『舟泊常依震。』導菏澤，被孟猪。注：有菏山，故名。《易》：『麗澤，兑，君子以朋友講習。』天地定位，山澤通氣，説萬物者莫説乎澤。山

〔一〕今按：『补』即今之『福』。『爲人利补』當作『爲人祈福』，見《東坡文集》卷五十七。『曆陽之都，化爲魚鱉』：未見南朝梁劉孝標《辨命論》有載。但見於《梁書・文學下・劉峻》。

〔二〕今按：『因』，上海古籍出版社《藝文類聚》作『國』。

〔三〕今按：『龍神人類』『鼓其腹則雷』，巴蜀書社《山海經・海内東經》分別作『龍身人頭』，『鼓其腹，在吴西』。

澤通氣，然後能變化既成萬物也。兑以説之，説言乎兑。

《記》：問國君之富。對山澤之出。漢昭始元，文學對曰：『有山澤〔一〕之貨而民不足於財，不務民用淫巧衆也。』

巴東有澤有龍，鳴鼓則雨：左思賦：『潛龍蟠於沮澤，應鳴鼓而興雨。』是也。《書》：『九澤既陂。』庾信賦：『楚有七澤。』孟浩然詩：『氣蒸雲夢澤，波撼岳陽城。』嚴光齊澤。葛洪圓澤。《詩》：『彼澤之陂。』

池 沼也

《詩》：『池之渴矣，不云自頻禍亂有所陡起。滮池北流，浸彼稻池。』〔二〕注：流，尚浸灌。王，不寵澤。

〔一〕今按：『澤』，天津古籍出版社（漢桓寬撰，王利器校注）《鹽鐵論》作『海』。

〔二〕今按：『池之渴矣』『浸彼稻池』，中華書局《十三經注疏》分別作『池之竭矣』『浸彼稻田』。

咸池，海池：黄帝作《咸池》之樂。〔一〕注：德尚池水。周迹。黄帝殺蚩尤血化爲鹵，今之海池是也。

璧遺滈池，井涌小池。《索隱》曰：江神以璧遺滈池之神，告始皇將死。蓋秦以水德王，其君將亡，水神相告。蘇林曰：『祖，始也。龍，君象也。以喻〔二〕始皇。』李白詩曰：『璧遺滈〔三〕池君，明年祖龍死。』是也。唐玄宗龍潛舊宅，東有舊井，涌爲小池，黄龍見其中，即位爲龍池。及幸蜀前，一夕去。杜甫詩：『龍戲〔四〕出平池。』『龍池塹劫灰。』是也。

武帝昆明池，文宗昆明池。漢武帝作昆明池，以習水戰。有石人東西向，象牽牛織女，刻石爲鯀〔五〕魚。杜甫詩：『昆明池水漢時功，武帝旌旗在眼中。織女機絲虚月夜，石鯨鱗甲動秋風。波漂菰米沉雲黑，露冷蓮房墜粉紅。關塞極天惟鳥道，江湖滿地一漁翁。』是

〔一〕　今按：《咸池》：《十三經注疏》載『舞《大咸》』『舞《咸池》，以祭地』。《大咸》即《咸池》。《禮記·樂記》：『《大章》，章之也。《咸池》，備矣。《韶》，繼也。《夏》，大也。』《十三經注疏》鄭玄注：『黄帝所作樂名也，堯增修而用之。咸，皆也。池之言施也，言德之無不施也。《周禮》曰《大咸》。』

〔二〕　今按：『蓋』『喻』，中華書局《史記》分别作『且』『謂』。

〔三〕　今按：『滈』，《全唐詩》李白《古風》作『鎬』。

〔四〕　今按：『戲』，《全唐詩》杜甫《宿昔》作『喜』。

〔五〕　今按：『鯀』，中華書局《初學記》作『鯨』。

也。唐文宗太和九年，浚曲江及昆明池。胡氏曰：『天地神明之理，不諄諄以言，亦人則人，孰喻其所爲者？故文王人修其德，正厥事而已。甘露之變，天子震驚，千門流血，秦地有災，良非虛語。』鄭注徒知其變而不知其所以災，乃欲勞人以壓之，而文宗又聽而從之，震驚之，及其能免耶？書法，文宗天性簡淡，不事遊觀，而書浚曲江及昆明池，則亦惑於鄭注妖邪之説，然卒無所益，亦可以爲好事機祥，惟務壓勝者之戒也。

漢帝大液池，漢帝影娥池。班固賦：『前唐中而浚太池，覽滄海之湯池〔一〕，揚波濤於碣石，激神岳之嶈嶈。濫瀛洲與方壺，蓬萊起乎中央。』《詩話》：起俯月臺，穿影娥池，如仙人乘舟弄月影。

武帝昆明池，太祖講武池。漢武帝鑿昆明池，得黑灰，西域胡僧云：『此劫灰也。』

一元將盡，有劫灰。

庾信賦曰『談劫燼之灰飛』是也。

宋太祖穿講武池。宋太祖幸後池。賦詩曰：『太液池邊看月時，好風吹動萬年枝。誰家玉匣新開鏡，露出清光些子兒。』盧多遜。

〔一〕今按：『浚太池』『湯池』，南海出版公司《歷代賦選》分別作『後太液』『湯湯』。

瑤池，污池。周穆王觴王母於瑤池。西王母瑤〔一〕曰：『白雲在天。道里遥遠，山川間之。將子無死，尚能復來？』

《孟子》：污池沛澤多而禽獸至，及紂之身，天下又大亂。惠王立於沼上，文王民力爲沼：梁惠王顧鴻雁麋鹿，曰：『賢者亦有此樂乎？』孟子對曰：『賢者而後樂此。不賢者雖有此，不樂也。』《詩》云：『王在靈沼，於牣魚躍。』文王以民力爲沼，而民懽樂之。謂其沼曰靈沼，樂其有魚鼈。古之人與民樂，故能樂也。《湯誓》曰：『時日曷喪？予及汝偕亡。』民欲與之偕亡，雖有臺池，豈能獨樂哉！鑿斯池也，與民守之，效死而民不去，則是可爲也〔二〕。孟子對滕文公

池非不深也，委而去之，是地利不如人和也。〔三〕

方塘水白，釣渚池圓。簡文帝爲太子，庾肩吾信父子充其選言，出入侍從，池塘之勝

〔一〕　今按：『瑤』當作『謡』。

〔二〕　今按：『民欲與之偕亡，雖有臺池，豈能獨樂哉！鑿斯池也，與民守之，效死而民不去』，中華書局《十三經注疏》作『民欲與之皆亡，雖有臺池，豈能獨樂哉！鑿斯池也，與民守之，效死而民弗去』。

〔三〕　今按：見中華書局《十三經注疏》之《孟子・公孫丑下》。

也。古詩曰：『半畝方塘一鑑開，天光雲影共徘徊。問渠那得清如許，爲有原〔一〕頭活水來。』

天寒鑿池，八月浚池。衛靈公天寒鑿池，宛春諫曰：『天寒鑿池，恐傷民。』令罷没〔二〕。《新序》。唐元和十五年，憲宗崩，穆宗即位。八月浚魚藻池。

庚氏穴池，辛氏穴池。構竹爲凭闌，登之者其聲『策策』焉。構木爲凭闌，登之者其聲『堂堂』焉。庚氏之魚可名『策策』，辛氏之魚可名『堂堂』，食之化也。譚子《化書》。見魚門。

堯停船，武放魚。昆明池中有靈沼，名神池。云堯時治水嘗停船於此，池通白鹿原。原人釣魚，綸漁〔三〕而去。夢於武帝，求去其鉤。三月戲於池上，乃取鉤放之，間二日，帝復遊池。池邊得明珠一雙，帝曰：『豈昔魚之報耶。』《三秦記》。何將軍引水作池。杜甫詩『剩水創〔四〕江破』是也。杜甫詩『池水觀爲政』。杜甫詩『蒼蒼雲雨池』。此言如池龍之困池中。杜甫詩『豈是池中物』。此言韋丞相之非池中物。

〔一〕今按：『原』，四部叢刊初編本《朱文公文集》作『源』。
〔二〕今按：『鑿池』『没』，四部叢刊初編本《新序·刺奢》分别作『起役』『役』。
〔三〕今按：『漁』，上海古籍出版社《藝文類聚》作『絶』。
〔四〕今按：『剩』『創』，中華書局《全唐詩》杜甫《陪鄭廣文遊何將軍山林》分别作『勝』『滄』。

玄武池，鵝鴨池。曹操作玄武池，以肄舟師。李愬擊鵝鴨池，以亂軍聲，遂縛元濟。

鳳凰池，邛山池。晋荀勖爲中書監，除尚書令，人賀之，曰：『奪我鳳凰池，諸君何賀耶！』杜甫詩『池上于今有鳳毛』是也。

仇池縣山上池百頃，四方壁立千仞。《三秦記》。東坡詩『老人真欲住仇池』是也。《淮南子》：『小人不知禍补〔一〕之門户，妄動而絓羅網，譬猶失火而鑿池。』

《詩》：『東門之池，可以漚麻。東門之池，可以漚紵。東門之池，可以漚菅。』

夔龍集鳳池，身在鳳凰池。

湯池百步，無粟而不能守，潢池赤子不恤而盗弄兵：神農之教曰：『有石城十仞，湯池百步，帶甲百萬；而無粟，不能守也〔二〕。』龔遂之言曰：『海濱遐遠，不霑聖化，其民飢寒而吏不恤，使陛下赤子盗弄兵於潢中耳。』〔三〕

〔一〕今按：『补』即『福』。

〔二〕今按：『不能守也』，天津古籍書店《古文觀止（上）》引晁錯《論貴粟疏》作『弗能守也』。

〔三〕今按：『濱』，中華書局《漢書·循吏傳·龔遂》作『瀕』。

淵 **止水也**

《易·乾》：九四，『或躍在淵，無咎。』躍不躍及時就安。《象》：『或躍在淵，進無咎也。或躍在淵，自試也。』《訟》：『不利涉大川，入于淵也。』武王《盤銘》：『與其溺於人也，寧溺於淵。』溺於淵猶可游，溺於口，不可救也。詎人溺君。

《中庸》曰：『《詩》云：「魚躍于淵。」言其上下察也。』

朱子曰：『以明化育流行，上下昭著，莫非此理之用。』

程子曰：『子思喫緊爲人處，活潑潑地，淵泉如淵，淵泉〔一〕其淵。』注：淵泉則如深淵，淵泉静深，以立本而言，魚潛在淵，如臨深淵。理無不在，臨淵恐墜。

有灌者淵。《詩》。『少昊通山川之風，作《大淵》之樂。』《外紀》。舜讓無擇，無擇投清泠之淵。《莊子》。

李詩：『君不見緑珠潭水流東海，緑珠紅粉沉光彩。』

〔一〕今按：『泉』，新編諸子集成本《四書章句集注》作『淵』。

源

《荀子》:『君者,源也。源清則流清,源濁則流濁。』《家語》:『江水始出岷山,其源可以濫觴。』言其微。幽王時三川皆震,伯陽父曰:『今其川源又塞。』《國語》。張騫使大夏,窮河源,烏睹所謂崑崙者乎?《本傳》〔一〕《孟子》曰:『源泉混混,不舍晝夜,盈科而後進,放乎四海。有本者如是,是之取已〔二〕。』《左・昭八》:『周景王曰:我在伯父,猶木水之有本原。』〔三〕河有兩源:一出葱嶺,一出于闐。《書》:『九川滌源。』

朱子:『漁郎更覓桃源路,除是人間別有天。』人所不知己所獨得。『問渠那得清如許,爲有源頭活水來』。韓:『潢潦無根源,朝滿夕已除。』李:『一往桃花源。』杜:『河漢注清源。』

〔一〕今按:『烏睹』『本傳』,中華書局《史記・大宛列傳》分別作『惡睹』『本紀』。
〔二〕今按:『已』,中華書局《十三經注疏》作『爾』。
〔三〕今按:中華書局《十三經注疏》在『水木之有』前有『衣服之有冠冕』一句。

泉

《爾雅》：水本曰源，源曰泉。正直上出曰檻泉；從上溜下曰下泉；涌出曰濆泉；側出曰氿泉；出同歸異曰肥泉；異出同流曰瀵泉。程氏曰：『水始達曰泉。』

《易》：山下出泉。蒙，君子以果行育德。〔一〕《傳》：出而未能通行，則果決所行；出而未有所向，則養育其德。《井・九五》：《象》：『寒泉之食，中正也。』晁氏曰：『泉者，陽之用也。故動而實。』

《詩》：『爰有寒泉。毖彼泉水。我思肥泉。泉源在左。洌彼下泉。有洌氿泉。莫浚匪泉。觱沸檻泉。相彼泉水。泉流既清。觀其流泉。』《公劉》：『逝彼百泉。』『泉之渴矣〔二〕，不云自中。』禍有從起。

孟子曰：『原泉混混，不舍晝夜。』泉之始達。淵泉如淵。權德輿《記》：噴若玉竇，泄

〔一〕今按：以上是《蒙》卦的《象》辭。

〔二〕今按：『泉之渴矣』，中華書局《十三經注疏》作『泉之竭矣』。

爲瑶池。浄如醍醐，瑩若琉璃。奉高之器，譬如氿檻〔一〕。

孔不飲，吴試飲。《尸子》：孔子過盗泉，渴而不飲。《新序》：『不飲盗泉之水，積正也。』吴隱之性廉，爲廣州刺史，界上貪泉，酌而飲之曰：『古人云此水，一歃懷千金。試使夷齊飲，終當不易心。』

清泉，愚泉。唐潘思正〔二〕居逍遥谷，對高宗曰：『茂松清泉，臣所須也。』柳文：愚泉六穴，蓋上出也。以余故，以愚辱焉。

膏肓，折醒。田游巖入太白山。高宗幸其門，曰：『先生此佳否？』答曰：『臣所謂泉石膏膏〔三〕。』白樂天《冷泉亭》：泉渟渟，可以折醒〔四〕。

潤海之泉，蓋節之泉〔五〕。周岐山。左思《魏都賦》。周兑詩曰：『楊岐山下出靈泉，與海相通亘古傳。』拔刀卓錫：李廣利，行軍軍刀刺山。庾信賦『憤泉秋沸』是也。景泰禪師

〔一〕今按：『如氿檻』，上海古籍出版社《藝文類聚》作『諸軌濫』。
〔二〕今按：『潘思正』，中華書局《新唐書・隱逸傳》作『潘師正』。
〔三〕今按：『臣所謂泉石膏膏』，中華書局《新唐書・田遊巖傳》作『臣所謂泉石膏肓』。
〔四〕今按：『折醒』，上海古籍出版社《唐宋文薈萃》作『析酲』。
〔五〕今按：『泉』，南海出版公司《歷代賦選》作『淵』。

卓于地，泉涌數尺。或曰：『李廣利耿恭之徒，喑嗚叱咤，飛泉涌溢，此何理也？』唐子西曰：『由其出於一切之誠。』

流泉講，靈泉頌。慶曆五年，講《詩·小旻》：『如彼泉流，無淪胥以敗。』帝曰：『以水喻政，有旨哉？』趙師民曰：『水性順則通，逆則塞。喻用賢則王政通而世清；用邪則王澤渴而世濁〔一〕。』調露二年，蕭縣簿宋思禮靈泉自生。

駱賓王《序》：『玄功幽贊，靈心以有德是親；至道冥符，篤行以通仁爲本。非精誠貫於有道，純志浹於無私，孰能洽冥貺以通幽，導靈泉而致養？』

甘泉　醴泉

《易·井》：九五，『井洌寒泉食，』洌，甘潔也。《象》：『寒泉之食，中正也。』韓文：『盤谷之間，泉甘。盤之泉，可濯可湘。』〔二〕

〔一〕今按：『用邪則王澤渴而世濁』，中華書局《宋史·趙師民傳》作『用邪則王澤壅而世濁』。

〔二〕今按：『湘』，中州古籍出版社《韓愈詩文評注》作『沿』。

曾南豐曰：『齊多甘泉，其顯名者十數。』歐陽子曰：『釀泉爲酒，泉洌而酒香。』吴城令李錫官宅舊井，水清味苦，公下車變爲甘泉。

《禮記》：『地出醴泉。』此順之實也。《尚書》：『俊乂在官，則醴泉出。』《白虎通》：『德至淵泉，則醴泉出。』揚雄：『醴泉流其唐。』相如：『醴泉通〔一〕於清室。』左思賦：『醴泉涌流而浩浩。』

建武中元元，京師醴泉出，帝自謙無德，郡國所上，抑而不當。范仲淹知青州，有惠政，洋〔二〕溪側出醴泉。人以范公目之。今醫家用以丸藥名『青州白元子』。

温泉

《博物志》：凡水源有石硫黄，其源則温。或云神人所暖，主療人疾〔三〕。暄波炎渡〔四〕。

〔一〕今按：『通』，中華書局《史記・司馬相如傳》作『涌』。

〔二〕今按：『洋』，四庫全書（宋潘自牧）《記纂淵海・青州》作『詳』。

〔三〕今按：『硫』『源』『暖』，中華書局《初學記》分别作『流』『泉』『煖』。

〔四〕今按：『暄波炎渡』，南宋劉義恭《温泉》：『秦都壯温穀，漢京麗湯泉。炎德潛遠液，暄波起滋源。』

《選》。

秦皇，唐帝。秦皇至驪山，與神女遊而忤旨，神女唾之，生瘡。爲湯湯而洗。〔一〕《三秦記》。禄山以玉魚龍鳬雁，石果、石蓮獻。上命陳湯中。解衣將入，魚龍鳬雁狀若飛動。〔二〕《明皇録》。

如沸泉，如潮泉。主薄山下有温泉，穴口圍一丈，涌出如湯沸。漢水南有温泉周回數十步〔三〕，冬夏常沸，可熟鷄子。白氣衝天。鷄籠山澗中，涌泉如潮水，時刻不差。朔望尤大，號爲潮泉，常如沸汤。

半冷半温。江乘縣泉，半冷半温。勾容縣泉，半冷半温。

唐子西《湯泉記》：『佛迹院中涌二泉，其東所謂湯泉，其西雪如也。或說炎州地性酷烈，山多湯泉；或説水出硫黄，地中即温。今臨潼湯泉，乃在正西，而炎州餘水，未必皆熱，則地性之説，固已失之。然以硫黄置水中，水不能温，則硫黄之論，亦未爲得。意湯泉在天地間，自爲一類，受性本然，不必有待，然後温也。凡物各求其理，而水性尤耿介，得其類，

〔一〕今按：『湯湯』，中華書局《初學記》作『出温泉』。
〔二〕今按：『石果』『若』，上海古籍出版社《明皇雜録》卷下分别作『石梁』『欲』。
〔三〕今按：『回』，中華書局《初學記》作『圍』。

則雖數千萬里，而伏流相通，非其類，則横絶經過〔一〕。十字旁午，而不相入，二泉之間，不能容尋常，而炎凉特異，亦無足怪者。吹氣爲寒，呵氣爲温，同出於一口，此其證也。』

臨潼之水，在開元天寶時，恩幸寵遇，震動一時，是非口語亦紛紛矣。此泉出萬里外，非山僧野叟之所遊嬉，則騷人墨客之嘯詠，而徘徊也。爲泉計者，其肯以此而易彼乎！〔二〕苕溪漁隱評黄山朱砂泉：余之所見，新安之黄山，閩中之劍浦。第湯泉多硫黄氣，惟驪山是礜石泉。〔三〕

李賀詩：『華清源中礜石湯，徘徊百鳳隨君王。』

黄山東峰下是朱砂湯中。昔人詩：『三十六峰高倚天，瑤臺金闕貯神仙，嵩山居與黄山似，猶少靈砂一道泉。』〔四〕

〔一〕今按：『理』『經』，人民文學出版社（宋胡仔纂集，廖德明校點）《苕溪漁隱叢話後集》分别作『類』『徑』。

〔二〕今按：『震動一時』『此泉出萬里外，非山僧野叟之所遊嬉，則騷人墨客之嘯詠』『而徘徊也。爲泉計者，其肯以此而易彼乎』，香港新聞出版社（古小彬，古軍喜編著）《北宋嶺南第一進士古成之》分别作『震耀一時』『此泉出自東南萬里外，山僧野叟之所遊息，則騷人墨客之所嘯詠』『寵辱何自而至矣』。

〔三〕今按：『礜』，人民文學出版社《苕溪漁隱叢話後集》作『礬』。

〔四〕今按：『中』『山居』『似』，《苕溪漁隱叢話後集》分别作『泉』『陽若』『比』。

左思賦曰：『温泉沸〔一〕涌而自浪，華清蕩邪而難老。』秦少游《湯泉賦》：『天下之水，厥類寔繁。弱水儲陰，投羽必沉。火井萃陽，爛石灼金。祥樸醴泉，病飲而瘳，異紀滋穴，神瀵以流。其餘酒墨所發，膠鹽是滋，啜懷千金，飲狂一國。衮玉乳以中涵，横金絲而經度。詭品類名，紛莫爲數。咸受命於元精，亦各私其所遇。若夫匡廬、汝水之旁，尉氏、驪山之下，烟霏掩蓐。金穴椒房，王孫鳥隼之所娱，專寵蘼蔓之所占，則湯泉之中，又有顯晦者焉。』〔二〕

東坡《書遊湯泉詩後》：『余之所聞湯泉七，其五則今三子之所遊，與太虚〔三〕之所賦。所謂匡廬、汝水、尉氏、驪山，其二則余之所見鳳翔之駱谷，渝州之山居也。』

樂天驪宫：『遲遲兮春日，玉甃暖兮温泉。』又《驪宫高》：『高高驪山上有宫，朱樓紫殿三四重。君之來兮爲一身，君之不來兮爲萬民。』

〔一〕今按：『沸』，南海出版公司《歷代賦選》引左思《魏都賦》作『毖』。

〔二〕今按：『樸』『詭品類名』『蓐』『金穴椒房，王孫鳥隼之所娱』，人民文學出版社（周義敢，程自信，周雷編注）《秦觀集編年校注》分别作『摽』『詭品繆名』『褥』『王孫鳥隼之所娱，金穴椒房』。

〔三〕今按：『太虚』，黄山書社（鄧立勳編校）《蘇東坡全集》作『秦君』。

介甫《湯泉》：『寒泉詩所咏，獨此沸如蒸。一氣無冬夏，諸湯〔一〕自廢興。人遊不附火，蟲出亦疑冰。更憶驪山下，歊然雪滿塍。』

井　鹽井

晁氏曰：『井者，陰之質也。故静而虚。』《釋名》：『井，清也，泉清潔者也。』《易傳》：『井，通也，物所通用。』《風俗通》：『井，法也，節也；言法制居人，令節其飲食，無窮渴也〔二〕。』

《易・井卦》：『井：改邑不改井。無喪無得。往來井井。汔幾。至亦未繘，羸其瓶，凶。』綆井。《傳》：君之道，貴乎有誠，所以掘井九仞而不及泉，猶爲棄井也。《彖》：『巽乎水而上水，井。井養而不窮也。改邑不改井，乃以剛中也。二五之爻。汔至亦未繘井，未有功也。羸其瓶，是以凶也。』《象》：『木上有水，井。君子以勞民勸相。』《傳》：『木豕水而

〔一〕今按：『湯』，大衆書局《王安石全集》作『陽』。
〔二〕今按：『渴』，中華書局《初學記》作『竭』。

上，汲水少井之象。』『初六，井泥不食，舊井無食〔一〕。』《象》：『井泥不食，下也。舊井無食〔二〕，時舍也。』九二，井谷射鮒，甕敝漏。《象》：『井泥不食〔三〕，無與也。』九三，井渫不食，爲我心惻。可用汲，王明，並受其福。《象》：『井泥〔四〕不食，行惻也。求王明，受福也。』六四，井甃無咎。《象》：『井泥不食〔五〕，修井也。』《傳》：雖不大濟，亦能修治。九五，井洌，寒泉食。《象》：『寒泉之食，中正也。』尊居君位。上六，井收，勿幕。有孚，元吉。幕□。《象》：『元吉在上，大成也。』

《論》宰我曰：『仁者，「井有人〔六〕焉」。其從正〔七〕也。子曰：「君子可逝也，不可陷也。」』

朱子曰：『君父在險，則臣子有從之道？』《孟》：乍見孺子將入於井，皆有怵惕惻隱之

〔一〕今按：『舊井無食』，中華書局《十三經注疏》作『舊井無禽』。
〔二〕今按：同上。
〔三〕今按：『井泥不食』，中華書局《十三經注疏》作『谷射鮒』。
〔四〕今按：『井泥不食』，中華書局《十三經注疏》作『渫不食』。
〔五〕今按：『井泥不食』，中華書局《十三經注疏》作『井甃無咎』。
〔六〕今按：『人』，中華書局《十三經注疏》本作『仁』。
〔七〕今按：『正』，中華書局作『仁』。

心。有爲者譬如〔一〕掘井，掘井九仞而不及泉，猶爲棄井也。使浚井出，從而掩之。《淮南子》曰：『今世之祭井。所以不忘其功也。』

火井，龍井。蜀有火井，以家火投，焰出通天。左思賦：『火井沉熒於幽泉，高焰飛煽於天垂。』是也。龍井舊名龍泓。吴赤烏中，葛洪煉丹。

沸井，銼井。曲阿李子廟前，有井及潭常沸，井曰『沸井』，潭曰『沸潭』。侯吏過此井，棄銼於井，後過此井飲水，爲昔時銼所〔二〕啐而死。戒之曰：『千里井，不瀉銼。』杜詩曰『畏人千里井』是也。

拯井，出井。《左·宣十二》：『楚伐蕭。還無社，號申叔展，冒〔三〕於葬井而拯之。若爲茅經，哭井則已。明日蕭潰，叔展視其井，則茅經存焉。號而出之。』華歆避董卓亂，遇一丈夫，碩〔四〕得俱。中道墮井，衆欲棄。歆相率出之而别。

昭王井，後主井。唐韓朝宗刺襄州。城有昭王井，言汲者死。朝宗移書諭神，飲者無

〔一〕今按：『如』，中華書局《十三經注疏》本作『若』。
〔二〕今按：『所』，北京圖書館出版社（明鄭瑄）《昨非庵日纂》作『草』。
〔三〕今按：『冒』，中華書局《十三經注疏》本作『目』。
〔四〕今按：『董卓』『碩』，中華書局《三國志·魏書·華歆傳》注引華嶠《譜叙》作『西京』『願』。

恙，號韓公井。隋師入陳，後主自投景陽井中，軍人以繩引之。司馬公曰：『荒淫無度，納身葬井，不亦宜乎。』

蘇耽井，王氏井。蘇耽仙去，病飲即瘳。杜詩曰『橘井尚高褰』是也。王粲井在萬山東。杜詩曰『王氏井依然』是也。

倚井，穿井。功曹魏騰忤孫策，意欲殺之。策母吴夫人倚大井，曰：『功曹在公盡覩〔一〕，汝今殺之，則明日人皆叛汝。吾不忍見禍之及，先投此井中耳！』策大驚，釋之。瞽瞍使舜穿井，舜穿井爲匿空旁出。舜既入深，下土實井。

投轄井中，抱甕井中。陳遵好客，投轄井中。子貢南遊，過漢陰，見一丈人將爲治圃，鑿隧入井，抱甕出灌。子貢曰：『有械於此，一日浸百畦。』圃者曰：『有機械者必有機事，有機事者必有機心。』《莊子》。杜詩曰：『永息漢陰機。』駱賓王曰：『抱甕灌園，絶機心於漢渚』。

溢井，淘井。周道漸衰，井水溢。昭王濟漢溺死。東坡在黄州夢參寥誦，所作新詩云：『寒食清明都過了，石泉槐火一時新。』夢中曰：『火固新矣，泉何故新？』答曰：『俗以

〔一〕今按：『覩』，中華書局《三國志・吴書・妃嬪傳》注引『會稽典録』作『規』。

清明日淘井。』

觀天，觀星。韩：坐井而觀天曰：『天小者，非天小也。』坐井觀星，不過數星。

杜詩《鹽井》：鹵中草木白，青者官鹽烟。汲井歲榾榾，出車日連連。汲井用力，出車載運不輟。自公斗三百，轉致斛六千。注：賣鹽一斗，納錢三百，商人轉販一斛，六千。又，煮井爲鹽。速負鹽出井。此溪女休煩，鹽井橫黄金。

廣武井，襄陽井。見魚門。

《周禮・夏官》：司馬挈壺氏當擊壺以令軍政〔一〕。凡軍事，懸壺以序聚㰁。凡喪，縣壺以代哭者，皆以水火守之，分以日夜。《書・費誓》：『敿乃井。』杜詩曰『縣軍幕井乾』是也。

川

《周禮・考工記》：『凡溝逆地功〔二〕，謂之不行。水屬不理壁，謂之不行。梢溝三十里

〔一〕今按：『當』『政』，中華書局本《十三經注疏》本分别作『掌』『井』。

〔二〕今按：『功』，中華書局《十三經注疏》作『阞』。

而廣倍。凡行奠水，磬折以參伍。欲爲淵，則句於矩。』大曲則流轉，轉則其下成淵。衆流。注：海曰川。川者，穿也，穿地而流也。『凡天下之地勢〔一〕，兩山之間必有川焉，大川之上必有涂焉。』

《論》：『子在川上曰：逝者如斯夫，不舍晝夜。』

程子曰：『此道體也。天運而不已，日往則月來，寒往則暑來，水流而不息，皆與道爲體，運乎晝夜，物生而不窮，未嘗已也。是以君子法之，自强不息，及其至也，純亦不已焉。』

《易》：『利涉大川。』『不利涉大川。』

《詩》：『如川之方至，以莫不增。』舜浚川，禹〔二〕奠大川。浚導十二州之界也。奠，定也。《詩》：『如川之流，濯征徐國。』《書》：『若濟巨川。』『若游大川。』

伯陽之言：《國語》：幽王時，西州三川皆震。伯陽父曰：「昔伊、洛竭而夏亡，河竭而

〔一〕今按：『凡天下之地勢』及以下兩句應在《丸溝逆地防》改之前。
〔二〕今按：影印本『禹』字在『浚川』二字上，『舜』字下，誤。

商亡。今其川源又塞，塞必渴。川渴，山必崩。國亡不過十年。』是歲五川渴，岐山崩。〔一〕

觀瀾詞，進學之解。朱子《觀瀾詞》：『觀川流之不息兮，悟有本之無窮。』注：道之本體不可見，觀此可見無體之體，山陰陽五行，爲太極之體。《説苑》：『水積成川，則蛟龍生焉。學積成性〔二〕，則富貴至焉。』《扬子》：百川學海而至于海。或問『道』。曰：『道若塗若川，車航混混，不舍晝夜。』

韓《進學解》：『回狂瀾於既倒，障百川而東之。』

李尋之對。漢李尋對哀帝曰：『百川沸騰，咎在皇父〔三〕卿士之屬，惟陛下少抑外親大臣。』

禹決九川，陶遊斜川。《書》：禹曰：『予決九川，距四海。』陶潛潛。嘗遊斜川，古詩所

〔一〕　今按：『幽王時，西州三川皆震』『伯陽父曰：「昔伊、洛渴而夏亡，河渴而商亡。今其川源又塞，塞必渴。川渴，山必崩。國亡不過十年。」是歲五川渴，岐山崩』，上海古籍出版社《國語·周語上》本分别作『幽王時，西周三川皆震』『伯陽父曰：「昔伊、洛竭而夏亡，河竭而商亡。今其川源又塞，塞必竭。川竭，山必崩。國亡不過十年。」是歲三川竭，岐山崩』。

〔二〕　今按：『性』，四部叢刊初編本《説苑》作『聖』。

〔三〕　今按：『父』，中華書局《漢書·李尋傳》作『甫』。

謂『葛巾蕭洒東斜川』者也。

《家語》：『川爲積刑。』漂蕩。選賦：川形其寶。百川，萬川。《莊子》：『各川[一]三百，支川三千。』古詩：『狂瀾障百川。』杜詩：『飲如長鯨吸百川。』《莊子·秋水》：『水莫大於海，百[二]川歸之而不盈。』陸機《嘆逝賦》：『川閲水而成川[三]，水滔滔而日度。』

防川，防川。《國語·厲王監謗》：或曰：『是障也。防民之口，甚於防川。水壅而潰，傷人必多。』

《左·襄卅一年》：然明曰：『毁鄉校，何如？』謗政。子産曰：『然猶防川，大決所犯，傷人必多。不如小決使道，不如吾聞而棄[四]之也。』

漢哀帝未能浚川疏河者，賈讓言：『夫土之有川，猶人之有口也。故曰「善爲川者，決之使道。善爲民者，宣之使言。」蓋堤防之作，近起戰國，壅防百川，各以自利。』

[一] 今按：『各川』，諸子集成本《莊子集解》作『名山』。
[二] 今按：『百』，諸子集成本《莊子集解》作『萬』。
[三] 今按：『川閲水而成川』，南海出版公司《歷代賦選》引陸機《嘆逝賦》作『川閲水以成川』。
[四] 今按：『棄』，中華書局《十三經注疏》作『藥』。

《左·宣五〔一〕》：伯宗曰：諺曰：『川澤納污，天之道也。』注：流水爲川，止水爲澤。污濁之水，無不容納。小惡不損，大德之喻。

『傍花隨柳過前川』，偷閑時復過前川。

《周禮》：『川郡掌川澤之名，卞其相〔二〕與其利害而頒之于邦國，使致其珍巽之物〔三〕。』

溪澗 水注川曰溪，山夾水曰澗

磻溪，檀溪。太公釣魚處，古詩所謂太公自出磻溪，後更有何人下直鈎者乎？劉備躍馬于檀溪，古詩所謂『乘風一躍過檀溪』者乎。

香水溪，浣花溪：吴故宫有香水溪。西施浴處。浣花溪在成都，杜甫所居處。其詩曰：『浣花流水水西頭，主人爲卜林塘幽。』是也。

剡溪，涪溪。王子猶訪戴逵處。唐元洁作《涪溪頌》。

〔一〕今按：『五』，中華書局《十三經注疏》作『十五』。
〔二〕今按：『川郡』『卞其相』，中華書局《十三經注疏》分别作『川師』、『辨其物』。
〔三〕今按：『巽』，中華書局《十三經注疏》作『異』。

愚溪，濂溪。柳文：『夫水，智者〔一〕也。今是溪獨見辱於愚，何哉？蓋其流甚下，不可以溉灌。又峻急多坻石，逼類於余，雖辱而愚之，可也。』山谷曰：『有水發源於蓮花峰下，潔清紺寒，下合於湓江〔二〕。茂叔濯纓而樂之。用其平生所安樂，媲水而成，名曰濂溪。』

白牛溪澗烏脚溪。文中子講道處，在澤州，涉者足如墨。

清溪，碧溪。李：『清溪清我心，水色異諸水。人行明鏡中，與度屏風誰。』〔三〕樊：『碧溪留我武關東，一笑怀王迹自窮。』

紫溪，竹溪。陸龜蒙紫溪辭。竹溪六逸：李白、孔巢父、韓淮、裴政、張叔明、陶沔。

靈水溪。見魚門。武陵溪：王道真捕魚入源。

東城縣溪，明月峽溪。見魚。

〔一〕今按：『智者』，中國書店《柳河東全集》作『智者樂』。

〔二〕今按：『湓江』當作『湓江』。『水發源於蓮花峰下，潔清紺寒，下合於湓江』，又見文淵閣《四庫全書》本《梧岡集》卷九《濂溪書屋銘》、文淵閣《四庫全書》本《江西通志》卷四二《九江府·古迹》亦有相同記載。

〔三〕今按：『與』『誰』，中華書局《全唐詩》李白《清溪行》分別作『鳥』『裏』。

《詩》：「南澗之濱，于澗之中。考盤在澗，碩人之寬。夾其皇澗，遡其過澗。」幽澗湫兮流泉深。幽澗泉，鳴深林。李。杜詩：「香芹碧溪〔一〕羹。」

〔一〕今按：「溪」，中華書局《全唐詩·陪鄭廣文遊何將軍山林十首》作「澗」。

卷之二

水曰潤下

蔡沈曰：『閏〔一〕下，以性言也。潤下者，潤而又下也。』陳大猷曰：『潤下，用之於灌溉也。』孟子曰：『人性之善也，猶水之就下也。人無有不善，水無有不下。禹之行水也，行其所無事也。』朱子曰：『禹之行水，則因其自然之勢而導之，未嘗以私智穿鑿而有所事，是以水得其潤下之性而不爲害也。』《淮南子》曰：『夫水所以能成其至德於天下者，以其淖溺潤滑也。』

經曰：『水曰閏下。』《伏勝傳》曰：『簡宗廟，不補〔二〕祠，夏〔三〕祭祀，逆天時，則水不閏

〔一〕今按：本段『閏』字皆當作『潤』字。
〔二〕今按：『補』，中華書局《漢書·五行志》作『禱』。
〔三〕今按：『夏』，中華書局《漢書》作『廢』。

下。』《易》：『閏萬物者，莫閏乎水。』

治水

《書》：帝曰：『有能俾乂。』僉曰：『吁，鯀哉。』帝曰：『吁，咈哉，九載績用弗成。』帝曰：『地平天成。洚〔一〕水警予。汝平水土。』『予乘四載，帝思乃俾乂。隨山刊木。予決九川，距四海，濬畎澮，距川。娶于塗山，辛壬癸甲，啓呱呱而泣，予弗子，惟荒度土功。』箕子曰：『在昔，鯀湮〔二〕洪水，汩陳其五行。帝乃震怒，不畀洪範九疇。禹乃嗣興，天乃錫禹洪範九疇。』《孟子》：『禹八年於外，三過其門而不入。禹疏九河，瀹濟、漯而注諸海。決汝、漢，排淮、泗而注之江，使禹治之，禹掘地而注之海。水由地中行，江、淮、河、漢。是也。禹之行水，行其所無事也。』白圭曰：『丹之治水也，愈於禹。』《孟子》曰：『禹之治水，水之道也。禹以四海爲壑，子以鄰國爲壑。』《左·昭元》：劉子曰：『美哉禹功！明德遠矣。注：

〔一〕今按：『洚』，中華書局《十三經注疏》作『降』。
〔二〕今按：『湮』，中華書局《十三經注疏》作『堙』。

見河洛而思禹功。微禹，吾其魚乎！』李白：『大禹理百川，兒啼不窺家。殺湍湮洪水，其害乃去。』杜甫：『禹貢翊造化。衆水如長蛇。』

血馬鎖猴。禹巡衡山，血馬以祭。忽夢男子自稱玄夷蒼水使者，曰：『欲得山神書者齊焉，退齊〔一〕三日，得金簡玉字之書。』禹三至桐柏山，獲淮渦水神，名曰『無支祁』，形猶獮猴，乃命庚辰，逐鎖于龜山之足，淮水乃安。唐永泰初，楚州漁人夜釣龜山下，見大鐵鎖繞山足。一獸形如青猿，兀若昏啼。

禹錫玄圭，天錫玄圭。《書》：『禹錫玄圭，告厥成功。』注：水土既平，禹以玄圭爲贄，而告成功于舜也。水色黑，故圭以玄云。天錫禹玄圭，刻曰『延喜』〔二〕之字。王融序曰『延喜〔三〕之玉攸歸』是也。

龜之呈瑞，龍之畫地。孔氏曰：『治水功成，洛龜呈瑞。』《左・昭元》：子産曰：『金天氏有裔子曰昧，爲玄冥師。水官。生允格、臺駘能業其官。』屈原《天問》：『不任汩鴻，師何以尚之？僉曰：『何憂，何不課而行之？河海應龍，何盡何歷？』《山海經》：『禹治水，有應

〔一〕今按：『齊』同『齋』。
〔二〕今按：『延喜』當作『延熹』。
〔三〕今按：同上。

龍以尾畫地，水泉流通，禹因而治之也。』柳子曰：『胡聖爲不足，反謀龍〔一〕。』《淮南子》：『禹治水時，自化爲熊，以通轘轅之道。塗山氏見之而慚，遂化爲石。禹曰：「歸我子！」石破北方而啓生。』朱子曰：『妖妄不足論。』《詩》：『洪水湯湯〔二〕，禹敷下土方。』杜詩：『早知乘四載，疏鑿控三巴。』

臺駘之宣，共工之防。臺駘宣汾、洮，障大澤，以處太原，晋地。帝用嘉之，封諸汾川。顓頊。

共工氏自謂水德，乃以水紀官。欲壅防百川，隳高理卑，以害天下。皇天不补〔三〕。女媧戮之。水瀆不疏，陰凝而易閼，人鬱于内，腠理滯著而多重膇。

陰康之舞〔四〕，武肅之射。陰康氏思所以理其關節，乃制舞焉。

錢塘，鐵幢。金堤錢塘：錢塘自縈陽至海口，禦河患，號『金堤』。吴都爲潮患，州人華

〔一〕今按：『龍』，國際文化出版公司《柳宗元集・天對屈原》作『龍智』。

〔二〕今按：『湯湯』，中華書局《十三經注疏》作『芒芒』。

〔三〕今按：『隳高理卑』『皇天不补』，上海古籍出版社《國語・周語下》分别作『墮高堙庳』『皇天弗福』。

〔四〕今按：疑『陰康之舞』或亦即『陶唐之舞』，諸子集成本《吕氏春秋・古樂》：『昔陶唐氏之始，陰多滯伏而湛積，水道壅塞，不行其原，民氣鬱閼而滯者，筋骨瑟縮不達，故作爲舞以宣導之。』

信出錢築塘，因號『錢塘』。武肅王命弩射潮頭鐵幢，潮水向西陵。嘗立鐵幢，因名『鐵幢浦』。鐵箭尚存。

河平，延熙。河平元年，以王延世爲河堤使者，塞河三十六日，成。賜爵關内侯。書法，書延世，何善其職也。延熙十三年，赤烏十三年，吴作堂邑涂塘。書法，書重民力也。延熙開運。延熙十五年，諸葛恪修東興堤，以遏巢湖石。晋開運元，滑州河決，塞之。晋主欲刻碑記事，舍人楊昭儉曰：『刻石紀功，不若降哀痛之詔，染翰頌美，不若降哀痛之詔，不若須罪己之文〔一〕。』乃止。

廣順三年，景耀二年。周廣順三年，塞洪河。書法，深予之。蜀漢景耀二年，吴都尉叩密〔二〕建議作浦里塘，士卒多死。梁決周堤，書法，朱梁決河，以限晋兵。晋雖塞之，未幾復壞。終《綱目》，書河決十有六，而五代居其九，梁之罪也。周顯德元，河堤成。書法，美速成也。三十日而畢。

黄樓，石犀。子由《黄樓賦序》。東坡爲彭城守，爲水備，故水至而民不恐。水既去，即

〔一〕今按：『須』，四部叢刊初編本《資治通鑑》作『頒』。
〔二〕今按：『叩密』，中華書局《三國志・吴書》作『嚴密』。

城東門爲大樓。堲以黄土，曰：『土實勝水。』犀浦縣李冰作石犀壓水灾。杜甫《石犀行》：『君不見秦時蜀太守，刻石立作三〔一〕犀牛。自古難有壓勝法，天生江水向東流。蜀人矜誇一千載，泛溢不近張儀樓。今年灌口損户口，此事或恐爲神羞。先王作法皆正道，詭怪何得參人謀。嗟爾三犀不經濟，缺訛只與長江逝。但見元氣相調和，自免洪濤恣凋瘵。安得壯士提天綱，再平水土犀奔亡。〔二〕』

杜子之防，李氏之戰。杜詩：《臨邑舍弟》：黄河泛溢，職司憂悄悄。郡國訴嗷嗷〔三〕。舍弟卑栖邑，防川領簿曹。李冰守蜀郡，與江神戰，又立石犀與汋，自是水不復爲灾。王勃《序》：『玄機應物，潛消水怪之灾。』

葵丘之會，瓠子之歌。朱子曰：『葵丘之會曰無曲防，是時令人不得私自防遏』。漢武帝《瓠子歌》：『瓠子決兮將奈何，宣防塞兮萬福來。』見河門。

〔一〕　今按：『三』中華書局《全唐詩》作『五』。
〔二〕　今按：『難』『詭』『江』『嗟爾三犀不經濟』『相』『亡』，中華書局《全唐詩》杜甫《石犀行》分别作『雖』『鬼』『川』『嗟爾五犀不經濟』『常』『茫』。
〔三〕　今按：『司』『嗷嗷』，中華書局《全唐詩·臨邑舍弟書至苦雨黄河泛溢堤防之患簿領所憂因寄此詩用寛其意》分别作『思』『嗷嗷』。

陂渠

《詩》：彼澤之陂。《黃憲傳》：叔度汪汪若千〔一〕頃陂。罷陂，修陂。汝南有鴻隙陂，翟方進以數溢爲害，奏罷之。王莽時旱，郡中追怨。童謡曰：『壞彼誰？翟子威。飯我豆食羹芋魁。反乎覆，陂當復。誰言者？兩黄鵠。〔二〕』托神告之也。鄧晨爲汝南守修鴻隙陂，數年乃成。民歌曰：『田於何所，池陽、谷口。鄭國在前，白公起後。舉鍤成雲〔三〕，決渠爲雨。涇水一石，其泥數斗。且溉且糞，長我禾黍。衣食京師，億萬之口。』

白水陂，期思陂。祭艾於楚州開白水陂，築塘四十九所。孫叔敖行期思陂，號芍陂。刺史堤，天師渠。白居易刺杭州，築堤捍錢塘湖，鍾泄其水，溉田千頃。開元中。仙渠

〔一〕今按：『千』，上海古籍出版社《藝文類聚》作『萬』。
〔二〕今按：『彼』『言』，中華書局《漢書·翟方進傳》分別作『陂』『云』。
〔三〕今按：『公』『鍤成』，中華書局《漢書·溝洫志》分別作『渠』『臿爲』。

命致清泉，遂成石渠，經冬不渴〔一〕，謂之天師渠。

穿白渠，毁碾磑。皆磨厲。太始二年，穿白渠。書法，穿渠必書，重溝洫也。關中仰鄭、白二渠，而豪戚壅上游取磑利，且百所。李栖筠請皆撤毁。大曆十三年，敕毁白渠支流碾磑以溉田。昇平公主有二磑，請存之。上曰：『吾欲利蒼生。』公主即日毁之。書法，小事耳，何以書？美無私也。

捍海堤，永濟渠。范文正公泰州西溪鹽官。隋大業四年，開永濟渠，丁男不供，始役婦人。

渭渠，汴渠。元光公大司農鄭當時言：『穿之〔二〕，三歲而通，人以爲便。』永平十二年，修汴渠堤。書法，書渠堤，陞溝洫也。

鑿涇水，引渾水。鄭國鑿涇水。書法：鑿渠必書『重民利』也。宋長沙王刺豫州，修芍陂，引渾水溉田萬餘頃。程明道攝上元邑，盛夏堤决，法當言之府，府禀於漕，然後計工調役。先生曰：『救民獲罪，所不辭也。』發民塞之，歲則太熟。

〔一〕今按：『經冬不渴』當作『經冬不竭』。
〔二〕今按：『之』，四部叢刊初編本《資治通鑒》作『渭爲渠』。

杜甫《渼陂行》：『岑参兄弟皆好奇，携我遠來遊渼陂。天地黤慘忽異色，波濤萬頃堆琉璃。』

溝洫

《周禮》：雍氏堤防止水。掌溝瀆澮池之禁。凡害於國稼者，春令爲阱，獲〔一〕溝瀆之利於民者。秋令塞阱杜獲，禁山之爲苑澤之沉者。《周禮》：正〔二〕人爲溝洫，耜〔三〕廣五寸，二耜爲耦。一耦之伐，廣尺深尺謂之甽。田首倍之，廣二尺、深二尺，謂之遂。九夫爲井，間廣四尺、深四尺，謂之溝。方十里爲成，間廣八尺、深八尺，謂之洫。方百里爲同，之間廣二尋、深二仞，謂之澮。专達於川，各載其名。一畝之間，廣尺深尺曰甽。一同之間廣二尋、深二仞曰澮。《書》曰『濬甽澮距川』是也。《襄十》：初，子駟爲田洫，司氏、堵氏、侯氏、子師氏皆喪田焉，五族爲田洫，作封洫。

〔一〕今按：『獲』，中華書局《十三經注疏》作『擭』。
〔二〕今按：『正』，中華書局《十三經注疏》作『匠』。
〔三〕今按：『耟』，中華書局《十三經注疏》作『耜』。

作亂，殺子駟。《昭六》：叔向曰：『今吾子相鄭國，作封洫，將以靖亂[一]，不亦難乎。』子産使田有封洫。封疆、溝洫。《襄三十》。

公氏將溝焉，溝而合諸墓。昭公之喪至自乾侯。季氏使役如闞公氏，使役如溝絶兆拭[二]。葬昭公於墓道南。孔子之爲司寇也，溝而合諸墓。注：明臣無貶君之義。《定元》。

水利 黄履翁

夫水利之在天下，猶人之有血氣。成周之盡力溝洫，西漢之用功河渠，不貪小利以害大謀，不急近功以遺遠害。田畝有灌溉之利，川澤無壅塞之憂。成周匠人捐膏腴之地，以爲溝洫之制。小司徒捐賦税之入，以治溝洫之利，自經界不明，而先王溝洫之制，漫無可考，以九河之地，猶失其八支，而莫得其迹。注：河分爲八，齊小白塞爲一。春秋、戰國、西漢，浚其源，導其流。叔敫起晉陂，楚受其惠。文公穿腴口，蜀以富饒。

[一] 今按：『亂』，中華書局《十三經注疏》作『民』。

[二] 今按：『使役如溝絶兆拭』，中華書局《十三經注疏》作『將溝焉』。

鑿漳水於魏者，鄴旁有稻粱之咏。導涇水於秦者，谷口有禾黍之謡。歌見下。事見上。叩能穿龍首渠於馮翊之地。兒寬穿六輔渠於左内史之治。漢武時。泰山則引汶，東海則引巨定，海南〔一〕、九江則引淮，朔方、西河、酒泉則引河及川谷。輪臺以東有渠溉田五千頃，鮮水左右有橋七十所。桑弘羊奏，趙充國奏。西漢不計地利之廣狹，不論費役之多寡，不一勞者不永逸，不暫費者不永寧。《周官》：『營溝行水之制，則職之匠人。止水蓄水之令，則領之稻人。』漢京師則少府總都水府衡禁池之事，其屬則有池監，掌林苑之事，其屬則有水司空，有都水，三輔，以領京師之職，太常以領巴陵之渠。郡國則九江有陂湖官。南海有淮湖官。南郡江夏則有雲夢官。宋三司則有都水監，諸路則有提舉，州有倅貳，邑有丞佐，郡有守，邑有令。修蕭何之故堰，則若許修召信臣之舊渠，則若趙景山而廢壞之地，復蒙大利尚寬而荒瘠之場變爲沃壤，正鄭國在前，白公起後之意也。『正前有召父，後有杜母』之意也。真宗朝、仁宗朝築海堤以衛田，而民享其利，則如范文正興水利以有功而治，累得聲則如劉彝。今日聞有論水利之事矣，而不蒙其利，聞

〔一〕今按：『海南』，中華書局《漢書·溝洫志》作『汝南』。

有任水利之官矣，而不行其勞。上靡帑庫，下奪農田。東坡諷興水利則曰：『閑亡〔一〕苕溪入太湖。』『應教許〔二〕鹵复桑田。』

史起鑿漳於魏，鄴人歌曰：『鄴有賢令兮爲史公，决漳水兮灌鄴旁，終古潟〔三〕鹵兮生稻粱。』

瀑布

『西登香爐峰，南見瀑布水。挂流三百丈，溝壑九千里。欻如飛電來，隱若白虹起。初驚銀河落，半灑金潭裏。仰觀勢轉雄，壯哉造化功。海風吹不斷，山月照寒空。空中亂潨射，左右洗青壁。飛珠散輕霞，流沫沸穹石。而我樂名山，对之心益閑。無論漱瓊液，还得洗塵顔。且諧宿所好，永願辭人間。』李白《廬山瀑布》詩：『日照香爐生紫烟，遥看瀑布掛

〔一〕今按：『亡』，上海古籍出版社（王水照選注）《蘇軾選集・贈莘老七絶》作『送』。

〔二〕今按：『許』，中國人民政治協商會議浙江省海寧市委員會、文史資料委員會《海寧文史資料專輯海寧潮文化》作『斥』。

〔三〕今按：『潟』，中華書局《漢書・溝洫志》作『舄』。

長川。飛流直下三千尺，疑是銀河落九天。』〔一〕又，『欻如飛電來。隱若白虹起。飛珠散瓊液，流沫沸穹石。』

黄蘗詩：『千巖萬壑不辭劳，遠看方知出處高。』宣宗續曰：『溪澗豈能留得住，終歸大海作波濤。』春日氣象。徐凝詩：『瀑布落泉千丈直，雷奔入江無暫息。萬古長如白練飛，一條界破青山色。』〔二〕東坡戲作絶句：『帝遣銀河一派垂，古來惟有謫仙詞。飛流濺沫知多少，不爲徐凝洗惡詩。』儲光羲曰：『映地爲天色，飛空作雨聲。』張九齡曰：『吾聞山下蒙，今乃林巒表。』方干曰：『素色噴成三伏雪，餘波流作萬年溪。』曹松曰：『噴向林梢成夏雪，傾來石上作秋雷。』陳摶題《名水澗》：『銀河瀉〔三〕落翠光冷，一派迴環湛晚暉。』范希文曰：『白虹下澗飲，寒劍倚天立。』石曼卿曰：『玉虹垂地色，銀漢落天聲。』元結於山中尤所耽愛者水樂，是南磴之懸水，淙淙然，聞於耳。東坡《漱玉亭》：『擘開青玉峽，飛出兩白龍。

〔一〕今按：『溝』『九千』『灑』『寒』『長』，中華書局《全唐詩》李白《望廬山瀑布》分別作『噴』『數十』『瀉』『還』『前』。

〔二〕今按：『瀑布』，湖北教育出版社《唐詩明畫欣賞》作『虛空』。

〔三〕今按：『名水澗』『瀉』，人民文學出版社（清王士禎編，鄭方坤刪補，戴鴻森校點）《五代詩話》分別作『石水澗』『灑』。

蕩蕩白銀闕，沉沉水晶宫。』朱子：『修〔一〕至走長蛇，捷來翻素雪。』介甫《水簾》：『淙淙萬音落石巔，皎皎一派當檐前。清風高吹鸞鶴唳，白日下照蛟龍涎。浮雲裝額自能捲，缺月琢鈎相與懸。朱門試問幽人價，翡翠蛟龍〔二〕不直錢。』

流

《易》：『水流濕。』『地道變盈而流謙』。《孟》：『流水之爲物也，不盈科不行；君子之至〔三〕於道也，不成章不達。』《易》：『水流而不盈，行險而不失其信。』柳：『其流甚下，不可以灌溉。雖辱而愚之，可也。』孔融曰：『子不見東海納萬流浩汗，君子之量，當亦如此。』

〔一〕今按：『修』，四庫全書影印本《淵鑒類函》作『倏』。
〔二〕今按：『裝』『蛟龍』，遼海出版社《王安石文集・僧德殊家水簾求予咏》作『妝』『鮫綃』。
〔三〕今按：『至』，中華書局《十三經注疏》作『志』。

濟

《易》：『利涉大川，往有功也。』『不利涉大川，入于淵也。』『利涉大川，乾行也。』誠。『利涉大川，往有事也。』險。『利涉大川，應乎天也。』施其所畜。『過涉之凶，不可咎也。』少陰處極。『利涉大川，乘木有功也。』『利涉大川，乘木舟虚也。』《中孚》。『小狐汔濟，未出中也。』險中。

《書》：若濟巨川；若涉大水；若涉淵冰〔一〕；求朕攸濟。

《詩》：深則厲，淺則揭。』『濟有深涉。有瀰濟盈。濟盈不濡軌。人涉卬否。』『就其深矣，方之舟之。就其淺矣，泳之游之。』『褰裳涉溱。褰裳涉洧。遡洄從之。遡游從之。』『篤公劉，涉渭爲亂。』『既不我嘉，不能旋濟。』許穆夫人。神禹濟江，黄龍負舟。武王渡津，白魚入舟。

大王之渡，盤庚之涉。大王渡漆沮，肇基王迹。盤庚惟涉河以民遷。

〔一〕今按：『冰』，中華書局《十三經注疏》作『水』。

秦之焚舟，晋之沉玉，楚師之涉，荀偃之濟，諸侯濟涇，項羽渡河，始皇浮江，漢王渡河，光武之渡。楚人之濟。《左・文三》：秦伯伐晋，濟河焚舟。《襄十八》：晋侯伐齊，沉玉濟河。

《襄十八》：楚師伐鄭，涉於魚齒之下，有溠水。甚雨及之。《十九》，荀偃濟河，卒而視，不可含。《襄十四》：諸侯之師濟涇而次。秦三年，項羽引兵渡河，沉船燒舍。始皇廿八，浮江，至湘山，大風，幾不能渡。伐其樹，赭其山。漢四年，漢王渡河，奪韓信軍。光武至滹沱河，候吏還，白河水流澌，無船，不可濟。遂前。至，河冰亦合，令王霸護度。陳氏曰：『滹沱之役，幾填於餓虎之喙矣。而以冰合濟，是豈人力也哉！天也。』《左・僖公廿二年》：宋及楚人戰于泓。司馬子魚曰：『及其未既濟也，請擊之。』公曰：『不可。』既濟而未成列，又以告，公曰：『未可。』宋師敗漬[一]。漬。

商王之斮，鄭僑之濟。『商王受罪浮于桀，斮朝涉之脛。』《書》。子産叫[二]鄭國之政，以其乘輿濟人於溱洧。《孟子》曰：『惠而不知爲政。』

[一] 今按：『漬』，中華書局《十三經注疏》作『績』。
[二] 今按：『叫』，中華書局《十三經注疏》作『聽』。

穆子之賦，劉賈之渡。《左・襄十四》：諸侯大夫從晉伐秦。及涇，不濟。叔孫穆子賦『匏有苦葉』。叔向退而具舟，魯人、莒人先濟。漢三年，漢王使盧綰、劉賈渡白馬津入楚地。

概王之擊，聲伯之歌。《左》：吳從楚師，及清發。水。夫概王曰：『半濟而後可擊也。』聲伯夢涉洹，或與己瓊瑰食之。歌曰：『濟洹之水，贈我以瓊瑰。歸乎！歸乎！瓊瑰盈吾懷。』懼，不敢占也。言之，之莫而卒。

楚師之涉，伯嘉之諜。《桓二》：伐絞之役。楚師分涉於彭。水。羅人欲伐之，使伯嘉諜之，三巡，數之。

津渡

《説文》：『津，水渡也。濮，小津也。』柳文：『江之滸，舟可縻而上下曰步。』

《列子》：『操舟鬻渡，利供百口。』盧溝河以車渡。和尚乘杯而渡河。異僧浮笠而渡江晋吴猛以白羽扇畫水渡江。晋顧榮以白羽扇揮軍，自〔一〕潰，因名揮扇渡。庾信賦曰『顧榮虛摇羽扇』是也。東西南北人，舟楫顛危甚。宣聖問於長沮。吏女歌於中流。延平渡頭化雷子之劍。妒婦耳側壞美人之衣。吴江渡上一解劍之伍胥。『牛渚山过六問津』之杜牧。

沐浴

《周禮・春官》：小宗伯之職：『王崩，大肆，以秬鬯渳。』蔟人爲泯，以秬爲浴尸。商湯之銘，周武之銘。湯之盤銘曰：『苟日新，日日新，又日新。』湯以人之洗濯其心以去惡，如沐浴其身以去垢。武王《盤銘》曰：『與其溺於人也，寧溺於淵。溺於淵猶可游，溺於人不可救也。』病人溺君。

偭〔二〕之澡浴，惡之沐浴：《記》：『偭有澡身浴德。』《孟》：雖有惡人，齊戒沐浴。則可

〔一〕今按：『自』，中華書局《晋書・陳敏傳》作『敏衆』。

〔二〕今按：『偭之澡浴』當作『儒之澡浴』。

以事〔一〕上帝。勉人自新。

工乃升歌，夏不數浴。《玉藻》曰：『五盥，沐稷而靧粱。注：淅稷之水洗髮，淅粱之水洗面。櫛用椫櫛〔二〕，髮用象櫛。進機進羞，工乃升歌。』注：沐而飲酒曰：『機、羞，則籩豆之實。』。充以和平之味，感以和平之音。注：新沐氣虛，致其養。《韓詩外傳》：『夏不數浴，非愛水也。』《詩》：『豈無膏沐。薄言歸沐。』沐浴聖澤。曹植。沐浴清化。李密。《周禮·宫人》：『共王之沐浴。』

成王洮頮，孔子沐浴。《書·顧命》：王乃洮頮水。陳恒弑君，孔子沐浴而朝。

一沐三握，三薰三沐。周公一沐三握髮，起而待士。李白書曰『豈不以周公之風，躬吐握之事』是也。管仲請囚，鮑叔受之。三薰三沐。

必有明衣，欲觀裸浴。孔子齊，必有明衣，布。注：齊必沐浴，浴竟羞〔三〕明衣。《左·僖廿三》：重耳及曹，曹共公聞其駢脅，欲觀其裸浴，薄而觀之。

曾點浴乎川，鄭俗潔於水。《論》：曾點曰：『暮春者，春服既成。浴乎川。〔四〕』子曰：

〔一〕今按：『事』，中華書局《十三經注疏》作『祀』。
〔二〕今按：『櫛』『椫』，中華書局《十三經注疏》分别作『櫛』『樿』。
〔三〕今按：『羞』當作『著』。
〔四〕今按：『川』『浴乎川』，中華書局《十三經注疏》分别作『沂』『浴乎沂』。

『吾與點也！』然韓愈、李翺疑裸身川浴，非禮。《漢志》：『三月上巳，祓除。官民潔於東流水上。』

女子浴，漁父歌。漢武祀甘泉，至渭，女子浴於清水。張寬曰：『天星主祭，齊戒不潔，則女人見。』《楚詞》：『新沐者必弾冠，新浴者必振衣。』漁父歌曰：『滄浪之水清兮，可以濯我纓。』喻世昭明，沐浴升朝。『滄浪之水濁兮，可以濯我足兮。』喻世昏闇，宜隱遁也。

叔武將沐而無罪，晋侯辭沐而覆心。衛侯入，叔武將沐。聞君至，捉髮走出。前驅射而殺之。公知其無罪也，枕之股而哭之。晋侯之竪頭須，守藏者也。及入請見，公辭焉以沐。謂僕人曰：『沐則心覆，心覆則圖反，宜吾不得見也。』公遽見之。

簡狄浴玄丘，神女擎香霧。簡狄浴玄丘之水，玄鳥墮卵，五色，吞之生契。孔子生之夜，有二神女擎香霧於空中，沐徵在。

沛爲沐邑，名曰出郎。漢高過沛，以沛爲湯沐邑。書法：特書也，特書何譏也。以爲君天下，而私一邑也。楊惲廉潔無私，爲中郎將。故事，令郎出錢，乃得出沐，名曰『出〔一〕郎』。惲罷之。休沐，皆以法令從事。郎官化之，擢爲光禄。

〔一〕今按：『出』，中華書局《漢書・楊敞傳》作『山』。

駱越同浴，霍光出沐。賈捐之曰：『駱越之人，父子同川而浴，與禽獸而無異。』桑弘羊等爲燕王朝上書，候光出沐日奏之。

《楚詞》：『浴蘭湯兮沐芳，華采衣兮若英。』

李白《沐浴子》：『沐芳莫弾冠，浴蘭莫振衣。處世忌太潔，至人貴藏輝〔一〕。滄浪有釣叟，吾與爾同歸。』

游者

《周禮》：『萍氏掌國之水禁，禁川游者。』水禁謂水中害人之處，及入水捕魚鼈不時。禁川游者。備波洋卒至沉溺也。

《詩》：『漢有游女，不可求思。』文王之化，變淫亂之俗。『就其淺矣，泳之游之。』婦爲夫棄，叙悲怨之情。《書》：『若游大川。』《左・哀十》：史趙曰：『如川之滿，不可游也。』

《淮南子》：『乘舟楫者，不能游而絶江海。』白公曰：『若以石投水，何如？』孔子曰：

〔一〕今按：『輝』，中華書局《全唐詩》李白《沐浴子》作『暉』。

『吴越之人善没者能取之矣。』『度水而無游數，雖强必沉；有游數，雖羸必遂。』

《吕覽》：見人方引嬰兒欲投江中，嬰兒啼。人問其故，曰：『此其父善游。』其父雖善游，其子豈遽善游哉！

薨陵被甲，永氓腰錢。晋時杜曹爲薨陵守，能被甲游水中。永氓咸善游，一日水暴甚，有五六氓乘小船，船破皆游。其一氓盡力而不能，其侶曰：『何後？』曰：『腰千錢，是以後。』遂溺死。吾哀之，且若是得不有大貨之溺大氓者乎！吾哀溺者之死貨兮，惟大氓之爲憂。柳子《哀溺文》。

閻教之游，隴西之游。《左·莊十八》：巴人叛楚，遂門于楚城門，閻教游涌而逸。注：既不能守城，又游涌水而走。《選》：隴西之游，欲游而沉。

《論》：子路曰：『子行三軍，則誰與？』子曰：『馮河，死而無悔者，吾不與也。』朱子曰：『馮，徒淺。』陳氏曰：『徒，徒手而無所持也。』

舟楫

《易》：刳木爲舟，剡木爲楫，舟楫之利，以濟不通，蓋取諸《涣》。黄帝。『利涉大川，乘木有功也。』《渙》。『利涉大川，乘木舟虛也。』《中孚》。

《外紀》：命共鼓化狐，刳木爲舟，剡木爲楫。《書》：若乘舟，不克〔一〕濟，臭厥載。《說命》曰：『若濟巨川，用汝作舟楫。』

《詩》：『淠彼涇舟，烝徒楫之。』咏文王德。『泛彼柏舟，亦泛其流。』婦人以舟自比。『泛彼柏舟，在彼河中。泛彼柏舟，在彼河側。』共姜。『就其深矣，婦人。方之舟之』。『二子乘舟，泛泛其逝。二子乘舟，泛泛其景。』伋壽。『檜楫松舟，造舟爲梁。』『誰謂河廣？一葦航〔二〕之。誰謂河廣？曾不容刀。』宋桓夫人。『泛泛揚〔三〕舟，紼纚維之。』夫子答。《魚藻》。『泛泛楊舟，載沉載浮。』燕飲。『譬彼舟流，不知所届』宜臼。

《淮南子》：『夫舟浮於水，此勢之自然也。』無心之喻。『又楚人有乘船而遇大風，波至而自投於水。非不貪生而畏死也，惑於恐死而反忘生也。故人之嗜欲，亦猶此也。』又龍舟鷁首，畫象船首，以禦水患。《慎子》：行悔〔四〕者坐而至越，有舟故也。

〔一〕今按：『不克』，中華書局《十三經注疏》作『汝弗』。
〔二〕今按：『航』，中華書局《十三經注疏》作『杭』。
〔三〕今按：『揚』，中華書局《十三經注疏》作『楊』。
〔四〕今按：『悔』，諸子集成本《慎子・逸文》作『海』。

膠舟不返，餘皇失水。周昭王至楚，以膠舟載之，溺不返。庾信賦：『乘積〔一〕水以膠船。』《朱子詩》『涇舟膠楚澤』是也。《左·昭十七》：楚敗吴師，獲其乘舟餘皇舟名。庾信賦：『餘皇失水。』〔二〕《韋承慶傳》：『濟巨川，必擇艅艎』是也。

罔水行舟，酒池運船。《書》：『無若丹朱傲，罔水行舟。』桀酒池可以運舟。

蕩舟，乘舟。《論》：南宫适曰：『奡蕩舟。』注：力能陸地行舟。奡，浞之子也。《左·僖三》：齊侯與蔡姬乘舟于囿，苑中魚池。蕩公。公懼變色，禁之不可。公怒，歸之，未絶之也。蔡人嫁之。蕩，摇也。

行積黍舟，造競渡船。隋煬帝積黍行舟。龍舟四重，高四十五尺，長二百尺，三重皆水殿也。

唐敬宗寶曆元，王播造競渡船二十艘。張仲方等力諫，減半。書法，造競渡船，譏之哉也。

舟楫横亘，米船空争。開皇八，隋伐陳，旌旗舟楫，横亘千里。蘇峻之亂，温嶠等争赴。

〔一〕今按：『積』，南海出版公司《歷代賦選》作『漬』。
〔二〕今按：『餘皇』，南海出版公司《歷代賦選》作『艅艎』。

陶侃以米船不至争之。庾信賦『陶侃空争米船』是也。

以酒爲池，以錦爲纜：桀酒池糟堤，縱靡靡之樂。群臣歌曰：『江水沛沛兮，舟楫敗兮。』是也。隋煬帝以錦爲纜。杜牧之詩『錦纜龍舟隋煬帝』是也。

李郭同舟，劉張同載。李膺、郭泰。劉恢〔一〕丹陽尹。留宿張憑。還船，須臾，覓張孝廉船，同載。時人榮之。杜甫詩曰：『夜隔孝廉船。迹斷丹陽尹。』是也。舸，大舟也。王勃《序》曰：『舸艦迷津，青雀黄龍之軸。』是也。楊廷秀曰：『舴艋吾宅，黄帽即吾侣也。』

曳繡爲帆，激水如箭。唐杜亞拜淮南節度使，泛九曲池，曳繡爲帆。隋處士元藏，幾至海中，島人曰：『此乃滄洲，去國數萬里。』製凌風舸，送之，激水如箭，旬日達東萊。

杜甫《最能行》：負船水手之稱。『峽中丈夫絶輕死，小在公門多在水。富豪有錢駕大舸，貧窮取給行艓子。小兒學問上論語，大兒結束隨商旅。欹帆側舵入波濤，撇漩捎濆無險阻。朝發白帝暮江陵，頃來目擊信有徵。瞿塘漫天虎鬚怒，歸來長年與最能。此州之人氣最窄〔二〕，誤競南風疏北客。若道士無英俊才，何得山有屈原宅。』

〔一〕今按：『劉恢』當作『劉惔』。

〔二〕今按：『欹』『歸來』『與』『州』『最』，中華書局《全唐詩·最能行》分别作『敧』『歸州』『行』『鄉』『量』。

單舸見曹操，一舸逐鴟夷：劉備，西子。

市舶

唐有市舶使，宋開寶廣南市舶使。

唐仁恕廉潔，奇琛良貨。盧鈞，廣州刺史，仁恕廉潔。南海蠻舶之利，不干預。張公安南，奇琛良貨，溢于王府。

跨險憑危，梯山航海，飛艎走浪，望鼠濤〔一〕而三休。大舶參雲，指麟洲而一息。鳶波象郡，萬舳争先，鳥滸鸞賧千艘竟進。張鷟。

宋市舶之利，頗助國用。《中興録》。

無所求索，兼取精粗。向敏中廣州市舶無所求索，清節益著。王絲侍御史，兼市舶，兼取精粗，夷人悦之，號『金珠御史』。

錦纜牙檣，暫督蠻賧之貢；軺車翠節，少煩膚使之來。

〔一〕　今按：『濤』，吉林文史出版社《全唐文新編》本作『島』。

市舶之利，範臣有奏；外舶之物，僧孺無取：唐玄時，胡人言市舶之利，監察御史楊範臣奏，市舶與商賈争利，非王者之體，罷之。王僧孺，南海太守，外國舶物並無所取，曰：『昔人刺蜀，終無蜀物，吾欲子孫，不敢越裝。』《論嶺南請於安南置市舶中使狀》：『玉毀櫝中，是將誰咎？珠非〔一〕境外，安可復追？』《書》曰：『不貴〔二〕遠物，則遠人格。』今既循〔三〕欲如此，宜其殊俗不歸。況又將蕩上心，請降中使，示貪風於天下，延賄道於朝廷。陸贄。

漕運

蜚芻輓粟秦，轉漕甚遠漢武。

永明攝格，上元糾錢。曹操以土築霸〔四〕，截河障水，曰『堞』。兩岸樹轉軸，凡欲過，用

〔一〕今按：『非』，新文化書社（薛恨生編）《陸宣公奏義續本》作『飛』。

〔二〕今按：『貴』，中華書局《十三經注疏》本作『寶』。

〔三〕今按：『循』，新文化書社《陸宣公奏義續本》作『殉』。

〔四〕今按：『霸』當作『壩』。

人推軸，或以牛繞軸，輓之，名曰『牛埭』。蓋征税之所，舊有征格。唐上元中，敕江淮堰埭商賈率船過處，準斛斗糾錢，謂之『埭格』。〔一〕

齊永明六，吴興飢。西陵戍主杜元懿言：『牛埭、歲格可增倍，乞與領攝。』〔二〕顧獻之以爲：『牛埭之意，非苟逼蹴以取税也。乃以風濤迅險，濟洽利物耳。後之監領者，或禁遏他道，或空税江行。况吴興荐飢民流衆散舊格尚減，將何以術？元懿幸灾榷利，不仁。』齊主納之而止。〔三〕

廣通渠，廣運潭。隋開皇四年，詔宇文愷鑿渠引渭，自大興至潼關，名廣通渠。唐天寶二年，韋堅引滻水抵望春樓下，聚江、淮運船，通漕渠，二年而成。加堅散騎，賜潭名曰『廣運』。

開運道，造運船。李泌自集津至三門鑿山開運道十八里，避底柱之險。書法，此其書

〔一〕　今按：『唐上元中，敕江淮堰埭商賈率船過處，準斛斗糾錢，謂之「埭格」』當作『唐上元中，敕江淮堰埭，商賈率船過處，准斛斗糾錢，謂之埭程。』

〔二〕　今按：『牛埭』，中華書局《南齊書・陸慧曉傳附顧憲之傳》作『牛埭』。

〔三〕　今按：『顧獻之』『取』『乃』『他』『尚』『加』，中華書局《南齊書・陸慧曉傳附顧憲之傳》分别作『顧憲之』『納』『當』『别』『新』『術』。

李泌，何予功也。劉晏以爲江、汴、河、渭水力不同，各隨便宜，造運船，教漕卒，緣水置倉，轉相輸[一]給。樊川詩：『清淮控隋漕，北走長安道。檣形櫛櫛斜，浪態迤迤好。』通道之溝，泛舟之役。《左・哀九年》：吴城刊[二]溝，通江淮。注：東北通射陽湖，西北至宋口入淮，通粮道也。今廣陵韓江是。《僖十三》：冬，晋饑，秦於是乎輸粟，命之曰『泛舟之役』。

杜甫詩：四瀆樓船泛。雲帆轉遼海。轉粟上青天難如上天。灌口米船稀。吴門转粟帛，泛海凌蓬萊。

漕運林駧

觀《禹貢》所載，入于渭，亂于河之類，所輸不過九州之方物，則知漕運之法，三代之時未立也。觀《管子》所載『粟行五百里』之類，所漕不過一時輓卒，則知國都之漕，春秋之時

[一] 今按：『輸』，四部叢刊初編本《資治通鑒》作『受』。
[二] 今按：『刊』，中華書局《十三經注疏》本作『邗』。

未聞也。古者天子中千里而爲都，公侯中百里而爲都。天子之都，漕運不過五百里；諸侯之都，漕運不過五百里。〔一〕

自秦罷侯置郡，漕法始講，致瀕海之粟，輸北河之倉。漢初京師之用，止仰近郡。諸侯之粟，不歸天子。當時關東之漕，僅數十萬石而已。武帝以後，山東漕益而爲百餘萬石，縣官度食者衆，則河漕又益而爲四百萬石。言利之臣，愈請增益，則山東之漕且至六百萬石。軍旅既息之後，每歲漕穀爲石猶不下四百萬。向者諸侯自殖之粟，至是削弱，皆轉輸於中都。

唐初，府兵之法未壞。平時無事，身居田畝。一有征行，自爲調度。當時關中之漕，不過十萬石而已。

明皇以後，天寶每歲二百五十萬。廣德代宗。歲轉亦不下百一十萬。甚至江淮之運小緩，六軍脱巾於道。韓滉之米一至，君臣舉酒相慶。德宗。唐人所以倚辯於此，可謂急矣。噫！引渭穿渠之謀不見於高文之時，而見於武帝之世。泝河入渭之説，不用於太宗之日，而見於代宗之後。鄭當時、劉晏。大抵漢漕皆仰於山東，唐漕皆仰於江淮。故武帝時番係言

〔一〕今按：『五百里』，《永樂大典殘卷》作『五十里』。

漕者，山東也。弘羊益漕者，山東也。

天寶後，劉晏所漕者，江淮也。韓滉所漕者，江淮也。

國家定都於汴，漕運之法，分爲四路。東西之粟，自汴河而至。陝西之粟，自黄河而入。陳蔡之粟，自惠民河通。海河。京師之粟，自廣濟河通。五丈河。自轉般之法行漕益富，而人亦便。自直達之法用漕益全〔一〕，而人愈病。今駐蹕吴會，蜀漢之粟，順流而下，以供荆襄之軍。閩浙之舟，水運而上，以供中都之用。

比年以來，風濤突蕩，道里逗留，間歲不登，州以歉告。將以廣漕與？則東南民力竭矣，未易廣也。將以省漕與？則六軍百司仰給於此，未易省也。噫！木牛流馬，不若渭南之屯爲可久。關東轉漕，不若三輔之糴爲省費。諸葛亮、耿壽昌言省關東漕卒。荆之區、淮之甸，田畝相望，荆棘未啓者甚衆。誠能招來流民，給以田器，予以牛種，委郡守以督其事，則一歲之入，必倍於今日矣。浙之東吴之會，舳艫相啣，商販奔湊者甚衆，誠能捐内帑，略其譏征，廣爲儲蓄。付郡守以領其事，則轉運之米，可以盡計而省之矣。

〔一〕 今按：『全』，《文獻通考·國用三》卷二五作『空』。

發運使 宋朝置

漕臺，冰漕。考故事，明信令。許元，江淮荆浙發運使。考故事，明信令。疏支家河，修捍海堰。吴處厚〔一〕，紹聖爲江淮荆浙發運使，疏支家河，修捍海堰，民立生祠。

疏真揚漕河，開長蘆西河。魯宗道，江淮發運使疏真揚漕河，廢三堰。張給〔二〕，天禧江淮發運副使，開長蘆西河，避覆舟之患。仁宗擢天章閣待制。

募客舟，撿欺隱。薛向，江浙發運使。運州兵使交相侵盗貿易，則託風水沉舟。向募客舟，以官舟運，費募寡，而物良，舊弊悉去。權房彦，淮浙發運使。董婾懈，撿欺隱，覈逋亡，責稽滯。

王鼎八難，耀卿中制。王鼎發運淮南。内侍楊永德奏請沿江〔三〕置鋪挽漕舟，鼎以爲

〔一〕今按：「吴處厚」，中華書局《宋史·吴居厚傳》作「吴居厚」。

〔二〕今按：「給」，中華書局《宋史·張綸傳》作「綸」。

〔三〕今按：「江」，中華書局《宋史·王沿傳附王鼎傳》作「汴」。

不可，發八難不用。仁宗時員外郎吴耀卿言：景德中江淮漕米歲不過四十五萬石，其後蓋至六百萬石〔一〕，故江、淮之間，穀價常貴而民貧。〔二〕『請約咸平、景德中歲漕之數，立爲中制。』上詔：發運使歲減漕米五十萬石。

以備賑糴，以避淮險。祥符，江淮發運李甫〔三〕言：今春運米六百七十九萬石，諸路各留以備賑糴。蔣之奇發運江淮，鑿泗州股渠以避長淮之險，自是無覆溺。哲宗朝再爲使，薛簡肅公發運江淮，辭王文正公。王無他語，但云：『東南民力竭矣。』

一札疏榮，千艘督運。興國三年，始置司於京邑。紹興八載，復命使於蘇杭。民自樂輸，尉無勞於搜粟。士皆宿飽，軍何有於脱巾？千帆電掣，聲喧浪壁之鯨鯢；萬竈烟横，喜暢柳營之貔虎。

〔一〕今按：『四十五萬』『六百萬』，中華書局《續資治通鑒長編》分别作『四百五十萬』『六百五十萬』。
〔二〕今按：『景德中江淮漕米歲不過四十五萬石，其後蓋至六百萬石，故江、淮之間，穀價常貴而民貧』此非吴耀卿言。《續資治通鑒長編》卷一〇四。
〔三〕今按：『甫』，中華書局《續資治通鑒長編》作『溥』。

運司　林馴

自漢用蕭何計轉漕，而後有漕運之名。自唐用李傑爲發運，而後有漕運之名。漢已輒罷，唐有可言，先天以後，用度浸廣。命李傑充使焉。開元以後，車駕東巡，裴耀卿爲使，乃講明漕運之法：河口置倉，分入河、洛，則東倉受之。三川〔一〕迫險，鑿山開道，則西倉受之。安史之變，國用匱矣。晏也講明利害，有四十萬斛之衍。靈耀之反，國賦絶矣。琦也榷鹽佐軍，有二百萬緡之利。噫！江淮之運小綏，而六軍脱巾。韓滉之米一至，而君臣相慶。太祖始命邊範、高防充北路轉運使，因平澤潞而置也。太宗始命樂冲、郭泌爲水陸轉運使，因平太原而設也。高實奏支郡爲藩帥所制，遂設轉運之官。李幹言闗市爲藩鎮所專，分別藩、閫之權。自是而後，出使廣南，掩擊蠻賊，任邊防也。行部益郡，王理冤獄，任刑訟也。

真宗祥符，祥符將漕江東，得專捃摘之任，按廉所職也。除使淄青兼帶盗賊之啣，盗賊

〔一〕今按：「川」，中華書局《新唐書・裴耀卿傳》作「門」。

所職也。慶曆王淖、真宗朝張齊賢，厥後邊防之任，憲實主之，漕不知也。刑獄之任，憲實主之，漕不知也。盜賊之任，按廉一任，憲實主之，漕亦不知也。憲主之倉、主之帥，又主之將，爲國計耶？則箠楚秋霜，期限星火，而民力困矣。將爲力計耶？則版曹文移朝廷，責督而國課嚴矣。是故任河北之漕者，至蠲民漕數百萬計；爲七閩之漕者，代納鹽錢三十萬緡。吕公弼王時，升羨餘爲獻，彭公思永不忍爲也。掊拾羨餘，楊公察所不能也。

石炭有税，寧去之而不祖；差役等事，寧奏之而不行：陳堯佐、范忠宣公。

雖然，王旦以『朝廷榷利之至』戒張士遜，而士遜終不敢『求錐刀之利』。王安石以沮格新法之故，捃范純仁，而純仁不獲行便民之政。

蔣之奇之興水利。楊萬里之運江東。漢鄧訓理石臼河而通漕。耿壽昌漕穀而給京師。唐韋堅壅渭爲堰而通漕。劉晏運米而濟關中。

橋梁

《釋名》：橋，水梁也。或曰：梁，石橋也。石杠謂之徛。《廣志》：獨木之橋曰『榷』，亦曰『彴』，今謂之『略彴』。《説文》：楚人謂橋爲『圯』。舟梁謂浮橋。

《詩》：『造舟爲梁。』《夏令》：十月成梁。《周官》：六齊著法。《孟子》：『歲十一月徒杠成，十二月輿梁成，民未病涉也。』柳涣《銘》：『駕海維何〔一〕，浮鼉役鵲。』朱弁《橋記》：造舟爲梁見於《詩》。杠権徛彴出於史。若橋之爲名，則始於商，而著於周。逮秦漢乃各冠以地，或因水而稱。又，近世其功利之大，爲浮屠所有。蓋佛以利物爲心，而橋居八福之一。以堅石固其岸，以巨材壯其趾。脉絡貫穿，勢侔坤軸。一木所幹，萬鈞爲輕，犬牙相函。魚鱗密次，踴若鰲戴。矗如岳壓。蛟螭盤結，若動若飛。

《六帖》：橋有雁齒。

《雜志》：『橋下横木入沙中者謂之蹲鴟。』

鼉鼉梁，烏鵲橋。周穆王至江，比鼉鼉以爲梁。李白詩『鼉鼉無所憑』是也。

《淮南子》：烏鵲填河成橋，渡織女。杜甫詩『烏鵲愁銀漢』是也。

虹橋，石橋。喻道統之無傳。朱子詩曰：『虹橋一斷無消息，萬壑千巖鎖翠烟。』《道書》：天台山路，由楢溪，前有石橋，廣不盈尺，長數十丈。駱賓王詩曰：『待入天台路，看余渡石橋。』是也。杜詩：『難假鼉鼉力，空瞻烏鵲毛。』

〔一〕今按：『何』，上海古籍出版社《全唐文》作『河』。《趙州志校注》亦作『河』。

星橋，銀橋。李冰守蜀，造橋七，上應七星。杜詩『一别星橋夜』是也。又，李白詩曰：『錦水東流繞錦城，星橋北掛象天星。』是也。開元中秋，羅公遠侍玄宗於宫中玩月，擲杖化爲大橋，其色如銀，請帝同登，遂至大城闕。公遠曰：『此月宫也。』仙女數百舞於廣庭，曰：『霓裳羽衣曲也。』

五繩橋，萬里橋。岷江急，竹繩爲橋，駕虚。杜詩曰『却背五繩橋』是也。橋在萬里。杜詩曰：『萬里橋南宅。』『萬里橋西一草堂。』又曰『南浦清江萬里橋』是也。

鞭石橋，海。投石橋。河。秦皇驅會稽山石，欲橋東海。石去遲者，神鞭之。庾信賦曰『東門則鞭石成橋』是也。趙石虎投石於河，以作飛橋，竟不成。

槎梁河橋。《左·莊四》：楚武王卒於樠木之下，令尹鬥祈[一]、莫敖屈重除道梁槎，營軍臨隨。隨人懼，行成。莫敖以王命入盟，濟漢而後發喪。注：梁，橋也。槎，水也。庾信賦曰『營軍梁槎』是也。杜預以孟津渡險，請建河橋富平津，泰始。書作『河橋紀功』也。

圯橋，竹橋。黄石公授張子房書於圯橋。杜牧詩『授符黄石老』是也。

[一] 今按：『祈』，中華書局《十三經注疏》本作『祁』。

《李司馬皀造竹橋》杜甫詩：『伐竹爲橋結構同，褰裳不涉往來通。天寒白鶴歸華表，日落蒼龍見水中。顧我老非題柱客，知君才是濟川功。合觀却笑千年事，驅石何時到海東。』尾生抱而待人。相如題而示志。李白詩『常存抱柱信』是也。杜甫詩『壯節初題柱』是也。

蒲津，烏蘭。開元九年，元和八年，虜知節度王必貪厚賂，然後併力成橋，自是朔方禦寇不暇。發明，一以著要害之地，爲虜所據。一以著邊將之貪，爲虜所罔。

依依玉蝀腰。恍恍銀鰲背。

莫比垂天紳，莫比跨地帶。

朱子曰：『《夏令》曰：十月成梁，蓋農功已畢，可用民力。』又，時將寒沍，水有橋梁，則民不患於徒涉，亦王政之一事也。

閏下作鹹

夏氏曰：『水之發源，未嘗鹹也。流而至海，凝結既久而鹹之。味成則鹹者，閏下之所作。』蔡氏曰：『鹹者，五行之味也。』

鹽 榷鹽

《書》：『海濱廣斥，厥貢鹽絺。』注：廣漠而斥鹵。許慎曰：『東方謂之斥，西方謂之鹵。斥鹵鹹地，可煮爲鹽。』《左·成六》：大夫曰：『郇瑕氏之地，沃饒而近鹽。』韓獻子曰：『山、澤、林、鹽，國之寶也。』《書·説命》曰：『若作和羹，爾惟鹽梅。』《左·僖卅》：王使周公閱來聘，享有形鹽，辭曰：『國君，武可畏也。則有備物之享。以獻其功。吾何以堪之？』注：形鹽，謂鹽形象虎，鹽虎形。有形鹽，以象武也。《周禮·鹽人》：鹽人掌鹽之政令，以共百事之鹽。祭祀，共其苦鹽、散鹽。賓客，共其形鹽、散鹽。王之膳羞共飴鹽，后及世子，亦如之。飴，鹽之恬者。

建安四年，景明四年。漢獻建安四年復置鹽官，衛覬曰：『夫鹽，國之大寶也，亂來放散，宜如舊置使者操從之〔一〕。』魏景明四年，復鹽池之禁。既罷鹽池之禁，而其利皆爲富强所專，乃復收之。

〔一〕 今按：『操從之』，中華書局《三國志·魏書》作『監賣』。

正始罷，神龜復。正始三年，魏罷鹽池之禁。御史甄琛言：『今縣官障護河南鹽池而收其利，是專養[一]口腹而不及四體也。乞弛鹽禁。』魏主從。神龜元年，魏復鹽禁。書法，十六年間，鹽禁凡三變矣。

孝昌四年，天嘉二年。魏孝昌四年，長孫稚曰：『一失鹽池，則三軍乏食也。今國用不足，豈若資天産之貨，而均贍以利乎！』陳天嘉二年，陳立鹽賦。庶子吴荔、中丞孔奂以國用不足奏立之。

弛鹽，榷鹽。隋開皇三，弛鹽禁。周末榷鹽，池、鹽井至是皆罷之。穆宗長慶二，判度支張平叔言：『官自榷鹽，可獲倍利。』[二]又乞令宰相領鹽鐵使，以糶鹽多少爲刺史、縣令、殿最。兵部侍郎韓愈、中書舍人韋處厚曰：『實非所宜。』事遂寢。

〔一〕　今按：『養』，四部叢刊初編本《資治通鑒》作『奉』。

〔二〕　今按：『穆宗長慶二，判度支張平叔言：「官自榷鹽，可獲倍利。」』：此條與《舊唐書・韋處厚傳》文字有所不同。《舊唐書・韋處厚傳》云：『平叔以征利中穆宗意，欲希大任。以榷鹽舊法爲弊年深，欲官自糶鹽，可富國强兵，勸農積貨，疏利害十八條。詔下其奏，令公卿議。處厚抗論不可，以平叔條奏不周，經慮未盡，以爲利者返害，爲簡者至煩，乃取其條目尤不可者，發十難以詰之。時平叔傾巧有恩，自謂言無不允。及處厚條件駁奏，穆宗稱善，令示平叔，平叔詞屈無以答，其事遂寢。』

第五琦榷鹽佐軍用，劉晏以鹽爲租庸。晏於出鹽之鄉置官收鹽，轉鬻於商人。其鹽鄉遠者，轉官鹽於彼。商絶鹽貴，則減價鬻之，謂之常平鹽。官獲其利，民不乏鹽。

鹽鐵使之乞領，榷鹽使之自兼。張平叔乞令宰相領鹽鐵使。見上。僖宗光啓二，田令孜自兼兩地榷鹽使。書法：志禍始也。

言煮鹽，奏瑞鹽：漢孝章元和元年，張林言，縣官經用不足，宜自煮鹽，修均輸法。僕射朱暉曰：『王制，天子不言有無，諸侯不言多寡，食禄之家不得與百姓争利。均輸之法與賈販無異，鹽利歸官，則下民〔一〕窮怨。誠非明主所宜行。』帝怒。唐大曆十二年，度支奏：『河中有瑞鹽。』上表賀。請置神祠，賜號『寶應靈慶池』。時人醜之。書法，書度支奏何罪，罔上也。

陸贄《議減鹽價詔》：『三代立制，山澤不禁，天地材利，與人共之。』《食貨志》：鹽，食肴之將。鮑照賦：『藝貨鹽田。』白鹽崖有鹽如水精，名爲君王鹽。張融《海賦》：『漉沙構白，熬波作〔二〕素。積雪中春，飛霜暑路。』

〔一〕今按：『民』，中華書局《後漢書·朱暉傳》作『人』。
〔二〕今按：『作』，中華書局《南齊書·張融傳》作『出』。

齊糶，禹貢。齊桓公問：『何以爲國？』管子曰：『惟觀〔一〕山海可矣。海王之國，謹正鹽策。十口之家，十人食鹽。百口之家，百人食鹽。』公乃使糶之，得黄金萬斤。《書・禹貢》：厥貢鹽絺。見上。

駕車驥，飛雪符。驥垂兩耳服鹽車兮。賈賦。杜中立爲義武節度使，置『飛雪符』〔二〕數百人，具舟以載。自是民不勞運，食足矣。

東坡：謹鹽禁，則曰：『豈是聞韶解忘味，邇來三月食無鹽。』

榷束之籍。鹽鹵之務。修牢盆，謹衡石，煎和既精，欽〔三〕散乃盈。商通而荐至，吏懼而循法。崔公倕劉禹錫碑文。

監衡州鹽，監泰州鹽。劉摯監衡州鹽倉，父老目爲『學士鹽』。范仲淹監泰州西溪鹽税。

〔一〕今按：『觀』，浙江人民出版社《管子・海王》作『官』。
〔二〕今按：『符』，中華書局《新唐書・杜兼傳附中立傳》作『將』。
〔三〕今按：『欽』，岳麓書社（唐劉禹錫著，陶敏、陶紅雨校注）《劉禹錫全集編年校注》作『飴』。上海古籍出版社《全唐文・崔公神道碑》有載。

榷鹽 林駉

《禹貢》以青州貢鹽，而鹽用始興。當時鹽雖入貢，而與民通用也。周人以鹽人掌鹽，而鹽用始興。當時鹽雖有官，而未始不在民也。

管仲以魚鹽富國，以功利相君，著《海王》之篇，興鹽策之利。秦之鹽利二十倍於古。漢之山澤爲私奉養。

漢初，堤防未密，搜取未悉。吴王煮海，雄視一方。倚頓之富，與埒天子。用鹽起富。自鄭當時薦齊之鬻鹽者，而鹽之在官，始悉懼其無所職掌也。郡國置官三十九，而雁門、沃陽有長丞焉，元封五年，弘羊。又懼其無所監臨也。鹽官之上，又有鹽長官焉，又懼其無所稽考也，則又舉而一之於司農水衡之職焉。上下相統，一孔不遺。孔僅之徒，鞭算殆盡。雖然剥利固切，而猶未竭澤也。會稽一郡，今之兩浙路也，獨海鹽有鹽官。廬江、九江二郡，今之淮甸間也。獨皖城有鐵官，而無鹽官。昭帝議弛禁而不果。元帝嘗罷之而復置。

魏因衛覬之言而置鹽官。陳因吴荔之言而立鹽税。

至唐始爲軍國大計，鹽池一十有八，鹽井六百四十，皆隸度支。五琦、劉晏講明備盡。

軍費日滋，鹽價日踴，有以數斗之粟，而易一升之鹽。

宋鹽之種類，蓋不一品。北方之鹽，盡出解池。南風一來，鹽始成熟，此池之顆鹽也。南方之鹽，産於海西。蜀之鹽，産於井，此海井之末鹽也。河北所産，成於鹵地。永康所産，出於山崖。此出於地、出於山之鹽也。胡中之鹽，或生於木，或生於石。此出於木、出於石之鹽也。

大抵鹽者，吾民之日用，不可一日闕。所以天地間，無地無之。淮鈔未行，置倉建安。注：國初淮鹽未行，江浙湖廣運米真州，真州因船回鹽，而散以之發鹽，得船爲便，彼之回船得鹽爲利。國不匱，而民亦足；費益省，而利益饒。此李沆之良法也。始則俾商賈入納於官，而爲鈔法，以遠近爲差。終則俾商賈已納其錢，而鈔復不用，折閱益甚。鈔銀銅器，此淮鹽之法壞於蔡京之手。

商以納錢之鈔，輸貨務，官以給鹽之鈔，在解池。公家無輦運之勞，民而無泥沙之雜。契丹以鹽奪課，則防之。西夏以鹽入界，則禁之。公私通融，君民便利。此盛度之良謀也。鹽法盡廢，滄鹽復踴，西北之鹽鈔多剩，榷務之錢鈔復阻。此解鹽之法廢於蔡京之手。

庸蜀僻遠，不忍以鹽牟利，而重困邛〔一〕州。一朝减鹽井之課至一百萬，此王堯臣力言蜀井之不可榷也。夫何王宗望小人，以商賈之利，損國家之體，庸蜀之鹽始榷矣。河北自安史之亂，藩臣竊有其利，因而以鹽定税固無再榷，加以鹵地彌望，非如蜀井解池立墻塹以封守，熬波即成。非如南方瀕海待煎烹而易察，此張方平痛論河北之不可榷也。夫何張子厚奸臣以箕斂之法，爲固寵之計，河北之鹽始榷矣。齊之鹽策不行於太公之時，而行於管仲圖霸之日。漢之鹽榷願罷於賢良之口，而行於弘羊小人之説。

淮鹽之法，李沆以公行之而便，蔡京以私行之而病。解鹽之法盛度以義行之而利，蔡京以利行之而弊。庸蜀之鹽，王堯臣不之榷，而王宗望榷之。〔二〕河北之鹽張方平不之榷，而章子厚榷之，君子小人其枘鑿也。

〔一〕今按：原『叩』字訛，當作『邛』。

〔二〕今按：未見《宋史·王宗望傳》有載『王宗望與榷鹽』事。

水族部附龜

玄衣都督〔一〕。玉靈夫子。神屋，元佇，龜甲。〔二〕繡質青純。

龜爲之長，莫大乎龜，探賾索隱，鈎深致遠，以定天下之吉凶，成天下之亹亹者。《大戴禮》：『甲蟲三百有六十，而神龜爲之長。』《易》：『離爲龜。』

龜不克違。『舍爾靈龜』。注：龜者，決是非吉凶之物。人之公論，必合正理，雖龜策不克違也。

《書》：『昆命于元龜』，『乃卜三龜。』注：後令之於龜。

九江之納，僂句不欺。《禹貢》：『荆川〔三〕，九江納錫大龜。』《龜策傳》：『龜千歲滿尺二寸。』臨川吴氏曰：『大龜神物，國之所寶，則以入納而錫於上。謂納不謂貢，明其非貢物也。』蔡氏曰：『大龜尺有二寸，所謂國之守龜，非可常得，故不爲常貢。若偶得之，則使之

〔一〕今按：『都』，四部叢刊三編本《古今注》作『郵』。

〔二〕今按：《太平御覽》卷九三一引《南越志》：『龜甲名神屋，出南海，生池澤中，吴越謂之元佇。』

〔三〕今按：『荆川』，中華書局《十三經注疏》作『荆及衡陽』。

納錫於上。謂之納錫者，下與上之辭，重其事也。』《詩》：『爰契我龜。』大王。『我龜既厭。』《小旻》。韓簡曰：『龜，象也。物生而後有象。』臧會曰：『僂句不余欺也。』朱子曰：『僂句成欺。』

龜長，龜焦。《左》：卜人曰：『龜長。』《哀二》：趙鞅卜戰，龜焦。兆玉成。

楚子投龜，文仲居蔡。《昭十三》：楚靈王卜不吉，投龜，詬天而呼。《論》：孔子曰：『臧文仲居蔡，山節藻梲，何如其智也。』蔡，大龜也。古注：蔡國君之守龜，出蔡地，因以爲名，長尺有寸。朱子曰：『不務民義，諂瀆鬼神』《左・文二》：仲尼曰：『作虚器，不智也。』『龜玉出〔一〕於櫝中，是誰之過？』

外骨，玄文。《周禮》：『外骨。』注：龜屬。《洛書》：『靈龜者，玄文五色，神靈之精也。』

靈龜之文，神龜之象。《説苑》：靈龜文五色，似玉似金，背陰向陽，上隆象天，下平法地，槃衍象山，四趾轉運應四時，文著象二十八宿。蛇頭龍翅，左精象日，右精象月，千歲之化，下氣上通，能知存亡吉凶之變，寧則信之也〔二〕，動則著矣。《禮統》：『神龜之象，上圓

〔一〕今按：『出』，中華書局《十三經注疏》作『毁』。
〔二〕今按：『之』，四部叢刊初編本《説苑・辨物》作『如』。

法天，下方法地，背上有盤法丘山。玄文交錯以成列宿，五光昭若玄錦文，運轉應四時，長尺二寸。』

一千年之龜，五千歲之龜。《述異記》：一千年生毛。壽五千歲謂之神龜。壽萬年曰靈龜。

千年之龜，千歲之龜。千歲之龜，五色具焉。其額上兩骨起觜角。浮於蓮華〔一〕之上，或在叢蓍之下。其上或時有白雲，蟠蛇龜蛇，潛蟄則食氣。夏恣口而甚瘦，冬月蟄而大肥。《逸禮》：『天子龜尺二寸，諸侯八寸，大夫六寸，士民四寸。』

先知之君，陰蟲之老。《抱朴子》號爲先知君。山中辰〔二〕日稱時君者，龜也。龜者，陰蟲之老也。老者先知，故君子舉事必考之。

禽獸知吉，甲子重光。《洪範·五行》：龜之爲言久也，千歲而靈，此禽獸而知吉凶者也。《萬畢石朱方》，傳曰：『有神龜在江南嘉林中。嘉林者，獸無虎狼，鳥無鴟鴞，草無毒螫，野火不及，斧斤不至，是爲嘉林。龜在其中，常巢於芳蓮之上。左肩〔三〕書文曰：「甲子

〔一〕今按：『觜』『華』，諸子集成本《抱朴子·内篇》作『似』『葉』。
〔二〕今按：『辰』，諸子集成本《抱朴子·内篇》作『巳』。
〔三〕今按：『肩』，中華書局《史記·龜策傳》作『脅』。

重光，得我者匹夫爲人君，有土正，諸侯得我爲帝王。」』《史》。

八名，十朋。《記》曰：『能得名龜者，家必大富。一曰「北斗龜」，二曰「南辰龜」，三曰「五星龜」，四曰「八風龜」，五曰「二十八宿龜」，六曰「日月龜」，七曰「九州龜」，八曰「玉龜」。圖各有文在腹下。』一曰神龜，二曰靈龜，三曰攝龜，四曰玄〔一〕龜，五曰文龜，六曰筮龜，七曰山龜，八曰澤龜，九曰水龜，十曰火龜。

六甲，六龜。《抱朴子》：『六甲出靈龜之所負』。『龜人掌六龜之屬，各有名物。天龜曰靈屬，地龜曰繹屬，東龜曰果屬，西龜曰雷屬，南龜曰獵屬，北龜曰苦〔二〕屬。凡取龜用秋時，攻龜用春時，各以其物，入于龜室。上春釁龜。祭祀先卜。』《周禮》。

卜天地之終，爲禍福之正。龜一千二百歲，可卜天地之終始。何以言之？三千四十二占於天地千歲之龜甲。黑龜有五色，宜時用之。青靈之龜，春宜用之。西坐東向。柳。赤靈之龜，夏宜用之。北坐南向。藏龜注。《管子》：『伏闇能存而能亡者，蓍龜與龍是也。龜生於水，發之於火。於是爲萬物先，爲禍福正。』《樂記》：青黑緑者，天子之寶龜也。

〔一〕今按：『玄』，中華書局《十三經注疏》作『寶』。
〔二〕今按：『苦』，中華書局《十三經注疏》作『若』。

受書于洛，授文於濟。《水經》：『黄帝巡河，過洛，修壇沉璧，受《龍圖》於河，《龜書》于洛，赤文篆〔一〕字。』『禹時，有神龜於洛水負文，列於背以授禹。文即洛〔二〕水文也。』《洛陽記》。靈龜之見，白若之灼。『禹卑宫室，靈龜見。』《宋志》。『昔夏后開使蜚廉折金於山川，而陶鑄之於昆吾，是使翁難乙灼〔三〕白若之龜。』《初學記》。見《墨子》。

告瑞應，述功德。堯與群臣到翠嬀之川，大龜負圖來投堯，堯敕臣寫取，告瑞應，寫畢，龜还水中。《龍魚河圖》。陶唐之世，越掌國獻千歲神龜，方三尺餘，背上有文，皆科斗書，記開闢已來。帝命録之龜曆。伏滔述帝功德銘曰：『朱書龜曆之久。』〔四〕《述異記》。

背甲，無貲。周公攝政七年，與成王觀于河、洛，沉璧于洛。玄龜青龍蒼光〔五〕止于壇，背甲刻書，赤文成字，周公援筆以世文書之。書成文消，龜墮甲而去。其言自周公訖于秦、漢盛衰之符。《宋志》。桓公曰：『何謂御神用寶？』管仲對曰：『北郭有掘闕而得龜者，此檢

〔一〕今按：『篆』，中華書局（北魏酈道元著，陳橋驛校證）《水經注校證・洛水》作『緑』。
〔二〕今按：『洛』，四部叢刊三編上海涵芬樓影印宋本《太平御覽》作『治』。
〔三〕今按：『乙灼』，諸子集成本《墨子閑詁・耕柱》作『雉乙蔔於』。
〔四〕今按：『掌』『朱』，中華書局《述異記》（叢書集成初）分别作『裳』『胡』。
〔五〕今按：『光』，中華書局《宋書・符瑞志》作『兕』。

數百里之地也。』令過之平盤之中。而藏諸泰臺，立寶日無貲。後果得丁氏粟而伐孤竹。《管子·權數》。

生毛，負卦。商紂之時，大龜生毛，甲兵將興之兆。《述異記》。〔一〕 符堅建元十二年，高陸縣民穿井得龜，大三尺，背文負八卦古字，堅命以石爲池養之，十六年而死，藏其骨於太廟，以問吉凶，名爲客龜。是夜，廟丞高虜夢龜言曰：『我將出歸江南，遭時不遇，隕命秦庭』。虜于夢中自解曰：『龜三萬六千歲而終，終必亡國之數也。』未幾自縊，秦祚即淪。《水經載記》。

六眼，六眸。泰始二年八月丙寅，六眼龜見東陽，文如爻卦。太守劉勰以獻。《宋志》。先天三〔二〕年丁未，江州獻靈龜，六眸，腹下有玄文，象卦爻。《唐書》。

十里及岸，三年有徵。臨江郡民留京〔三〕孝行。時江水暴溢，居者皆漂溺。京負其母號泣，忽有大龜至其前。舉家七口，俱上龜背。行十餘里，及一高岸。龜遂去之。《九江記》。

〔一〕 今按：『商紂之時大龜生毛甲兵將興之兆』，未見《述異記》有載。但見於干寶《搜神記》。中華書局《搜神記》：『商紂之時，大龜生毛，兔生角。兵甲將興之象也。』

〔二〕 今按：『三』，四部叢刊三編本《太平御覽》作『二』。

〔三〕 今按：『留京』，團結出版社《太平廣記》作『劉京』。

梁時，烏裏有蘇氏女，霅溪西南岸遇一道士，曰：『汝後大貴』。因遺一五彩龜，云三年當有徵。蘇氏後適張氏，生高祖宣后。

棄龜，棄龜。『龜策鬼神不足以舉勝，左右背鄉不足以專戰。然而恃之，愚莫大焉。越王勾踐恃大明〔一〕之龜與吴戰而不勝，身臣入官於吴，反國棄龜，明法親民以報吴，則夫差爲擒。故恃鬼神者慢於法，恃諸侯者危其國。鑿龜數策，兆曰「大吉」，而以攻燕者，趙也。鑿龜數策，兆曰「大吉」，而以攻趙者，燕也。劇辛之事，燕無功而社稷危。鄒衍之事，燕無功而國道絶。』《韓》。大觀元年，趙霖得兩首龜於黄河，獻以爲瑞。蔡京曰：『此齊召白所謂「罔象」〔二〕，見之而霸者也。』鄭居中曰：『首豈有二？』帝命棄龜金明池。《宋志・居中傳》。

依迹築城，賜名爲寺。揚雄《本記》：張儀築城，依龜行迹築之。宇文遇者言：龜殼長六尺。元和初，節度使高崇文截爲腰帶、腰具〔三〕。《續博物志》。晋成帝時徐恬捨宅爲寺，賜名靈光。錢文穆王時，得一小龜，介鱗久明，遂改靈光〔四〕寺。《嘉興志》。

〔一〕今按：『明』，諸子集成本《韓非子集解・飾邪》作『朋』。
〔二〕今按：『齊召白』『罔象』，中華書局《宋史・鄭居中傳》分别作『齊小白』『象罔』。
〔三〕今按：『腰帶、腰具』，巴蜀書社《續博物志》作『帶胯』。宋錢易撰，黄壽成校點《南部新書》：『腰』作『胯』。
〔四〕今按：『光』，《嘉興志》作『龜』。

龜寶，龜印。徐太尉彦若將渡小海，得琉璃瓶，中有一龜。衆龜就船而上，取瓶投之。胡人曰：『此乃龜寶也；蓋薄福之人不勝也。』《金華子》。孔愉字敬康，至吴興縣餘干亭，見人以笼龜於路，愉求買放之於溪。龜行至水，反顧愉。及封此亭侯而鑄印，龜首回屈，有似昔龜之顧，靈德感應如此，愉悟，乃取而佩。《會稽後賢傳》。駱賓王啓曰：『回眸之顧〔一〕不獨著于前龜。』

元緒，赤龜。《殷芸小説》：孫權時，人獲大龜，欲獻。纜舟大桑。宵中，樹呼龜曰：『勤〔二〕乎元緒，奚事爾也？』龜曰：『盡南山之薪，不能潰我。』樹曰：『諸葛元遜求我之徒煮汝』。龜曰：『子明，無多云。禍將及汝。』諸葛恪取此桑烹之，立爛。陳禾詩曰：『君家元緒不慎口，遂與老桑同一朽。』是也。《符子》：燕昭養〔三〕大豕，見夢於燕相曰：『仗君之靈而得化吾生也。始得爲魯津之伯。』燕相遊魯津，有赤龜捧璧而獻。駱賓王啓曰：『膳後之豕，翻化龜於魯津。』是也。

列背九類，書腹萬年。孔安國注：神龜負文而出，列於背，有數至于九。禹因而制之，

〔一〕今按：『顧』，中華書局（唐駱賓王著，清陳熙晋箋注）《駱臨海集箋注》作『報』。
〔二〕今按：『勤』，上海古籍出版社殷芸《小説》作『勞』。
〔三〕今按：『養』，上海古籍出版社《藝文類聚》作『命宰』。

以成九類。杜悰曰：『洛出書，大禹以叙九疇，皆有益於人，故足尚也。』嗣聖五年，武氏好祥瑞。襄州人胡慶以丹漆書龜腹曰：『天子萬萬年』，獻之。李昭德以刀刮盡，奏請付法。太后命釋之。

掘龜，却龜。陸法和至襄陽，樹下掘地得一龜，長尺半，以杖叩之曰：『不逢我者，豈見天日乎？』爲受三歸。龜乃入草。《北齊》。唐憲永貞元，荆南獻毛龜。上曰：『朕所寶惟賢，自今勿復以聞。』

長沙之復，邾城之投。晋長沙王乂坐楚王瑋事，徙封常山，後还復國。在常山穿井，其中有龜長二尺餘，時人以爲復國之祥。《朱志〔一〕》論者曰：『仲尼獲龜而卒，是亦有不終之象也。』後果如讖言。《寰宇記》。《搜神記》：咸康中，豫州刺史毛寶戍邾城。有一軍人，見人賣一白龜子，買取持歸，着瓮中養，放之水中。邾城遭石季龍叛，毛寶棄豫州。既赴江莫不沉溺。所養龜人亦同自投，覺如墮一石上，水裁至腰，須臾浮出。乃是所養白龜。按本傳，寶亦溺死。

皇天眷佑，神明不食。武德末，太宗平内難。苑中池内白龜，游于荷葉之上，太宗取

〔一〕　今按：『朱志』當作『宋志』。

之，化爲白石。登極之後，降制曰：『皇天眷佑，錫以寶龜。』《録異記》。明皇有方士，獻小龜，云：『此龜神明而不食，可置枕筒〔一〕之中，辟巨蛇之毒。』後小黄門竄南徼，至象郡屬邑。上以賜之，果袪報冤蛇之毒。上賀：白龜狀『禎祥之見，必有從來。物象既呈，可以推究。蔡者，龜也。是獲蔡也。白者，西方之色，刑戮之象也，是必擒其帥而得地也。』。韓。

《宋·符瑞志》：『靈龜者，神龜也。王者德澤湛清，漁獵山川從時則出。五色鮮明，三百歲游於蕖葉之上，三千歲游於卷耳之上。知存亡，明吉凶。』清江叟，月夜人，青衣女子，碧衣女子，洞玄先生，黑山涌起，五行之粹，千里之文。

一角龜，十丈夫。天監二，宗淵夢。左思賦：『文〔二〕龜水處。』郭璞賦：神〔三〕龜六眸。《劉蕡策》：上聖之龜鑑。杜詩：貞觀是元龜。揚雄賦：『袪〔四〕靈蠵。』左思賦：『捫觜蠵。』張平子賦：『拍〔五〕耆龜。』趙清獻罷蜀郡，屏去龜鶴。詩曰：『馬諳舊路行猶滑，龜放

〔一〕今按：『筒』，團結出版社《太平廣記》作『笥』。
〔二〕今按：『文』，南海出版公司《歷代賦選》作『鼃』。
〔三〕今按：『神』，南海出版公司《歷代文賦》作『有』。
〔四〕今按：『袪』，中華書局《漢書·揚雄傳》作『抾』。
〔五〕今按：『拍』，《歷代賦選》作『搏』。

長江不復來。』杜詩：『解龜生碧草。』《左傳》服虔注：『言從義成則神龜在沼。』

鰲

《玄中記》：鰲，巨龜也。以背負山，周回千里。《韵會》云：『大龜也。』《雅翼》云：灼其首以卜，則鰲之爲龜，無疑者。

于頔之見，禺彊之戴。《記聞録》：于頔在海南日，一夜三更，忽如日出，移時復暗。後海客言：『其夜海中見大金鰲浮出，日光照耀，天地如白晝。』《列子》：渤海之東，岱輿、員嶠、方壺、瀛洲、蓬萊。五山之根無所連着[一]，隨波往來。帝恐流於西極，命禺彊使巨鰲十五舉首而戴之。始峙而不動。《易》：『離爲鰲。』注：外剛内柔，故爲鰲。

女媧斷鰲足，大人灼鰲首。《列子》：女媧氏斷鰲足以立四極。龍伯之國有大人，一釣而連六鰲，合負而趣歸其國，灼其首[二]以數焉。

[一]　今按：『着』，諸子集成本《列子・湯問》作『著』。

[二]　今按：『首』，諸子集成本《列子・湯問》作『骨』。

以虹爲竿，以月爲鈎：李紳自稱釣鰲客，以虹爲竿，以月爲鈎。以短李爲餌。

崇島首冠靈山，峌峴孤亭。左思《吴都賦》：巨鼇贔屓，首冠靈山。用力貌。《木華賦》：巨鼇，峌峴高〔一〕亭，峌峴。擘洪波，指太清。李白詩：『六鼇骨已朽，三山今〔二〕安在？』杜甫詩：『倚賴天涯釣，猶能掣巨鰲。』柳《招海賈文》：『巨鼇頷首丘山頹，猖猖〔三〕震裓翻九垓。君不返兮糜以催。』屈原《天問》：『鰲戴山抃，何以安之？』張衡賦：『登蓬萊而容與兮，鰲雖抃而不驚〔四〕。』杜甫詩：『威聲没巨鰲。』

蟹蟹，水蟲

《釋典》：十二星宫有巨蟹焉。《荀子》：蟹六跪而二螯，非蛇蟺之穴，跪足。無所〔五〕寄託

〔一〕今按：『高』，上海古籍出版社（裴晋南）《漢魏六朝賦選》作『孤』。
〔二〕今按：『朽』『今』，中華書局《全唐詩》李白《登高丘而望遠》分别作『霜』『流』。
〔三〕今按：『猖』，四部叢刊初編本《增廣注釋音辯唐柳先生集》作『狂』。
〔四〕今按：『驚』，上海古籍出版社（東漢張衡著　張震澤校注）《張衡詩文集校注》作『傾』。
〔五〕今按：『所』，諸子集成本《荀子集解》作『可』。

者，用心躁也。《太玄》：『蟹之郭索，後蚓黄泉。』《易》：『離爲蟹。』《抱朴子》：『山中辰日稱無腸公子者，蟹也。』《廣雅》：『蟹，蛫也。』『雄曰狼螘，雌曰博帶。』《周禮・庖人》：『共祭祀之好羞。』若荆州之䲚〔一〕魚。揚州之蟹胥。《説文・音什》：『胥，蟹醢也。』蟹醬也。《王會》：『海陽大蟹。』注：海水之陽，一蟹盈車。《周書》。『姑射國大蟹在海中。』注：女丑有大蟹。廣千里也。《山經》。

天下之大物，有北海之蟹焉。舉一螯能加于山上，身故在水中。《玄中記》。江東人云：『稻之登也，率執一穗以朝其魁，然後從其所指〔二〕。蚉夜鬵沸，指江而奔，漁者葦蕭承其流而障之，曰蟹斷。』陸海《志》。范明叔云：『言蟹之與蚓者，用心之不一，雖有郭索多足之蟹，不如無足之蚓者，以其用心之一也。』《異物志》云：『擁劍狀如蟹。』俗謂之越王鈴。何遜詩：『躍魚如擁劍。』是不分魚蟹也。《顔氏家訓》。

執火，桀步。其螯赤，一名執火，又名桀步。《古今注》。《本草》。吴獻，趙貢。吴郡獻蜜蟹二千頭，擁劍四瓮。《吴都賦》所謂『烏賊擁劍』是也。《大業拾遺》。

〔一〕今按：『䲚』，中華書局《十三經注疏》作『鮭』。
〔二〕今按：『指』，文化藝術出版社（唐陸龜蒙著，柏俊才選注）《陸甫里小品》作『之』。

平原郡貢蝤蠏，採於河間界。每年生貢。劉〔一〕冰火照，懸老犬肉，蠏覺犬肉即浮，因取之。一枚直百錢，以氊密束於驛馬，馳之至京。《西陽》。

位高寡學，釋道任數。僕射位高寡學嚴續，爲時所鄙。江文蔚作《蠏賦》以譏之云：『外視多足，中無寸腸；口裏雌黄，每失道而相煦，胸中戈甲，常聚衆而横行。』《湘山野録》。夫釋大道而任小數，無以異于使蠏捕鼠，蟾蜍〔二〕捕蚤，不足以禁奸塞邪，亂乃逾滋。注：以艾灼蠏匡上，納置穴中，乃熱走窮穴，適能擒一鼠也。《淮南子》。

放蠏，圖蠏。鄒浩爲蔡京所忌，謫居昭州。濬感應泉，一二尺許。於亂石之下得蠏一枚，自放於江，曰：『予至西〔三〕嶺，不睹此物久矣，亂石之下又非所宜穴處也。何從而出耶？《易》不云乎，物不可以終難，故受之以解。蠏者，解也。天實告之矣。蒙恩歸侍，立可待也。』《道鄉集》。吕亢守台州，命工作《蠏圖》，凡十二種。一曰蝤蛑，二曰撥棹，三曰擁劍，四曰彭蝐〔四〕，五曰竭樸，六曰沙狗，七曰望潮，八曰倚望，九曰石蜠，十曰蜂江，十

〔一〕今按：『劉』，中華書局《西陽雜俎》作『斫』。
〔二〕今按：『蜍』，諸子集成本《淮南子·原道訓》作『蠩』。
〔三〕今按：『西』，中華書局（明朱國禎）《涌幢小品》（明清筆記叢刊）作『五』。
〔四〕今按：『蝐』，中華書局《容齋隨筆下·臨海蠏圖》作『蜎』。

一曰蘆虎，十二曰蟛蜞。《傳嘉祐十二種論》。海商言：『䱍鼊島之東，一島多蟹云。』有虎頭者，有翅能飛者，有能捕魚者，有殼大兼尺者。同上。紅蟹殼，可裝爲酒器。虎蟹殼，可裝爲酒器。《嶺表録異》。

蟹之輸芒，蟹之敗。蟹，八月腹内有芒，芒真稻芒也，長寸許，向東輸與海神，未輸芒不可食。』《酉陽》。『磁之引鐵，蟹之敗桼，雖在明知〔一〕，不知然也。』《淮南子》。若蟹之化桼，麻之壞酒，此不可以理者也。《抱朴子》。

腹中有水，腹下有毛：《酉陽》《本草》。蟹腹下有毛，殺人。開腹中猶有海水。

蟹桼成水，蟹桼致鼠。《博物志》：蟹桼相合成水。《本草》：蟹性敗桼，燒之致鼠。以蟹投桼化爲水，服之長生。以黑犬血灌之三日，燒之，諸鼠畢至。《仙方》。《廣志》云：『蛹，小蟹，大如貨錢。』蟹奴如榆莢在其腹中，生死不相離。《北户録》。

海鏡，蟹殼。海鏡，廣人呼爲膏藥盤。海鏡飢，則蟹出拾食，蟹飽歸腹，海鏡亦飽。或迫之以火，蟹子走出，離腸运〔二〕斃。或生剖之，有蟹子活在腹中，亦斃。《録異》。蟹大小殼

〔一〕今按：『在』『知』，諸子集成本《淮南子・覽冥訓》分别作『有』『能』。
〔二〕今按：『运』，廣西民族出版社（劉恂撰商壁，潘博校補）《嶺表録異校補》作『腹』。

上多作〔一〕十二點，亦如鯉之三十六鱗耳。其殼如虎，蟹殼堪作罍子。至於鸚卮、螺杯，不同年而語也。《北户録》。

蒯中有蟹，珪〔二〕中有蟹。南海有水蟲名蒯，蛤之類也。其中有小蟹，蟹大如榆莢。蒯開甲食，則蟹亦出食。蒯合甲，蟹亦還入。爲蒯取以歸，始終死不相離。《博物志》。瑣蛣長寸餘，大者長二三寸，腹中有蟹子如榆莢，合體共生，俱爲蛣取食。《南越志》。《抱朴子》：『伐木而寄生枯，芟草而兔絲萎。川蟹不歸而蛣敗，桑木見斷而蠹殄。』《江賦》：『瑣珪〔三〕腹蟹，水母目蝦。』

糟蟹，兵蟹。梁何徹〔四〕侈於食味，食糟蟹。史。吴俗有『蝦荒蟹兵』之語，取其被堅執鋭也。《蟹譜》。《禮記》：『蠶則績而蟹有匡。』遂差虐病，足樂〔五〕一生：關中無蟹。秦人得一乾蟹，借懸門户，遂差。不但人不識，鬼亦不識。《筆談》。畢卓曰：『左手持蟹螯，右手持

〔一〕今按：『作』，中華書局《北户録附校勘記》作『作』。
〔二〕今按：『珪』當作『蛣』。
〔三〕今按：同上。
〔四〕今按：『徹』，中華書局《南史・何尚傳附何胤傳》作『胤』。
〔五〕今按：『樂』，中華書局《晋書・畢卓傳》作『了』。

酒杯，足樂一生矣。』《晋史》。

錢昆嗜蟹，蘇軾放蟹。宋初通判常與知州争權。錢昆嗜蟹，常求補外，曰：但得有蟹，無通判處則可。東坡嗜蟹，後有見餉者，皆放之江中，不以口腹故，苦生類也。

水中見蟹，江中放蟹。趙王倫以宿憾收解系，曰：『我於水中見蟹尚惡之，况此人兄弟輕我耶！』《晋·解繫傳》。東坡放之江中。見上仄行。

乘鱟，蟹屬，《周禮》。似蟹無目。見下。山谷詩：『照灘行〔一〕郭索。』

鱟

《雅翼》：『號鱟媚。』《山經》注：鱟，形如惠文冠，十二足，似蟹竹。《廣志》：亦似便面骨眼。

《嶺表録異》：眼在背上，口在腹下。腹中有子如菉豆，南人取以爲醬，尾中有珠如栗，色黄。雄小雌大。置之水中，雄者浮，雌者沉。雌常負雄，捕必雙得。《廣志》：其相負，雖

〔一〕今按：『行』，中華書局《黄山谷詩》作『禽』。

風濤終不解。失雌則不能獨活。《北户録》：其珠南人或帶或磨飲之，云利市。《雜俎》：殼可爲冠，南人取尾爲小如意。背上有骨如扇。《酉陽》云：『如石珊瑚。』《雜記》：乘風而行，名鱟帆，其衆如箄筏，名『鱟箄』。

對類。昔有漁者，與婦不和。一日獲此，既而悔曰：『是物也，人人〔一〕或不如，可乎？』召婦與居，禮之終身。《吴都賦》：『乘鱟黿鼉，同罛共羅。』

黿

《古今注》：黿似鼊而大。一名河伯使者。《博物志》：屠黿，解其肌肉，唯腸連於〔二〕頭，而經日不死，猶能嚙物。鳥往食之，則爲所得，漁者或以張鳥雀。楊〔三〕雄賦：挺黿鼉。左思賦：白黿命鼊。注：黿鳴則鼊應，故曰命也。《録異記》：黿其狀如鱟，腹下赤者爲黿，白者爲鱟，俗云鱟之身有十二屬。《廣雅》：海黿，大一畝，重千鈞。

〔一〕今按：『人』字衍。
〔二〕今按：『於』，中華書局《博物志校證》作『其』。
〔三〕今按：『楊』當作『揚』。

黿鼉爲梁，黿鼉爲梁。《拾遺記》：禹浴〔一〕巨海，黿鼉爲梁。周穆二十七年〔二〕，起師，至九江，叱黿鼉以爲梁。《竹書》。

晋文公，齊景公。晋文公出田逐獸，碭入大澤，迷不知所出。其中漁者曰：『臣願有獻。黿鼉保深淵，厭而出之淺渚，則必有羅網釣射之憂。今君逐獸，碭入至此，何行之太遠也。』《新序》。

齊景公渡江沅之河，黿銜左驂，没之。衆皆惕懼〔三〕。古冶子拔劍從之。邪行五里，逆行三里，至于底柱之下。乃黿也。左手持黿頭，右手挾左驂。仰天大呼，水爲逆流三百步。觀者皆以爲河伯也。《搜神記》。水注云：江沅，景公不至，河伯本非江神。晏子云：『從黿濟河，事或在兹。』『黿鳴岐野，鼈應于泉』。《焦氏易林》。『樊噲披帷入見高祖。當此之會，乃黿鳴而鼈應也。』

指染子公知鄭祚之將盡，藏漦帝后識夏庭之遽衰。《左・宣公四年》：楚人獻黿於鄭靈公。公子宋與子家將見。子公之食指動，以示子家，曰：『他日我如此，必嘗异味。』及入，宰

〔一〕今按：『浴』，中華書局（晋王嘉撰，南朝梁肖綺録，齊治平校注）《拾遺記》作『沂』。
〔二〕今按：『周穆二十七年』，《文選》作『三十七年』。
〔三〕今按：『惕懼』，中華書局《搜神記》作『警惕』。

夫將解黿，相視而笑。公問之，子家以告。及食大夫黿，召子公而不與也。子公怒，染指於鼎，嘗之而出。公怒，欲殺子公。子公與子家弑靈公。夏后之世，有二龍降于庭，曰：『予褒之二君。』卜藏其漦，周人發之，漦化爲黿。童女遇之而孕，生女棄之，是爲褒姒。初浴簪一銀釵，及見猶在其首。黄氏累世不敢食黿。』《搜神記》。

黄母浴水，桓温入河。『漢靈帝時，江夏黄氏之母，浴盤水中，變而爲黿。

孫皓時，宣騫母事同。《五行記》。黄河中久不生黿，時有得者，以獻石季龍。佛圖澄見而嘆之，曰：『桓温入河，其不久〔一〕乎！』温字元子，後果如其言。《澄傳》。

向韋盡禮，與人能語。『韋丹未第時，於洛陽中橋，見漁者得一大黿，長數尺，繫之橋柱。丹以乘驢贖之，放于水中，徒步而歸。後韋詣胡蘆生問命，生與共往元長史家，有老人元濬之，向韋盡禮款待，懷中出文字一通，授之曰：『此公一生官禄行止，聊報活命之恩。』即其黿也。』《原化記》。千歲龜黿，能與人語。《搜神記》。黿脂得火，可以然鐵。燒黿致鼈。《淮南子・萬畢術》。〔二〕

〔一〕今按：『久』，中華書局《晋書・佛圖澄傳》作『舊』。

〔二〕今按：『黿脂得火，可以然鐵。燒黿致鼈。』未見《淮南子》有載。《埤雅》：『黿亦思生，其脂得火，可燃鐵。』

鼊能三足，鼊也。志本能。能奴來切

《爾雅》：鼊三足，能。龜三足，賁。

《山經》：從山多三足鼊，大緒〔一〕山多三足龜。《雅》注：君山池出三足鼊，又有六眼龜。

《古今注》：鼊，一名河伯從事。《周禮》：内骨，鼈屬，必滅反。

鼊無耳爲守神。《酉陽》。鼊爲臛，數食可長鬚。同。

鼊無耳，而目不可以瞥，蔽精于明也。《淮南子・説林訓》。

鼊目白，腹下有三〔二〕《易》。注：作天字者、有卜字一作十。者不可食。《酉陽》。

鼊九肋者勝。《易》注。『沅江鼊甲九肋者稀。』《摭言》。

青泥殺鼊，得見〔三〕復生體。鼊銼令如碁，搗赤莧汁和合，厚以茅包，五六月作，投池澤

〔一〕今按：『大緒』，《太平御覽》引《山海經》作『大苦』，畢沅校本亦作『大苦』。

〔二〕今按：『三』，中華書局《酉陽雜俎》作『五』。

〔三〕今按：『見』，上海古籍出版社《藝文類聚》作『莧』。

中，經旬孿成鼈。《博物志》。《易》：『離爲鼈。』《書》：『古有夏先后，方懋厥德。魚鼈咸若。』注：方懋厥德，致中和也。魚鼈咸若，萬物育也。《孟》：『數罟不入污〔一〕池，魚鼈不可勝食也。養生無憾，王道之始也。』

羞鼈焉小，買鼈以歸。公父文〔二〕伯飲南宮敬叔酒，以露睹父爲客。羞鼈焉，小。睹父怒，相延食鼈，辭曰：『將使鼈長而後食之。』遂出。文伯之母聞之，怒曰：『吾聞：「祭養尸，饗養上賓。」鼈於何有？而使夫人怒也！』遂逐之。《魯語》。鄭縣人乙〔三〕子妻之市，買鼈以歸。過潁水，以爲渴也，因縱而飲之，遂亡其鼈。《韓非子》。

獲鼈爲臚，變魅爲鼈。後漢溪夷田强子魯居上城，次子玉居中城，小子倉居下城，三壘相次〔四〕，以拒王莽。光武遣劉尚征之，尚未至。倉獲白鼈爲臚〔五〕，乃舉烽請兩兄，兄至無

〔一〕今按：『污』，中華書局《十三經注疏》作『洿』。
〔二〕今按：『文』，上海古籍出版社《國語·魯語下》本作『文』。
〔三〕今按：『乙』，諸子集成本《韓非子集解·外儲説左上》作『卜』。
〔四〕今按：『三壘相次』，上海古籍出版社（上海古籍出版社編）《唐五代筆記小説大觀上》引《酉陽雜俎》作『三壘相次一日望』。
〔五〕今按：『臚』，中華書局本《酉陽雜俎》作『臛』。

事。及劉尚軍來，倉舉火，魯等以爲不實，倉遂戰死。《西陽》。汝南有妖，常作太守服，詣門推〔一〕鼓。費長房知是魅，乃呵之。即解冠叩頭，乞變爲老鼈。大如車輪。長房令復就太守服作一札，敕葛陂君。魅叩頭流涕持札去。視之，以札立陂邊，以頸繞之而死。《列異傳》。

無頭，縮頭。『石季龍時，綿縣山北溪中，有鼈數千頭，登岸暴田畝〔二〕，發軍殘毁，至今鼈無頭也。』《北户録》。有人與奴俱得腹病，奴死，剖視得有白鼈，赤眼，甚鮮净。有人乘白馬者，馬溺濺鼈，縮頭。取溺灌之，消成水。病者飲一升即愈。《志怪》。『食鼈不可食莧〔三〕。』方革云。《瑣雜録》。太山府君責其食鼈過差。張澤暴卒而活云。《五代史補》。

晝夢三十人，夜夢十九人。僞蜀李延，晝夢烏帽三十人乞命，驚覺。有人獻鼈三十頭，遂放之。《儆戒録》。晋崔棁姑家，來晨，會客。夜夢十九人衣青衣，乞命。《玉堂閑話》。

家人放，厨婢放。黄德環，家人烹鼈，見一鼈背皆蒸爛，然頭足猶能伸縮。家人潛放河涇間。後因患熱將殛，夜有一物，上身，甚冷。及曙，其鼈三曳三顧而去，即日病差。宋傅

〔一〕今按：『推』，上海古籍出版社《藝文類聚》作『椎』。
〔二〕今按：『畝』，段公路《北户録》注引《年代録》作『苗』。
〔三〕今按：『食鼈不可食莧』見《方書》。

慶嘗得數鼈，厨婢放，大鼈報同。《拓異志》。開〔一〕子曰：義渠之人烹黿鼈不熟，臊穢腥臭，中國之民，雖飢餓三日，至死不食也。吴章、莊吉受而和之，病人食之，爲之輕體；萬乘食之，爲之解怒。何也？吴章、莊吉之調存也。《拓異志》。《詩》：『包鼈鱠鯉。』『包鼈鮮魚。』駱賓王啓：『跛鼈致千里之行。』張平子賦：『能鼈三趾。』

鯀化爲能，禹不用鼈。《國語》：『鯀化爲黄能。』或云東海人祭禹不用鼈。

不食鼈，每食鼈。《内則》：『不食雛鼈。』伏乳者。鼈去醜，竅也。或云頸下有骨能毒人。唐進士李詹每食鼈，輒絏其足，曝于殂〔二〕日。鼈既渴，即飲以酒而烹之，鼈方醉，已熟矣。《玉泉子》。

魏主大笑，國主大笑：魏主大笑曰：『魚鼈小豎夫，何能爲？』南唐僧謙光，性尤嗜鼈。國主語及什氏果報，對曰：『老僧無他願，但得鵝生三尺腿，鼈長兩重裙，足矣。』國主大笑。《五代史》。

《周禮》：『鼈人掌取互物。注：互物有甲𦿔胡。黿，鼈之屬。𦿔，莫干反。以時簎魚鼈黿蜃凡貍物。黿鼈之屬。春獻鼈蜃，秋獻龜魚。』簎，敇角反，以杈刺泥中。許洞嘲林逋詩：『好客臨門鼈縮頭。』

〔一〕今按：『開』，即『闞』，天津古籍出版社《北堂書鈔》作『闞』。

〔二〕今按：『絏』，團結出版社《太平廣記》作『緘』。

鼉似蜥蜴，長丈餘，皮可冒鼓。冒鼓則聲聞百里

《詩》：『鼉鼓逢逢。』和也。李賀：『擊鼉鼓。』駕黿鼉以爲梁。始皇。叱黿鼉以爲梁。穆王。

集城門，伏牀下：上元二年，有鼉集揚州城門。節度使鄧景山以問族弟珽，對曰：『鼉，介物，兵象也。』未幾，宋州刺史劉展反。宣和己亥，城北民家見一物如龍，伏牀下，禁中取去。驗之，鼉也。杖殺之，已而大水數年，有金人之禍。《倚寮》。

崩千丈城，救百人命。貞元中有湘媪，一日告鄉人曰：『欲往洞庭救數百人性命。』一日巨舟泊君山島上而碎。百餘人星居于島上。忽有一白鼉，長丈餘，遊于河上。數十人捉殺，分食其肉。明日，有城圍繞島上。其城漸窄，束其人爲簇。媪遂登島，飛劍刺之。白城一聲如霹靂，遂崩。乃一白鼉，長千餘丈，蜿蜒而斃。媪乃劉淵妻樊夫人也。〔一〕《列仙傳》。

〔一〕今按：『泊』『河』『千』『淵』，團結出版社《太平廣記・女仙傳》分別作『没』『沙』『十』『綱』。

蛤

《説文》：蛤有三，皆生於海。蛤蠣，千歲鳥所化也。海蛤，百歲燕所化也。魁蛤，一名復累，老服翼所化也。

《述異記》：『淮中黄雀至秋化爲蛤，至春復爲黄雀。五百年化爲蜃蛤。』『東越海蛤。』王母曰：『仙藥次有白水靈蛤。』《周書·王會》。《漢武内傳》。

萬年蛤，一尺蛤。真臘國〔一〕進萬年蛤、不夜珠，光彩皆若月照。人無妍醜，皆美艷。帝以蛤賜飛燕，以珠賜婕妤，曰：『吾晝視，不若夜視。且〔二〕，令人忽忽如失。』婕妤即以『不夜珠』爲后壽。《趙后外傳》。

唐麟德中封禪，用取水明，李敬真八九月，取蛤蚌一尺三寸者，依法試之至半夜，得水四五升。《唐新語》。

〔一〕今按：『國』，上海古籍出版社（唐李商隱撰，清朱鶴齡注，清徐樹穀箋，清徐炯注）《李義山詩集注·李義山文集箋注》作『夷』。

〔二〕今按：『且』，上海古籍出版社《李義山詩集注·李義山文集箋注》作『每旦』。

文蛤沉光，蚌蛤得瑶。《晋書・后妃傳》論云：『惠皇識闇鳴蛙，知昏文蛤沉光。』周天和元年夏，齊冀州人於蚌蛤中得瑶環一雙。《三國典略》。

隱起成龍，光明如月。開寶六年，漢陽軍獻蛤，有文隱起成龍，長五寸許。孫華〔一〕老莊居在高郵湖邊，一夕，莊客報：湖中珠見，光明如月。忽見蚌蛤如蘆席大，一殼浮水上，一殼如張帆狀。《雜録》。《南越志》：『凡蛤之屬，開口聞雷鳴，不復閉口。』《周禮》：『鼈人祭祀共蠯、蠃、蚳，以授醢人。』蠯，薄佳反，蚌也。蠃，郎〔二〕戈反，蛤也。蚳，蛾子。

蚌蜃

《大戴禮》：十月，雉入海爲蜃。蜃者，蒲蘆也。《説文》：鮚，蚌也。漢律：會稽獻鮚醬二升。《漢書注》：鄭〔三〕有鮚埼亭。師古曰：『鮚，音結，蚌也。長一寸，廣二分，有一小蟹在其腹中。埼，曲岸也，其中多鮚，故以名亭。』申屠狄謂周公曰：『賤人何可薄耶？周之

〔一〕今按：『華』，中華書局（宋龐元英著）《文昌雜録》作『莘』。
〔二〕今按：『郎』，中華書局《十三經注疏》作『即』。
〔三〕今按：『鄭』，中華書局《漢書・地理志上》作『鄞』。

靈蛙〔一〕，出於土石；楚之明月，出於蚌蜄。小家大户出於污澤。天下諸侯皆以爲寶。狄今請退也。』《墨子》。

『鳥無胃肺，蛤蜃無臟，蛭以空中而生，蠶以無胃而育。』裴頠《崇有論》。〔二〕『東南之人食水之産，西北之人食六〔三〕畜産。食水之産者，龜蛤螺蚌以爲珍味，不覺其腥臊也；食六畜産者，狸兔鼠雀以爲珍，不覺其膻燋也。』《博物志》。『蚌，含漿。』蚌，即蜃也。《爾雅》。蜃，小者名珧，一名玉珧，可飾佩刀鞘。《詩傳》云『天子玉琫而珧珌』是也。《山海經》：蠌皋山，皋水出焉，東注激汝水，其中多蜃珧。』《爾雅》。〔四〕《海物異名》云：江琲〔五〕柱，厥甲美如瑶玉，肉柱，一曰『江珧柱』。郭景純《江賦》云：『玉珧、海月、土肉、石華。』退之謂『馬珠甲』，此也。《侯鯖録》。

片帆，盈車。洞庭湖中舊有巨蛤，其大如片帆，乘風往來，中吐巨珠，與月相射。《岳陽風土記》。

〔一〕今按：『蛙』，諸子集成《墨子閒詁·墨子附録一卷》作『珪』。

〔二〕今按：『鳥無胃肺，蛤蜃無臟，蛭以空中而生，蠶以無胃而育』：《藝文類聚》無『肺蛤蜃無』四字，『臟』作『藏』，『蛭』作『經』，『蠶』作『螢』，無『以』字。此條又見《太平御覽》。

〔三〕今按：『六』，中華書局《博物志校證》作『陸』。

〔四〕今按：『鞘』『蜯』，中華書局《十三經注疏》分別作『削』『琫』。

〔五〕今按：『琲』『桂屬』，《侯鯖録·海物異名》分別作『瑶』『柱膚寸』。

土記》。南方林邑，有大蜯盈車，明珠至寸，不以爲貴，國人不採。《拾遺録》。

中有珠，中有龍。大觀中，吴興郡宗益剖蚌將食〔一〕，中有珠現羅漢像，偏袒右肩，矯首左顧，衣紋畢具。僧俗創見，遂奉以歸慈感寺。葉少藴、曾公衮皆有詩贊之。《藝苑雌黄》。處士李璞居壽春，一日見淮灘雷雨中，一龍騰起〔二〕。雨霽，行灘上，得一蛤，其中有龍迹。《筆記》。

共蜃器，共蛤醬。《周禮》：『掌蜃斂互物蜃物，互物，蚌蛤之屬。以共闉壙之蜃。祭祀共蜃器之蜃，共白盛之蜃。』今東萊用蛤謂之文灰。李後主下屬州，責蚌醬供宗廟，恐滋味蠒（䲊）。蠒作斷切。䲊，而琰切，味薄也。其下惶懼不敢寧。《廣川書跋》。

老蚌生珠，川蚌出脯。韋康，元將。弟誕，仲將。孔融書曰：『前日元將來，偉世之器也。昨日仲將來，保家之主也。不意雙珠近出老蚌。』《戰國策》：趙伐燕，燕將蘇代曰：『川蚌出脯，鷸喙其肉，蚌合而拑其喙。鷸曰：「今日不雨，明日不雨，必有蚌脯〔三〕。」蚌曰：「今日不出，明日不出，必有死鷸。」』

〔一〕今按：『吴興郡宗益剖蚌將食』：宗益即邵宗益，此條見宋嚴有翼《藝苑雌黄》。
〔二〕今按：『起』，中華書局（陸遊撰李劍雄劉德權點校）《老學庵筆記》（唐宋史料筆記叢刊），作『挐而上』。
〔三〕今按：『脯』『喙』『必』『蚌脯』，上海古籍出版社《戰國策》分别作『曝』『啄』『即』『死蚌』。

班固：『隋侯之珠，藏於蚌蛤。』左思賦：『盈虛自然；蚌蛤珠胎，與月虧全。』注：蚌蛤珠胎即盈虛之物。月滿則珠全，月虧則珠缺。『剖巨蚌於囲〔一〕淵，濯明月於漣漪。』郭璞賦：『瓊蚌晞曜以瑩珠，石蚨應節而揚葩。』注：春生花冬死，故應節揚葩。《月令》：『雀入大水爲蜃』『雉入海爲蜃。』〔二〕海旁蜃氣爲樓，古人以蜃爲器。許遜遇一少年，自稱慎郎，此蛟蜃之精。揮劍中左股。白樂天詩：『蜃散雲收破樓閣。』黄山谷《演雅》：『老蚌胎中珠是賊。』謝惠連賦：『粲兮若馮夷，剖蚌列明珠。』《爾雅》：『弓以蜃者謂之珧。』珧，蜃甲也。《志林》：蚌以珠破腹，由來尚矣。

玳瑁

大如扇，似龜甲，有文，解毒兼辟邪。

《易》：『離爲蚌。』外剛内柔。

〔一〕 今按：『囲』，《歷代賦選》作『迴』。

〔二〕 今按：『雀入大水爲蜃』『海』，中華書局《十三經注疏》分別作『雀入大水爲蛤』『大水』。

碎毒動蠱。唐薛王鎮南海，海夷盧亭獻生玳瑁。王令揭取背甲小者二片，帶于左臂腕以辟毒。復養于沼池，伺其揭處漸生。或云：玳瑁若生帶之。有蠱毒，即自摇動。死者則不能伸。《本草》。〔一〕

螺

《周禮・鼈人》：共祭祀，共𧕫、蠃、蚳，以授醢人。鄭司農云：𧕫，蛤也。杜子春云：𧕫，蚌也。《雅翼》同。門户以蠃爲輔首，古之遺制。

設于門户，化爲石人。公輸般見螺出頭，潛以足畫之，引閉其户，終不可開。因效之，設于門户，欲使閉藏當如此固密也。《風俗通》。桂陽貞女峽，傳云：秦世有數女，取螺於此，遇風雨，一女忽化爲石人。《始興記》。

如牛脂，是龍髓。武帝幸瓠子河，有老翁出，獻一紫螺，殼中有物，狀如牛脂。帝問：

〔一〕今按：「背」「沼」「漸」「伸」，華夏出版社（宋唐慎微撰、尚志鈞等校點）《證類本草》（重修政和經史證類備急本草）分别作「上」「後」「復」「神」。

『紫螺殼中何物？』東方朔曰：『是蛟龍髓。傅面，令人好顔色。女子在孕，産之必易。』《幽明録》。

飯化爲螺，黍變爲螺。衛瓘，大康永熙中，炊飯墮地，盡化爲螺，出足而行，瓘〔一〕終見誅。《世説》。晋武帝時，裴楷家炊黍在甑，或變爲螺，其年楷卒。

稻米化螺，倉蓄化螺。石崇家稻米化螺，崇亦被誅。《廣五行記》。唐光啓中，潤州大荒亂。有居民家畜絶多，可一斗五百文，先定價後人擁。俟開倉，倉中悉化小螺子。人皆驚怪。《傳載》。

螺潭，螺亭。廣陵王龍潭寺僧，有夢數百人求濟者，翌早見人擔螺蛤往市，贖放于潭。潭上獲一小盆，非銅非錫，非瓦非石，持歸以爲盥。晨起索盥，忽見萬餘粮子盈于中，云：『昨置數粒耳。』試貯菽、麥、白銀等一夕皆充牣。于是以所積金盛，修刹宇。僧老且病，弟子争其器，僧云：『此水宫神物也。』乃取擲于潭，遂化爲金雁飛去。《地志》。南康有女採螺爲業，夜宿亭上，見衆螺張口而至，亂噉其肉，號其亭曰：『螺亭。』《述異記》。

有美女，化女子。書生謝端海岸得一大螺，大如一石米斛。中有美女，曰：『天帝矜

〔一〕今按：『瓘』，四部叢刊本《太平御覽》作『瓘』。

君純正，令爲君作婦。』端以爲妖，呵之。嘆息升雲而去。上。義興吴堪爲縣吏。忽得大螺，已而化女子，號螺婦。縣令求之，堪不從。乃以事虐堪，曰：『今要蝦蟆毛，貴臂二物。』堪語螺婦，即致之。令乃謬語曰：『更要禍斗。』堪又語螺婦，曰：『此獸也。』須臾牽至，如犬而食火，糞以爲火。令與火試之，忽遺糞，燒縣宇，令及一家皆焚死。《原化記》。〔一〕

文螺、雲螺、鸚鵡螺、蒼鷹螺。海螺鳴，主大風。螺吐光，主陰雨。螺蛤閉，賊軍生亂。《玄珠》。

蚶蚶，魁陸

《本草》云：『魁，狀如海蛤，固〔二〕而厚，外有理縱横，即今之蚶也。』《字書》云：『蚶，蛤也。出會稽，可食。』《爾雅》。瓦屋子，蓋蛤蜯之類也。南中舊呼爲蚶子。頃因盧鈞作鎮，改

〔一〕今按：『貴』『禍斗』『遺』，團結出版社《太平廣記》引《原化記》分别作『鬼』『蝸斗』『遺』。
〔二〕今按：『固』，中華書局《十三經注疏》作『圓』。

爲瓦屋子。殻上有積[一]如瓦壠，故名。殻中紫色肉，呼爲天臠炙。《嶺表録異》。

嶺南節度使，浙東觀察使。嶺南節度使崔咏卒，宰臣奏擬，皆不可。上謂裴度曰：『嘗有諫進海蚶、淡菜者，詞甚中正，卿可求此人與之。』度出以訪人，或有言孔戣諫者，度即日以聞。乃命之。《唐書》。元禎[二]爲浙東觀察使，明州歲貢蚶，役郵子萬人，不勝其疲。禎奏罷之。《江賦》：『紫蚢如渠，洪蚶專車。』《臨海水土物志》：蚶則徑四尺，背似瓦壟，有文。

蛤蜊

《酉陽》：蛤蜊，候風雨，能以殻爲翅飛。

杜陽，酉陽。文宗好食蛤蜊，一日左右以方[三]盤而進，中擘不破裂者。上疑其異，乃焚香祝之。俄頃自開，中有二人，形眉端秀，螺髻瓔珞，足履菡萏，謂之菩薩。上賜興善寺。至會昌中，毁佛舍，不知所在。《杜陽編》。隋煬帝嗜蛤，事稍同。《酉陽雜俎》。

[一] 今按：『積』，中華書局《嶺表録異》作『棱』。
[二] 今按：『禎』，中華書局本《新唐書·元積傳》作『稹』。
[三] 今按：『以方』，中華書局《松窗雜録杜陽雜編桂苑叢談》作『方盈』。

牡蠣 一名蠣蛤，一名牡蛤

陶隱一[一]云：是百歲鵰所化，此物附石而生，磈礧相連如房，故名蠣房。讀如阿房之房。一名蚝山，晋安人呼爲蚝莆。一房内有蚝肉一塊，肉之大小隨房所生。大房如馬蹄，小者如人指面。每潮來，則諸房皆開，有小蟲入，則合之以充腹。肉左顧者雄，殼右顧則牝。《本草》。

牡蠣言牡，非謂雄也。介蟲中唯牡蠣是鹹水結成也。《西陽》。南山謂蠣爲蚝[二]甲，爲牡蠣。合澗洲圓蠣，土人重之。語曰：『得合澗一蚝，雖不足豪，亦可以高。』《南越志》。《南史》：何胤侈於味，食必方丈。學生鍾岏曰：『鉏之就脯，驟於屈伸，蟹之將糖，躁擾彌甚。仁人用意，深懷如怛。至於車螯蚶蠣，眉目内闕，慚渾沌之奇，獷殼外緘，非金人之慎。不悴不榮，曾草木之不若，無聲[三]無臭，與瓦礫其何異。故宜上充庖厨，未爲口

[一] 今按：『陶隱一』，華夏出版社《證類本草》作『陶隱居』。
[二] 今按：『蚝』，四部叢刊本《太平御覽》作『蠣』。
[三] 今按：『聲』，中華書局《南史·何尚傳附何胤》作『馨』。

實。』胤末年遂絶血味。

車螯

『車螯是大蛤，一名蜃，吐氣爲樓臺，海中春夏間，島溆，有此氣。』《本草》。

廬陵王義真爲豫州刺史，劉湛爲長史。義真出時居高祖憂，内於齊内别立厨帳。會湛入，暖酒炙車螯。湛因起曰：『既不能以禮自處，又不能以禮處人。』沈約《宋書》。

前月十二日至永嘉郡。蠣不如鄞縣，車螯亦不如北縣。〔一〕謝靈運。

石蛙

《南越志》：『石蛙，形如龜脚，得春雨則生花，花似草華。』

郭璞《江賦》：『石蛙應節而揚葩。』

〔一〕今按：『縣』，上海辭書出版社（曾棗、莊劉琳主編）《全宋文》謝靈運《答弟書》作『海』。

䶂角

《海録》：䶂角〔一〕生石上，其子如栗，春夏生苗如海藻，亦有花，所謂『石鮭揚葩』，其狀甚異。

淡菜

《本草》：東海夫人生南海，似珠母，一頭尖，中銜小毛，海人亦名『淡菜』，又名『殼菜』。

《土物志》：烏頭，似蚶。丁〔二〕來蛾，似烏頭。越王似蛾，殼赤，尾如人爪。土肉，純〔三〕雖形狀不典，而甚益人。

〔一〕今按：『角』當作『腳』。
〔二〕今按：『丁』，農業出版社（吴沈瑩撰）《臨海水土異物志輯校》作『下』。
〔三〕今按：『純』，農業出版社《臨海水土異物志輯校》作『正』。

黑，如小兒臂大，長五寸，重五六斤有腹，無口目，有三十足，大如釵脯，堪炙食。

鯨鯢

《左》杜預注：鯨鯢，海大魚。雄曰鯨，雌曰鯢。

《博物志》：大者，長數千里。五月生子於岸，八月導而還。

《古今注》：大者長千里，小者數千畝〔一〕。一生數萬子，常以五月六月就岸生子，至七月八月引子入海，鼓浪成雷，噴沫成雨。其雌曰鯢，亦長千里，眼睛爲明月珠。

東海有大魚，長五六里。次有如屋者。時死岸上，膏流九頃。鬚長一丈，廣三尺，厚六寸。瞳子如三升碗〔二〕。

《述異記》：南海有珠，即鯨魚目瞳，夜水〔三〕以鑒，謂之夜光。《孔演圖》：海精死，而彗星出。《淮南子》：鯨鯢死而彗星出。注：海精，鯨魚也。

〔一〕今按：『畝』，四部叢刊三編本《古今注》上海涵芬樓宋本影印作『丈』。
〔二〕今按：『碗』，四部叢刊本《太平御覽》引《魏武四時食制》作『椀』。
〔三〕今按：『水』，吉林大學出版社《述異記》作『可』。

楚威王問於宋玉曰：『先生其有遺行耶？何士民不譽之甚也？』對曰：『鯨鯢朝發崑崙之墟，暴鬐於碣石，暮宿於孟諸。夫尺澤之鯢〔一〕，豈能與之量江海之大哉！故非獨魚〔二〕也，士亦有之。』《新序》。

《春秋後語》：北海有大鳥，其高千里，頭文曰『天維』。左翼文曰『鷖』，右翼文曰『勤』。左足在海北崖，右足在海南崖。又〔三〕曰天鷄。頭河東，身海北，唯捕鯨魚。死則北海水流。不犯觸人，不干于物。

《左·宣十二》：楚子曰：『古者明王伐不敬，取其鯨鯢而封之。』王應麟檄：鯨鯢取以封。

庾信賦：『大則有鯨有鯢。』注：吞舟大魚，以比逆徒。賈誼賦：『彼尋常之污瀆兮，豈容吞舟之魚？横江湖之鱣鯨〔四〕兮，固將制於螻蟻。』

柳子《招海賈文》：『鯨鯢疑畏，淫淫嶷嶷。君不返兮卒自賊。』

〔一〕今按：『鯢』，四部叢刊初編本《新序·雜事一》作『魚』。
〔二〕今按：『獨魚』，《新序雜事》（版本同〔一〕）作『獨魚有鯨』。
〔三〕今按：『又』，《太平御覽》引《神異經》作『名』。
〔四〕今按：『鱣鯨』，北京大學出版社（費振剛、胡雙寶、宗明華輯校）《全漢賦》注：五臣本作『鱏鯨』。

左思賦：徽鯨背〔一〕中於群犗，欃槍暴出而相屬。攙搶妖星。鯨鯢死，目精出而爲此星。長鯨吞航，修鯢吐浪。

《木華賦》：横海之鯨，突兀孤遊；戛巖嶅，偃高濤，茹鱗甲，吞龍舟，噏波則洪〔二〕連踧蹜，吹澇則百川倒流。洪連，洪浪。

『發鯨魚，鏗〔三〕華鍾』。班固賦。

海内有鯨魚，海畔有蒲牢獸。鯨兒每擊此獸，輒叫。爲鍾者鑄蒲牢於上，刻玉爲鯨魚形而擊之，取其相感而鳴。

李白詩：『秦皇掃六合，虎視何雄哉！連弩射海魚，長鯨正崔嵬。額鼻象五岳，揚波噴雲雷。鬐鬛蔽青天，何由睹蓬萊。』又：『君王棄北海，掃地借長鯨。呼吸走百川，燕然可摧傾。』又：『手中電擊倚天劍，直斬長鯨海水開。』

杜詩：溟漲鯨波動，鯨力破滄溟。翰林。胡爲慕大鯨，輒擬偃溟渤。石鯨鱗甲動秋風。注：昆明池刻玉石爲鯨，雷雨吼，動。首唱却鯨魚。周秦觸駭鯨。

〔一〕今按：『背』，南海出版公司《歷代賦選》作『輩』。
〔二〕今按：『洪』，天津古籍出版社（吴雲校注）《漢魏六朝小賦譯注評》作『大』。
〔三〕今按：『鏗』，南海出版公司《歷代賦選》作『鏗』。

樊川：『鯨鬣掀東海。』

王維序：『鯨魚噴浪，則萬里倒回。』

鰒魚

《廣志》云：鰒無鱗有殼，一面附石，細孔，或七，或九。《本草》：石决明，一名鰒魚。《伏湛傳》。郭璞注《三蒼》云：『鰒似蛤。』

張步獻，彦回噉。光武時，張步遣使隨伏隆，詣闕上書，獻鰒魚。褚彦回，元微中，授中書監，侍中。時淮北屬魏，江南無鰒魚，或有得至者，直數千錢。有獻彦回鰒魚三十枚，彦回時雖貴，貧薄過甚，門生有獻計賣之，云可得千萬錢。彦回變色曰：『我謂此是食物，非曰財貨，且不知堪賣錢，聊爾受之？雖復儉乏，寧可賣餉取錢也！』悉與觀遊噉之，少日便盡。〔一〕《南齊》。

〔一〕今按：『獻』，中華書局《南史》作『餉』。

鱖魚

鱖魚巨口而細鱗。鬐鬣皆圓，黄質黑章，皮厚而肉緊。其斑文尤鮮明者，雄也。稍晦昧者，雌也。貫一雄置之，溪畔群雌來嚙。凡魚無肚不嚼，鱖魚有肚能嚼。《爾雅翼》。西塞山前白鳥〔一〕飛，桃花流水鱖魚肥。

石首魚

《字林》：鯮魚出南海，頭中有石。一名石首魚。《異物志》：『小者名「踏水」，其次名「春來」。石首異種也，又有「石頭」，長七八寸，與石首同。』初出水能鳴，夜視有光。服其石能下石淋。『魚鱗色甚黄如金，謂之金虀玉飯。薧而食之，名爲鮝。炙食之主，消爪成水。』《初學記》。『石首魚，至秋化爲冠鳬。冠鳬頭中猶有石也。』《吴地志》。美下着魚，是爲鮝字。見

〔一〕今按：『鳥』，上海古籍出版社（陳謙豫）《歷代名篇選讀》作『鷺』。

衆魚門。

烏賊魚

舊説名河北〔一〕從事小吏。江東人取墨書契以脱人財物，書籍〔二〕如淡墨，逾年字消，惟空紙耳。海人言秦王東遊，棄算袋於海，化爲此魚，形如算袋，兩帶極長。一説烏賊有矴，遇風，則蚪前一鬚下矴。《酉陽》。此魚每遇漁舟，即吐墨染水令黑，以混其身。漁人見水黑則知是。《炙轂子》。俗云：『是海若白事小吏。』

鮅比目

《爾雅》：東方有比目魚焉，不比不行，其名謂之鰈。《雅》注：狀似牛脾，鱗細，紫黑

〔一〕今按：『北』，《酉陽雜俎》作『伯』。

〔二〕今按：『籍』，《酉陽雜俎》作『迹』。

色。一眼兩片，相合乃得行。江東呼爲王餘魚。《録異》：南人謂之鞋屧〔一〕魚，江淮謂之拖沙魚。《異物志》謂之若〔二〕葉魚。《南越志》：一名鰜。《北户録》：『謂之板魚，亦曰生〔三〕介。』《上林賦》：禺禺魼鰨。《吴都賦》：殫〔四〕兩鮃。

班固賦出比目。左思賦《序》：班固賦《西都》而嘆以出比目。假稱珍怪，以爲潤色。左思賦：『雙則比目，片則王餘。』吴王食鱠，棄餘於江，皆化爲魚。駱賓王啓曰：『鱠餘之魚，希振鱗於吴水。』是也。又：越王鱠魚未盡，因以其半棄之，鳶魚無一面，名比目。

魯直《徙魚》〔五〕詩曰：『居士仁心到魚鳥，會有微生化餘鱠。』是也。

史：管仲諫桓公：古者封禪，東海有〔六〕比目之魚。《中候》：『帝王將興，比目魚出。』

〔一〕今按：『屧』，《嶺表録異》作『底』。
〔二〕今按：『若』，《臨海水土異物志輯校》作『箬』。
〔三〕今按：『生』，《北户録》引沈懷遠《南越志》作『左』。
〔四〕今按：『殫』，《歷代賦選》作『罩』。
〔五〕今按：此詩非魯直（黄庭堅）所作，《蘇詩補注·戲作放魚》詩後附《趙景貺次韻》有此詩句，並按曰：『此詩誤入《後山集》。』
〔六〕今按：『有』，四部叢刊初編本《管子·封禪》（上海涵芬樓影印宋本）作『致』。

鄭注：比目魚曰東鯀〔一〕。《鬼谷子》：其和也，若比目魚。

鱸魚巨口細鱗，松江之鱸也

銅盤玉鱠。曹操曰：『恨〔二〕少吴松江鱸魚耳。』左慈求銅盤貯水，以竹竿餌釣于盤中，須臾引一鱸魚出，須臾復引出，皆長三尺餘。大業六年，吴郡獻鱸魚，肉白如雪，所謂金虀〔三〕玉鱠，東南嘉味也。《拾遺録》。

秋風思鱸，朝船有鱸。齊王冏得志。張翰慮及禍，因秋風起，思東南鱠〔四〕。李白詩：『此行不爲東南鱠〔五〕。』杜牧詩：『寒鱠季鷹魚。』又，『寒鱠〔六〕新熟别江東。』陸龜蒙《紫溪翁

〔一〕今按：『鯀』，岳麓書社（清厲荃著）《事物異名録·水族·比目》作『鰈』。

〔二〕今按：『恨』，中華書局《後漢書·左慈傳》作『所』。

〔三〕今按：『虀』，《太平廣記》作『齏』。

〔四〕今按：『東南』，中華書局《晋書·張翰傳》作『鱸魚』。

〔五〕今按：『東南』，《全唐詩》李白《秋下荆門》作『鱸魚』。

〔六〕今按：『寒鱠』，《全唐詩》杜牧《送劉秀才歸江陵》作『鱸魚』。

歌》：『采江之魚兮，朝船有鱸。』杜：『暫憶江東鱠。』

鯤魚 北溟大魚

《拾遺記》：『黑河，北極也，其水濃黑不流。上有濃雲出焉。有黑鯤，千尺如鯨。』沒手仆於地，乃是大鯤魚也。《搜神記》。

李白詩：言志之作。『北溟有巨魚，身長數千里。仰噴三山雪，横吞百川水。憑陵隨海運，燀赫因風起。』

絃歌不輟，子路烹之。見衆魚。

鯿魚

峴山下漢水中出鯿魚，甚〔一〕美。常禁人採捕，以槎斷水，謂之『槎頭魚』。宋張敬兒爲

〔一〕今按：『甚』，人民文學出版社（宋胡仔纂集，廖德明校點）《苕溪漁隱叢話》前集作『肥』。

刺史，齊高帝求此魚，敬兒作六艫〔一〕船，置魚而獻曰：『奉槎頭縮項鯿魚一十六百〔二〕頭。』《襄陽耆舊傳》。

杜預曰：漢水澄明，鯿魚正肥。

鰕魚

士人至長鬚國，姬嬪悉有鬚。賦詩曰：『花無蕊不妍，女無鬚亦醜。』至海龍王所，見鐵鑊中鰕有色赤，見客跳躍，此鰕王也。龍王放之。《酉陽》。

鰕頭盃。南海。紅鰕盃。南巴縣。閩中梅鰕、蘆鰕、白鰕、青鰕。泥鰕：稻〔三〕鰕。海姑：管鰕。《雅翼》。

長二三丈，鬚長數尺，今青州呼爲鰝。《爾雅》。

天鰕，紅鰕：《番禺記》。《北户録》。

〔一〕今按：『艫』《苕溪漁隱叢話》前集作『櫓』。
〔二〕今按：『一十六百』，《苕溪漁隱叢話》前集作『一十八百』。
〔三〕今按：『稻』，《爾雅翼》作『苗』。

海鏡，蟹爲腹，水母蟹爲目。《越絶書》。

馬丹折丹蝦鬚爲杖，後棄杖而飛，鬚化爲丹石。

象魚

《天文録》：魚星，主理陰陽而〔一〕知雲雨之期也。故讚曰：『漢中魚星知雲雨也。』占曰：『魚星明，大河海水皆出。』又云：『魚星明則大，陰陽氣和。魚星忽不明而在，則魚多；魚星亡，則小魚。』

《爾雅》：魚枕謂之丁，魚腸謂之乙，魚尾謂之丙。《陰陽自然變化論》：『魚不見水，鬼不見地。』《易・姤》：『九四，包無魚。』《象》：『無魚之凶，遠民也。』《中孚》：『豚魚吉。』《象》：『豚魚吉，信及豚魚也。』

《程傳》：『豚，躁。魚，冥物之難感者也。孚信能感於豚魚，則無不至矣。所以吉也。』

《商書》：『古有夏先后，方懋厥德，罔有天灾。魚鼈咸若。』方懋厥德，致中和也。魚鼈

〔一〕今按：『而』，《太平御覽》作『事』。

咸若，萬物育也。

《詩》：『魚潛在淵，或在于渚。』理無定在。『魚在于沼，亦匪克樂。』禍亂之及，無所逃。《中庸》：『《詩》云：「潛雖伏矣，亦孔之昭〔一〕。」』故君子内省不疚，此言幾之存於心。《詩》：『魚躍于淵。』咏文王之德。《中庸》：『《詩》云：「魚躍于淵。」』言其下察也。朱子曰：『化育流行，莫非此理之用。』

《詩》云：『王在靈沼，於牣魚躍。』

《孟子》：『文王以民力爲沼，而民歡樂之，樂其有魚鼈。』

《詩》：『誰能烹魚，溉之釜鬵。』周室衰微，賢人憂嘆。『魚在在藻，有頒其首。』魚在在藻，有莘其尾。魚在在藻，依于其蒲。』諸侯美天子。『猗與漆沮，潛有嘉〔二〕魚。』衆維魚矣，實惟豐年。三星在罶，民可以食，鮮可以飽。』『罶中無魚，但見三星。』

《書》：『徐州，厥貢，淮夷蠙珠暨魚。』注：魚用祭祀，今濠泗楚皆貢白魚。數罟不入洿〔三〕池，魚鼈不可勝食也。養生無憾，王道之始也。以若所爲，求若所欲，

〔一〕今按：『昭』，《十三經注疏》作『照』。
〔二〕今按：『嘉』，《十三經注疏》作『多』。
〔三〕今按：『洿』，《十三經注疏》作『洿』。

猶緣木而求魚也。魚我所欲也，舍魚而取熊掌者也。

有饋生魚於鄭子産，子産使校人畜之池。校人烹之。返〔一〕命曰：『始舍之，圉圉焉，小則洋洋焉，悠然而逝。』子産曰：『得其所哉！得其所哉！』

子思居衛，衛人釣於河，得鰥魚焉，其大盈車，子思問之曰：『鰥魚，魚之難得者也，子如何得之？』對曰：『吾始下釣，垂一魴之餌，鰥過而不視也；更以豚之半體，則吞之矣。』子思喟然曰：『鰥雖難得，貪以死餌；士雖懷道，貪以死禄。』《孔叢子》。

靖郭君城薛，齊人有請三言者。趨而進曰：『海大魚。』因反走。君使〔二〕更言之。對曰：『君不聞大魚乎？網不能止，鈎不能牽，蕩而失水，則螻蟻得意焉。今夫齊，亦君之水也。君長齊，奚以薛爲？』君曰：『善。』乃輟城薛。《齊策》。

耿壽昌，五鳳中，又白增海租三倍。蕭望之奏言：『故御史屬徐宫家在東萊，言往年加海租，魚不出。長老言武帝時縣官嘗自魚，魚不出，後復乎民〔三〕，魚乃出。夫陰陽之感，物類相應。』《前・食貨志》。

〔一〕今按：『返』，《十三經注疏》作『反』。

〔二〕今按：『使』，上海古籍出版社《戰國策・靖郭君將城薛》作『曰』。

〔三〕今按：『自魚』『乎』，中華書局《漢書・食貨志》分别作『自漁』『予』。

錢氏之有國也，應西湖之魚捕者必日納數斤，謂之使宅魚。終日不及其數者，必市而供之。民頗怨叛。一日武肅大設有一圖，上畫磻溪直鈎之事。武肅指示，命羅隱賦詩，隱應聲曰：『呂望當年展廟謨，總戎釣國更誰如。若教生在西湖上，也是須供使宅魚。』武肅大笑，曰是盡得蠲免。《閑談録》。〔一〕

《抱朴子》：山中辰日稱河伯者，魚也。

山中人不信有大魚大如木，海上人不信有大木大如魚。《顔氏家訓》。

庚氏穴池，構竹爲凭欄，登之者其聲『策策』焉。辛氏穴池，構木爲凭欄，登之者其聲『堂堂』焉。二氏俱牧魚于池中，每凭欄投餌，魚必踴躍而出。但〔二〕日聞『策策』、『堂堂』之聲，不投餌亦踴躍而出。則是庚氏之魚可名『策策』，辛氏之魚可名『堂堂』。譚子《化書》。

南假子過程本，程本烹鱺魚。南假子曰：『聞君子不食鱺魚。』本子曰：『此乃君子食也，我何與焉？』假子曰：『高比所以廣德也，下比所以狹行也。比於善者，自進之階；比於惡者，自退之原。吾豈自比君子哉！志慕之而已矣。』《韓外》。

〔一〕　今按：『而』『叛』『總戎』『曰』，中國書店（陶宗儀纂）《説郛》引蘇耆《閑談録》分別作『爲』『嘆』『直鈎』『自』。

〔二〕　今按：『但』，中華書局（五代譚峭撰，丁禎彦、李似針點校）《化書・食化・庚辛》作『他』。

與善人居，如入芝蘭之室；與不善人居，如入鮑魚之肆。《家語》。

魯之與魚，淄澠莫辨。張鷟《魚魚末學》。

玄魚，白魚。夏鯀治水無功，沉於羽淵，化爲玄魚，大千丈。後世聖人以玄魚爲神化之物，以『玄』字合於『玄』〔一〕字爲『鮌』字。《拾遺録》。武王得兵鈐，謀東觀，白魚入舟，俯取以燎。八百諸侯順同〔二〕謀。《尚書·璇璣鈐》。

武王伐紂，度孟津，中流白魚躍入王舟，長三尺，赤文有字，告以伐紂之意。《中候》。史佚因作魚書，體魚之首爲乙，尾爲丙，以紀瑞焉。史書。

魚銜珠，魚化龍：漢武帝放魚，銜珠以報。杜甫詩『浩蕩報恩珠』是也。秦主生夢大魚食蒲，又謡言：『東海大魚化爲龍。男皆爲主〔三〕女爲公。』乃誅魚遵及其子孫。

斷罟，觀魚。《魯語》：宣公夏濫於泗淵，里革斷其罟而棄之，曰：『古者大寒降，土蟄

〔一〕今按：『合於玄字』，《太平御覽》作『合於魚字』。此條又見《拾遺記》，文字略有異。

〔二〕今按：《尚書·璿璣鈐》『同』下有『不』字。

〔三〕今按：『主』，四部叢刊本《資治通鑒》作『王』。

且夫魚人助宣氣也。

發，水吴〔一〕於是乎講罟罶，取名魚，登川禽，而嘗之寢廟，行諸侯〔二〕，人助宣氣也。且夫魚禁鯤鮞，蟲舍蚳蝝，蕃庶物也。今魚方别孕，不教魚長，又行網罟，貪無藝也。』公聞之曰：『吾過而里革匡我，不亦善乎！』隱公將如棠觀魚者。臧僖伯諫曰：『凡物不足以講大事，材不足以備器用，則君不舉焉。山林川澤之實，皂隸之事，官司之守，非君所及也。』公曰：『吾將略地焉。』遂往，陳魚而觀之。

淬劍池内，藏刀腹中。大曆中，刑部郎中程皓家在相州，宅前有小池。有人造劍於池内，淬之，蛇〔三〕魚皆死。演家井中有魚數十頭，以藥杵投之於井，信宿魚皆浮出，知魚亦畏鐵焉。《封氏見聞》。專諸學炙魚，香聞數十里。王僚索魚炙，專諸持一利銅〔四〕刀，藏着魚腹中。《金樓子》。置匕首于炙魚之中。《史》。

鮝魚，殘魚。東夷侵吴，闔廬征之。夷遯入海，吴亦逐之。粮不得度，焚香禱之。東風大震，水上見金色，得魚，食之美。三軍踴躍，夷人一魚不獲，遂送降欵，仍將魚腹、腸、肚，

〔一〕今按：『吴』，《國語·魯語上》作『虞』。
〔二〕今按：『罟』『侯』『蚳』，《國語·魯語上》分别作『罛』『國』『蚳』。
〔三〕今按：『蛇』，中華書局《唐語林校證》（唐宋史料筆記叢刊）作『池』。
〔四〕今按：『銅』，知不足齋本《金樓子·雜記上》作『鋼』。

以鹹水淹之，送與夷人，因號逐夷。王歸，思海中所食魚，問所餘。所司云：『並曝乾。』吴王索之，其味美，因書美下着魚，是爲『鮝』字。王見腦中有骨，如白石，號爲『石首魚』。《吴地記》。吴王食鱠有餘，棄於江〔一〕流，化而爲魚。長四寸，大者如箸，猶作鱠形。《博物志》。《吴都賦》：『雙則比目，片則王餘。』

寶志對梁武食鱠：帝曰：『朕不知二十餘年，師何必爾？』誌乃吐出小魚，鱗尾依然。今金陵膾殘魚是也。〔二〕《高僧傳》。

楚人獻魚於楚王，漁人獻魚於孔子。楚人獻魚於楚王曰：『今日漁獲，食之不盡，賣之不售，棄之又惜，故來獻也。』楚王曰：『漁者，仁人也。』亡國之君，藏于府庫。漁者知者，以此喻寡人也。』乃使恤鰥寡而〔三〕，楚民大悦。《新序》。孔子之楚，漁者獻魚。曰：『天暑市遠，吾無所鬻之，棄之糞壤，不若獻之君子。』孔子再拜而受，使弟子祭之。曰：『吾聞之，務施而不腐餘財者，聖也。今受聖人之賜，可無祭乎？』《说苑》。

乃是大鯤魚也，何爲至於斯也。孔子厄於陳，絃歌於館。夜有一人，長九尺餘，皂衣高

〔一〕今按：『江』，《博物志》作『中』。

〔二〕今按：『必』『鱗尾依然』『金陵』，《太平廣記》分别作『謂』『依依鱗尾』『秣陵』。

〔三〕今按：『恤鰥寡而』，四部叢刊初編《新序・雜事二》作『恤鰥寡而存孤獨』。

冠，聲動左右，便提子貢而挾之。子路引出，與戰于庭。孔子察之，見其甲車間時時開如掌。孔子曰：『何不探其甲車，引而奮登？』子路如〔一〕之，没手仆於地，乃是大鯷魚也。孔子嘆曰：『此物也，何爲來哉！吾聞：物老則群精依之，因衰而至。此其來也，豈以吾遇厄絶粮，從者病乎？或者天之未喪斯文，以是繫予之命乎？不然，何爲至於斯也？』絃歌不輟。子路烹之，其味滋，病者興。明日，遂行。《搜神記》。

曾子食魚，曾參食魚。曾子食魚有餘，曰：『泔之。』門人曰：『泔之傷人。』曾子泣涕曰：『有異心乎哉！』傷其聞之晚也。《荀子》。曾參食生魚甚美，因吐之。門人問其故，參曰：『母在之日，不知生魚味，今我食美，故吐之。』遂終身不食。《孝子傳》。

送子賤於單父，觀季子於單父。宓子賤將適單父。陽晝曰：『吾小賤。有釣道二焉。無〔二〕以送子。』『夫投綸錯餌，迎而吸之者，陽鱎〔三〕也，其爲魚薄而不美。比冠蓋。若存若亡，若食若不食者，魴也，其爲魚博而厚味。』比耆老。季子治單〔四〕父三年，而巫馬期衣短褐，易

〔一〕今按：『如』，《搜神記》作『引』。
〔二〕今按：『無』，《玉函山房輯佚書・宓子》作『請』。
〔三〕今按：『鱎』，《王函山房輯佚書・宓子》作『橋』。
〔四〕今按：『單』，諸子集成本《淮南子・道應訓》作『但』。

容貌，往觀化焉。夜見得魚者釋之。曰『季子不欲人取小魚也』。巫馬期歸以報，孔子曰：『季子之德至矣！使人闇行，若有嚴刑在其側者。』《淮南·道訓》。

弦章不受，公儀不受。景公射質，堂上唱善者一口。景公曰：『吾失晏子，未嘗聞吾不善。』弦章曰：『君好，臣服；君嗜，臣食。尺蠖食黄身黄，食蒼身蒼。君其食謟人言乎？』公曰：『善。』是時海人入魚，公賜弦章魚五十乘。章歸，魚車塞途，固辭不受。《晏子》。〔一〕

公儀休相魯而嗜魚，一國人獻魚而不受。其弟諫曰：『嗜魚不受，何也？』曰：『夫欲嗜魚，故不受也。受魚而免于相，則不能自給；無魚而不免于相，長自給于魚。』此明于魚爲己者也。《韓外》。〔二〕

廣武井魚，襄陽井魚。河陰南廣武山，漢高廟在〔三〕，前有八角井，曰『漢泉』。井中三魚：一金鱗，一黑，一如常。一邊鱗肉與骨皆無，獨其首全，與二魚並遊水中。俗傳漢高食鱠，庖人治魚及半而楚人至，倉皇棄魚井中而遯耳。《新録》。襄陽古魚井，一魚無肉，惟骨相

〔一〕　今按：『者』『食』『公賜弦章魚五十乘』『車』，諸子集成本《晏子春秋校注·晏子没左右諛弦章諫景公賜之魚第十八》分别作『若』『猶有』『以五十乘賜弦章』『乘』。

〔二〕　今按：『魚』，四部叢刊初編本《韓詩外傳》作『受』。

〔三〕　今按：當補『其麓』二字。

連耳。《雍州記》。

入海而射，共船而釣。始皇祭青城山，築石城，入海三十里，射魚，水變色如著〔一〕數里，于今猶爾。《三齊記》。魏王與龍陽君共船而釣，龍陽君得十餘魚而涕下。問其故。曰：『臣爲王之得魚也。』『臣之始得魚也，臣甚喜，後得又益大，臣欲棄前之所得矣。今以臣之凶惡，得爲王拂枕席。夫四海之内，美人亦甚多矣，必褰裳亦趨大王。臣亦猶所得魚也，臣亦將棄矣，臣安能無出涕乎？』王於是令四海之内：『敢有言美人者族。』《魏策》。

有大魚，得鯔魚。葛玄見賣大魚者，玄謂：『暫煩此魚到河伯處。』玄以丹書紙内魚口中，擲水中。有頃，魚躍上岸，吐黑書如木葉而飛。玄與吴王坐樓上，帝曰：『水中有魚乎？』玄書符擲中，須臾，有大魚數百頭。《先賢傳》。介象與吴王共論鯔魚，乃於殿庭〔二〕作坎，汲水滿之，并求釣，象起餌之。須臾，得鯔魚。《神仙傳》。

娵隅躍清池，鰕鮓未可致。郝隆爲桓公南蠻參軍，三月三日會，作詩。隆初以不能受罰。既飲，攬筆作一句云：『娵隅躍清池。』桓問：『娵隅是何物？』答曰：『蠻名魚爲娵

〔一〕今按：『著』，四庫全書本《三齊略記》作『者』。
〔二〕今按：『庭』，《太平御覽》作『前』。

隅。』桓曰：『作詩何以作蠻語？』隆曰：『千里投公，始得蠻府參軍，不得不作蠻語也。』吴嘯父爲侍中，爲孝武所親愛。嘗侍飲宴，帝曰：『卿在門下，不聞有所獻替耶？』嘯父家近海，謂帝有所求，對曰：『時尚温，鱢魚鰕鮓未可致。』帝大笑。《晋書》。

鱢魚出東萊，炙食甘美。諺曰：『皆去纍世田宅，不去鱢魚。』〔一〕《異物志》。

丹徒民陳性，潮去，簄中得一女，一人就奸之。夢云：『我江黄也。』潮來，逐水而去。奸者卒病死。〔二〕《洽聞記》。

海人魚。東海之大者，髮如馬尾，形與丈夫女子無異，臨安鰥寡養之於池沼。《洽聞記》。待制查道奉使高麗。有一婦人，紅裳雙袒。查命水工以篙担〔三〕水中，勿令傷。婦人得水，望查拜手感舞〔四〕而没。查曰：『此人魚也。』《異志》。

明月，峽中。宋順帝昇平二年，溪人尾生亮釣得一白魚。及歸取烹，見一美女，自言高唐之女，偶化魚游，爲君所得。其後三年爲亮妻。忽曰：『請歸高唐』。其後一歲三四往

〔一〕今按：『出東萊』『皆』『鱢魚』，《太平御覽》引《臨海異物志》分别作『至肥』『寧』『鱢魚額』。
〔二〕今按：『性』『黄』，《太平廣記》分别作『悝』『神』。
〔三〕今按：『担』，《古今譚概》作『扶』。
〔四〕今按：『舞』，《古今譚概》作『戀』。

來。《三峽記》。

永明九年，鹽官縣浦海魚乘潮來，水退不得去，長三十餘丈，黑色無鱗，有聲如牛，土人呼爲『海燕』，取其肉食之。《南齊・五行志》。梁元帝母阮脩容，曾失一珠。元帝幼，竊吞之，謂是左右所盜，乃炙魚眼以壓之。信宿之間，珠遂便出。帝尋一目致眇，蓋魚之報也。《梁書》。

李崇矩見有大魚，北海人見十餘山。李崇矩見有大魚，剖其腹，得一船兼三死人，衣服猶備。《秘閣閑談》。海鰌魚即海上最偉者也，吞舟之説，固非謬矣。北海人見十餘山，或出或没。篙工曰：『此非山島，鰌魚背也。』日中雨霢霂。舟子曰：『此鰌魚噴氣。』《嶺表録異》。

王師中知登州，沈作喆至陀山。一日大風自北而南，父老曰：『海鰌將過。』經二日始見其尾。《别録》。迎親海上，至補陀山，見海中有旌旗。人曰：『此大魚耳。旌旗狀者，蓋鱗鬣也。』《寓簡》。

南方大魚一鰓掛山巔七日，山爲之折。真臘國，魚名『建同』，四足無鱗，鼻如象，吸水上噴，高五六十尺。浮胡魚，形似鮔，嘴如鸚鵡，有八足。《北史》。

東海魚。一日逢魚頭，七日見魚尾。魚産三日，則碧海爲之紅〔一〕。《玄中記》。

〔一〕今按：『碧海爲之紅』，《太平廣記》作『百里水爲血』。

瀛洲洞淵魚，其長千尺，鱗無斑爛〔一〕，鼻有角，噴水爲雲。《拾遺記》。

五百賈客，值摩竭魚王，見三日，白山，水奔。三日者，一是實日，二是魚目。白山是魚齒，水奔是入魚口。船中有優婆塞，共稱南無佛。魚便含〔二〕口。《大論》。

李德裕，封演。有巨魚，脇骨長二丈五尺，刻云：『會昌二年，海州送到。』《劇談録》。封演見人持一束黑物，形似竹筏〔三〕，乃『海魚鰓中毛』，奇文異色，澤似水牛角。《見聞記》。罽賓國一魚脊骨，有孔，中通馬騎出入。《北史》。

臨沂縣逆鱗魚，可調藥物，《仙經》謂之『肉芝』。

水大魚，海多魚。梁郡有清泠水，忽有大魚，似鯉，而頭一角長尺餘，鱗正赤，從清泠水出。頭長三尺許，入通濟渠。赤龍大鯉從淵而出，此亦唐祚將興之兆。《拾遺録》。〔四〕 嘉祐末，携一巨魚，能人言，號曰：『海多。』〔五〕見灾異。

〔一〕今按：『其』『鱗無』，《拾遺記》分別作『有』『色』。

〔二〕今按：『含』，南宋法雲編《翻譯名義集》作『合』。

〔三〕今按：『筏』，中華書局《封氏聞見記·大魚腮》作『篋』。

〔四〕今按：『通濟渠』，《太平御覽》作『横瀆逆流』。

〔五〕今按：『多』，中華書局（宋王明清）《玉照新志》作『哥』。

金國有魚元無舌。《白雲時議》。

丙穴魚食乳水，食之甚温。丙穴在巴郡，其穴凡十，其中産嘉魚，首有黑點，謂照映星象，相感而成。長身細鱗，肉白如玉，其味自鹹，蓋食鹽象也。〔一〕《方輿勝覽》。杜詩所謂『魚知丙穴由來美』是也。

嘉魚出於丙穴，嘉魚謂之拙魚。《蜀都賦》。《益州記》。

鮮魚，鮎魚。扶南，象浦，源潭有鮮魚，色黑，身五丈，頭如馬首，伺人入水，便來爲害。《水經》。樂城縣溪水得一死鮎，鬐大五六圍。《永嘉郡記》。

魚始雷向下，未驚蟄向上。《物類相感志》。

楊水有神魚，丹水出丹魚。武陵長楊水中有神魚，大者二尺，小者一尺。居民釣魚，先陳所須多少，拜而請之，拜訖，投釣。得魚過數者，水輒波涌。《水經》。丹水出丹魚。先夏至十日，夜，浮水則〔二〕，赤光上照如火。割其血以塗足，可以步行水上，長居淵中。《抱朴子》。《水經》。

汧水出五色魚，乳洞有四足魚。汧水出五色魚，俗以爲靈，而莫敢採捕，謂是水爲龍魚

〔一〕今按：『巴郡』『象』，四庫全書本（明曹學佺）《蜀中廣記》分别作『明通縣』『泉』。

〔二〕今按：『則』，《水經注・漾水丹水》作『側』。

水。《水經》。盤龍山有乳洞，斜貫一溪，號曰『靈水溪』，溪内有魚，脩尾四足，丹其腹，狀若守宫。漁人不敢捕之。《爾雅》云：『鯢似鮎，四足，聲如小兒。』商州〔一〕亦有此魚，謂之魶魚。《嶺表録異》。

司馬遷謂之人魚。《史記》：始皇之葬也，以人魚爲燭。徐廣曰：『人魚似鮎而四足，即鯢魚也。』《水經》。巴鄉村側有溪，中有魚，其頭似羊，豐肉小骨，美於餘魚。《水經注》。

《内則》不食：『魚去乙』。魚體中有骨，如篆乙之形，去〔二〕之爲鯁人也。

《左·襄廿》：季武子如宋。歸復。公享。賦《魚麗》之卒章。『物其有矣，維其時矣。』

胡安國築室欒山之旁，臨水觀魚。

范希文戍邊，行水邊，甚東〔三〕。之從者前云：『此水不好，裏間有蟲。』觀之，乃魚也。答云：『不妨，我亦食此蟲。』江鄰幾《雜録》。

河豚，鮑魚。河豚出崑山縣，美而能殺人，故俗呼：『西子乳。』文王使太公傅太子

〔一〕今按：『商州』，《太平廣記》作『高州』。

〔二〕今按：『去』，《十三經注疏》鄭玄注本作『食』。

〔三〕今按：『東』，河北教育出版社（周廣培）《歷代筆記小説集成》引宋江休復《醴泉筆録》作『樂』。

及〔一〕，嗜鮑魚，而太公不與，曰：『禮，鮑魚不登於俎，豈有非禮而可以養太子哉？』《内則》：『魚曰作之。』作者摇动之以觀妊娠□□之□□一説『作』猶斮也。□

杜甫《打魚》詩：『吾徒何爲縱此樂，暴殄天物聖所哀。』

白樂天詩：『莫上青雲去，魚爛緣吞餌。』

魯直〔二〕《徙魚》詩：『居士仁心到魚鳥，會有微生化餘鱠。』

川師

《周禮》：川師掌山澤之名。辨其物與其利害，而頒之于邦國，使致其珍異之物。《周禮》：川衡掌巡山澤之禁令而平其守，以時舍其守。注：舍其守者，案視守者於其舍。祭祀賓客共川奠。《周禮》：澤虞掌國澤之政令，爲之厲禁。使其地之人守其材〔三〕物，以時入之于王府。頒其餘于萬民。凡祭祀、賓客，共澤物之奠。胡氏曰澤梁無禁，愛民之仁也。無禁而

〔一〕今按：『及』，四部叢刊初編《新書》（上海涵芬樓影印明本）作『發』。
〔二〕今按：『魯直』當作『陳師道』。
〔三〕今按：『材』，《十三經注疏》作『財』。

有厲禁，愛物之仁也。

《王制》：『林麓山澤，以時入而不禁。』

《孟子》曰：『昔者文王之治岐也，澤梁無禁。』《左傳》：臧僖伯曰：『川澤之實，器用之資，皂隸之事，官司之守。』《王制》：『獺祭魚，然後漁〔一〕人入澤梁。』

《左·昭廿》：晏子曰：『澤之萑蒲，舟鮫守之。海之鹽、蜃，祈望守之。』言公專利。

《書》：帝曰：『汝作朕虞。掌山澤之官。』班固賦：『水衡虞人。』掌山澤之官。張平子賦：『澤虞是濫，何有春秋。』不必順時。左思賦：『澤不伐夭。罾網以道。』

𩣺人

《周禮》：𩣺與漁同。人掌以時𩣺爲梁。春獻王鮪。辨魚物，爲鮮薧，以共王鮮羞。凡祭祀、賓客、喪紀，共其魚之鮮薧。凡𩣺者掌其政令。凡𩣺征入于玉府。注：漁征，漁者之租稅。

〔一〕今按：『漁』，《十三經注疏》本作『虞』。

《易》：『包羲氏之王天下也，作結繩而爲網罟，以佃以漁，蓋取諸《離》。』杜詩：『前王設網罟，作〔一〕法害生成。』是也。舜之側微，漁于雷澤。涜洲。《孟子》：『自耕、稼、陶、漁，以至爲帝。』燧人之世，天下多水，故教人以漁，堯使人水處者漁。

《左・隱五》：『公將如棠觀漁者，臧僖伯諫，遂往陳魚而觀之。書曰：「公矢陳。魚〔二〕于棠，非禮也。且言遠地也。」』注：棠，今方與縣，魯侯觀魚臺。胡氏曰：特書『觀魚』，譏之也。

孔子之楚，漁者獻魚，子再拜受，曰：『將祭之。務施而不腐餘財者，聖人也。』《説苑》。《淮南子》：『聖人。以道德爲竿綸，以仁義爲釣餌，投之天地間，萬物孰非其有哉。』〔三〕

陶侃少時，任蝦亂日。漁於雷澤，網得織梭，化龍而去。魏任蝦，遭亂家貧賣魚。官税

〔一〕今按：『設』『作』，《全唐詩》杜甫《早行》分別作『作』『設』。

〔二〕今按：『漁』，《十三經注疏》作『魚』。

〔三〕今按：『以道德爲竿綸』『投之天地間，萬物孰非其有哉』，諸子集成本《淮南子・俶真訓》分別作『以道爲竿，以德爲綸。』『投之於江，浮之於海，萬物紛紛，孰非其有！』

魚貴，取直如常。

陸法和，陸龜蒙。北齊陸法和，所泊江湖，揭表，云『此處放生』。漁者無所獲，才或小獲〔一〕，輒大風雨。陸龜蒙設蓬席、茶竈、筆牀、釣具，往來。時謂江湖散人，號『天隨子』。《紫溪翁歌并序》：『一丘之木，其栖深也。一溪之石，其居平也。一竇之泉，其音清也。』先生弁而《賡》之曰：『采江之魚兮，朝船有鱸。采江之蔬兮，暮筐有蒲。壽歟夭歟，貴歟賤歟。』歌闋而去。陸龜蒙。

崔杼弑莊公，申蒯漁於海，乃斷左臂，鬥殺七列而死。《新序》。

《詩》：『施罟〔二〕濊濊，鱣鮪發發。敝笱在梁，其魚魴鰥。』『敝笱不能制大魚，魯莊不能防文姜。』朱子。『九罭之魚鱒魴。』《朱子》：『九罭，九囊之網。』周公居東，東人喜見。

左思賦：『布九罭，設罜麗。』

陳禾〔三〕詞：『古今多少事，漁唱起三更。』

〔一〕今按：『揭』『獲』，中華書局《北齊書》分別作『結』『得』。

〔二〕今按：『罟』，《十三經注疏》本作『罛』。

〔三〕今按：『陳禾』當作『陳與義』。

楚人獻魯〔一〕：『食之不盡，賣之不售。』楚王曰：『漁者，仁人也。亡國之君，藏於府庫。』乃遣使恤鰥寡而振不足，楚民大悅，鄰國歸之。故漁者一獻餘魚，而楚國賴之，可謂仁智矣。漢主聰觀魚於汶水，昏夜不歸。王彰諫曰：『帝日〔二〕輕出，一夫敵耳。』九罭，罜麗。布九罭，設魚。

釣徒

《淮南子》：『夫臨河而釣，日入而不得一鯈魚者，非江河魚不食也，所以餌之者非其欲也。及至良工執竿，投而擐脣吻者，能以其所欲而釣者也。』《詩》：『其釣維何，維絲伊緡。籊籊竹竿，以釣于淇。之子于釣，言綸之繩。其釣維何，維魴及鱮。』《論》：『子釣而不網。』陳氏曰：『於取物之中，有愛物之仁。』《墨子》：『釣者之恭，非爲魚也。』《六韜》：『緡隆餌重則嘉魚食之。緡調餌芳則庸魚食之。』

〔一〕今按：『魯』當作『魚』。
〔二〕今按：『汶』『日』，四部叢刊本《資治通鑒》作『汾』『王』。

一舉釣六合，一釣連六鰲。吕望，字子才，釣於渭渚，得鯉。刳腹得書，文曰：『吕望封于齊。』《藝文類》。釣得玉璜，刻曰：『周受命，吕侯。』《尚書》。李白詩曰：『朝歌鼓刀叟，虎變磻溪中。一舉釣六合，遂荒營丘東。平生渭水曲，誰識此老翁。』又：『君不見朝歌屠叟辭棘津，八十西來釣渭濱。』《列子》：歸虚之東，有五山。帝使十五巨鰲戴之。龍伯國之大人，一釣連六鰲。於是二山流於北極。

以豚爲餌，以李爲餌。衛人釣於河，『以豚之半體，鰥則吞之。』其大盈車。子思曰：『鮦雖難得，貪以死餌；士雖懷道，貪以死禄。』《孔叢子》。李紳自稱釣鰲客，以虹爲竿，以月爲鈎。問以何爲餌，曰：『以短李爲餌。』《大唐遺事》。杜詩：『倚賴天涯釣，終能掣巨鰲。』是也。

左慈釣魚，涓子得鯉。左慈，字元旅〔一〕，廬江人。在曹公座，銅盤釣吴江之魚。齊涓子釣荷澤，得鯉。腹有素書。

嚴光釣澤，志和釣溪。嚴光披羊裘釣澤中。桐江一絲，扶漢九鼎。杜甫詩：『釣瀨疏墳籍。』杜牧詩『嚴光釣瀨喧』是也。釣臺詩：『萬事無心一釣竿，三公不换此江山。平生恨識劉

〔一〕今按：『旅』，中華書局《後漢書·左慈傳》作『放』。

文叔，惹得虚名滿世間。』又：『平生久要劉文叔，不肯爲渠作三公。能令漢家重九鼎，桐江波上一絲風。』黄魯直。張志和，自號玄真子，垂釣不設餌，志不在魚也。其詩曰：『八月九月蘆花飛，南溪老人垂釣歸。秋山入簾翠寂寂〔一〕，野艇倚檻雲依依。却把漁竿尋小徑，閑梳鶴髮對斜暉。翻嫌四皓曾多事，出爲儲皇定是非。』

左思賦：『術兼詹公，巧傾任父。』

獨繭爲綸，芒針爲鈎，荆榛爲竿，剖粒爲餌，引盈車之魚於百仞之淵。綸不絶，鈎不伸，竿不撓，楚王問其效〔二〕。詹何曰：『學釣，五年始盡其道。心無雜慮，惟魚之念。投綸沉鈎，手無輕重。』《列子》。

『大鈎巨緇，五十犗以爲餌，投竿東海。得若魚。揭竿，守鯢鮒，其於得大魚難，飾小説干縣令，大達亦遠矣。』《莊子》。

韓信釣城下，若水釣江中。家貧釣城下。釣采石，以繩度江。

〔一〕　今按：『寂寂』，《全唐詩》張志和《漁父》作『滴滴』。

〔二〕　今按：『效』，諸子集成本《列子・湯問》作『故』。

釣竿

投餌，垂絲。屈曲纖長，數尺千絲，江邊岸上。

以虹爲竿，荆榛爲竿，李紳詹公。見上。投竿東海，揭竿守鯢鮒。見上。投文竿出比目。《西都賦》。張志和詩：『却把漁竿尋小徑。』釣臺詩：『萬事無心一釣竿。』《詩》：『籊籊竹竿。』《淮南子》：『及至良工執竿，投而擐脣吻者，能以其所欲而釣者也。』邵康節詩：『把竿〔一〕誤持生殺柄。』

严子陵詩：『一絲長繫碧琅玕，多在桐江渭水間。楊柳陰中驚鯉躍，參花香裏伴鷗閑。未看使者重徵聘，幾見漁翁獨抱還，長占烟波與風月，此生贏得出塵寰。』

李白詩：不慕功名萬户侯，一絲牽動海天秋。長長竿子彎彎釣。短短蓑衣小小舟。

摇動兩三聲畫鷁，驚回四五個沙鷗。得魚沽酒江邊飲，醉卧蘆花日枕頭。

古詩：手把一竿小，絲垂數尺魚。岸側纖莖裊，梢頭淥涼長。夜月静垂餌，秋風細整

〔一〕今按：『把竿』，《歷代詩詞咏孟州》引宋邵雍《何事吟》作『釣水』。

絲。金絲細細〔一〕垂香餌。錦鯉悠悠弄直鈎。回頭貪看秋〔二〕月上，不覺竹竿流下灘。杜甫詩：『試〔三〕向江頭把釣竿。』杜牧詩：『兩竿日出〔四〕溪橋上。』東坡：『憑君問清淮，秋水今幾竿。』《古詩》：絲垂釣。月竿。滄波□□竿。仕。終不負漁竿。汶水起垂竿。隱。金鱗劫釣竿。嚴溪有釣竿。渭濱何月□□竿，釣叟謾持□□□。

〔一〕今按：『金絲細細』《渾成集·勸世吟》作『一竿絲上』。
〔二〕今按：『秋』，宋楊萬里《誠齋詩話》作『新』。
〔三〕今按：『試』，《全唐詩》嚴武《寄題杜拾錦江野亭》作『漫』。
〔四〕今按：『日出』，《全唐詩》杜牧《齊安郡中偶題》作『落日』。

漁網

《文子》：聖人師蜘蛛，立網罟。《詩》：魚網之設。魚麗于罶。《孟》：『數罟不入污池，魚鼈不可勝食也。』《國語》：里革〔一〕斷罟。莊公藏罟〔二〕千縈百結密綢繆。長爲漁家事討求。□目撒開江浦曉。羅維牽動海天秋。每隨柳□閑時晒，幾向蘋汀醉不收。多少魚鰕遭橐害，不知誰作此機謀。

韓文：昔先王列山澤，人網繩獨〔三〕刃，除蟲蛇惡物爲民害者，而出之四海之外。董子策：『臨淵羨魚，不如退而結網。』《詩》：『施罟濊濊。』東坡《赤壁賦》：『今者薄暮，舉網得魚。』杜詩：『漁人網集澄潭下。』又：『漁人漾舟沉大網，截江一拥數百鱗。』《打魚》：『蒼江漁子清晨集，設網提網萬魚急。』

〔一〕今按：『革』，《國語・魯語上》作『革』。
〔二〕今按：據《國語・魯語》提出『藏罟』者是魯宣公非魯莊公。
〔三〕今按：『獨』，長春出版社《唐代八大家散文精品注譯評》上卷作『擉』。

小魚脱網〔一〕不可記，半死半生猛〔二〕戢戢，大魚傷損皆垂頭，屈强泥沙有時立。日暮蛟龍改窟穴，山根鱣鮪隨風雷。干戈兵革鬥未止，鳳凰麒麟安存〔三〕哉。』因打魚之暴而嘆世亂，賢人君子遯藏也。

《易》：『包羲氏之王天下也，作結繩而爲網罟，以佃以漁，蓋取諸離。』

杜詩曰：『前王設網罟，作法害生成。』是也。

萬里狎樵漁。網取粘圓鰤。左思賦：布九罭，設罜麗。〔四〕布九罭，設魚網。

〔一〕今按：『網』，《全唐詩》作『漏』。

〔二〕今按：『猛』，《全唐詩》作『猶』。

〔三〕今按：『存』，《全唐詩》杜甫《觀打魚》作『在』。

〔四〕今按：『布九罭，設罜麗』見張衡《西京賦》。

卷之三

二曰火

《左·昭八》：鄭裨竈曰：『火，水妃也。』《釋名》：『火，化物也，亦言毀也。物入即皆毀壞也。』《説文》：『南方之行。』《尸子》：『燧人上觀星辰，下察五行以爲火。』《外紀》：『燧人氏觀星辰而察五行，知空有火。麗木則明，鑽木取火，教民烹飪，乃别五木以改火。順四時而遂天之意。』杜甫詩曰『禍首燧人氏』是也。《周禮·宫正》：『春秋以木鐸修火禁。』《周禮》：『司爟古喚反。掌行火之政令，四時變國火，以救時疾。季春出火，民咸從之。季秋内火，民亦如之。時則施火令。凡祭祀則祭爟。凡國失火，野焚萊〔一〕，則有刑罰焉。』注：爟，火也。祭之者，報其爲明之功也。鄒子曰：『春取榆柳之火，夏取棗杏之火，季夏

〔一〕今按：『萊』，《十三經注疏》本作『萊』。

取桑柘之火，秋取柞楢之火，冬取槐檀之火。』饒氏曰：『四時取火之木不同，榆、柳、青棗、杏、赤桑、柘、黄柞、楢、白槐、檀黑，各隨時之方色取之。蓋五行之中，各有五行，火有五色。』

《禮》：『司烜氏掌以夬〔一〕遂陽燧。取明火於日，以共祭祀之明齍明燭。』《白澤圖》：『火之精宋無忌。』《山海經》：『壓火國，獸身黑色，火出其口中。』

《博物志》：『積油萬石，則自然生火。』《元命包》：『火之爲言委隨也。故其字人散子〔二〕者爲火。』《易》：『燥萬物者，莫熯乎火。』《易》：『離爲火。』内陰外陽。《易》：『火就燥。』

『火，用之而彌明，宿之而彌壯。』蓄火。《揚子》。

咮爲鶉火，心爲大火。《左·宣十六》。〔三〕晋士弱曰：『古之火正，或食於心，或食於咮，以出納火。咮爲鶉火，心爲大火。』注：心，大火，東方星。咮，鶉火，南方柳星。季春鶉火，季

〔一〕今按：『夬』，《十三經注疏》作『夫』。
〔二〕今按：『字人散子』，魏宋均注《玉函山房輯佚書·春秋緯元命苞》作『立字人散二』。又見《太平御覽》、《初學記》。
〔三〕今按：『宣十六』，《十三經注疏》作『襄公九年』。

秋大火，昏在南方，則出火〔一〕。火〔二〕伏在日下，則納火。

閼伯，相土。《左》：陶唐氏之火正。『閼伯高辛子。居商丘，祀大火而火紀時焉出納火時。相土商祖。因之，故商主大火。』

祝融火房。《左·昭十七》：梓慎曰：『宋，火〔三〕辰之虚也。陳，太皞之虚也。鄭，祝融之虚也。皆火房舍也。』

玉火，珠火。《物類志》：玉火，唐東夷所貢，積之可以然鼎。置之室，不復挾纊。唐貞觀，林邑獻火珠，日中以艾藉珠火然。〔四〕

土中火，口中火。《抱朴子》：『南海蕭丘土〔五〕有自生火，春起秋滅。』駱賓王啓曰：『瑶光建寅，蕭丘之火暫熱。』是也。葛仙翁〔六〕與客談語，天寒。吐氣，火從口出。須臾，火

〔一〕今按：『則出火』，《太平御覽》作『則令民放火』。

〔二〕今按：『火』，《太平御覽》作『大火星』。

〔三〕今按：『火』，《十三經注疏》作『大』。

〔四〕今按：『日中以艾藉珠火然』，中華書局《舊唐書》作『正午向日，以艾承之，即火燃。』

〔五〕今按：『土』，《太平御覽》作『之上』。《藝文類聚》作『之中』。

〔六〕今按：『翁』，《太平御覽》引《葛仙公别傳》作『公』。

滿屋。

赤松入火，師門行火。赤松子，神農雨師。入火自燒，至王母石室，隨風雨上下。師門爲火，仙行火不燒。爲孔甲龍師，孔甲殺而埋野，山林皆燔。左思賦曰『師門使火以驗術，故將去而林燔』是也。

姚光坐火，欒巴滅火。吴姚光有火術，孫權積荻，使坐其上。火焚荻盡，光端坐，把一卷書。史。漢欒巴噀酒，以救蜀火。杜甫詩曰『九鑽巴噀火』是也。

郭憲救火，圖澄救火。後郭憲向東北含酒三噀，云：『齊國失火。』齊梁上火災。晋佛圖澄噀酒，救幽州火。史。

樊英嗽〔一〕火，梁婦赴火。樊英隱於臺山。英曰：『成都火甚盛。』含水西向嗽之。後有從蜀來者，云：『是日大火，大雨，得滅。』梁姑姊，其室失火，兄子與二子在内，欲取兄子，輒得其子，火盛不得復入。婦人曰：『梁豈可户告人曉耶？被不義之名，何面見兄弟國人哉。』遂赴火而死。

越王握火，漢令坐火。越王思報吴，夏則握火。戴封遷西華令。大旱，積薪坐其上以

〔一〕今按：『嗽』，《後漢書・樊英傳》作『潄』。《藝文類聚》《太平御覽》皆作『潄』。

自焚。火起而大雨。

義士滅火，蔡順飛焰。義士古〔一〕遭父喪，失火，伏棺火滅。蔡順遭母喪，號哭。火飛焰西家。

越王下令，仲尼下令。越王問於大夫種曰：『吾欲伐吴。』對曰：『可矣。何不試焚宫室？』於是遂焚宫室，民莫能救火〔二〕。乃下令曰：『民之救火而死者，比死敵之賞。』民之塗其體、被濡衣走火者，左右各三千人。《左》：子産曰：『莫如猛。夫火烈，民望而畏之，故鮮死焉。』《韓子》：鲁燒積澤。仲尼曰：『請從行罰。』乃下令曰：『不救火者，比降北之罪。』令下未遍，火已滅矣。

劉琨叩頭，廉范弛禁。劉琨舍江陵，有火叩頭，反風滅火。成都，邑宇逼窄，禁民夜作，以防火灾。廉范在蜀都，但嚴使貯水而已。民歌曰：『廉叔度，木何暮？不禁火，民安作。昔無襦，今五袴。』

汲黯報火，敬仲辭火。汲黯爲謁者，河内失火，上使黯視之。黯還報：『家人失火，屋

〔一〕今按：『古』，《藝文類聚》作『古初』。

〔二〕今按：『民莫能救火』，諸子集成本《韓非子·内儲説上》作『人莫救之』。

比延燒，不足憂也。河内傷水旱，發倉振民。請，伏矯制之罪。』《左·莊廿二年》：陳公子完奔齊。飲桓公酒，樂。公曰：『以火繼之。』辭曰：『臣卜其晝，未卜其夜。』君子曰：『酒以成禮，不繼以淫，義也。以君成禮，不〔一〕納於淫，仁也。』侄不敢夜飲繼以淫湎。不敢夜飲納君淫湎。

禁火，賜火。《初學記》：子綏抱木而死，文公令五月五日不得舉火。《周禮》：『司烜氏禁火國中。』然則禁火周制也。唐清明，取榆柳火以賜近臣，順陽氣也。《歲時記》：『禁火乃周之制，賜火亦周人出火之事。』白居易曰：『節過藏烟，時當改火。』巨源詩：『榆柳芳痕火。』〔二〕永叔詩：『榆柳推恩忝侍臣。』〔三〕

赴火蛾，向火兒。後魏崔浩曰：『慕容垂人〔四〕歸之，若夜蛾之赴火。』時人争趨附楊國忠。張九齡曰：『此〔五〕向火乞兒也。』

〔一〕今按：『不』，《十三經注疏》作『弗』。
〔二〕今按：『痕』，《全唐詩》楊巨源《清明日後土祠送田徹》作『辰』。
〔三〕今按：『柳』，北京大學出版社（傅璿琮等主編）《全宋詩》歐陽修《清明賜新火》作『火』。
〔四〕今按：『人』，中華書局《魏書》作『乘父祖世君之資，生便尊貴，同類』。
〔五〕今按：『此』，《開元天寶遺事十種》作『皆是』。

炎山，火洲。《玄中記》：南方有炎山焉，從四月而火生，十二月火滅，正月二月火不然，四月火然，草木葉落，取柴爲薪，然之無盡時。取其薪〔一〕績，爲火浣布。《十洲記》：『炎州有火林山，山中有火獸，大如鼠，毛長三四寸，取其獸毛，績以爲布，名曰「火澣布」。』《廣志》：火洲在南海中，火然洲，其木不死更鮮。

火浣布，火浣布。夷人取木華績爲火浣布，木皮亦剥，以灰煮爲布。白鼠，重數斤，毛三寸，其毛可績爲布。故火浣布有三種。《抱朴子》。

燧象，火牛。《左》：吴伐楚，王使執燧象以奔吴師。田單得牛千餘，灌脂束葦於尾，燒其端。牛怒，奔。燕軍所觸盡死傷。庾信賦曰『未見燒牛之兵』是也。

火官，火主。《淮南子》：炎帝作火官，死而爲竈神。强華《赤伏符》曰：『四七之際火爲主。』白圭之行堤也塞其穴，丈人之慎火也塗其隙。故〔二〕白圭無水患，丈人無火難。《韓子》。

勺水救薪火，遠水救近火。孟子，赫連達。

《易》：『水火不相射。』吴氏曰：『水火不相射者，坎西，離東，一左一右，不相侵克也。

〔一〕今按：『薪』，《藝文類聚》引《玄中記》作『皮』。

〔二〕今按：『故』，諸子集成本《韓非子·喻老》作『是以』。

水火相逮，然後能變化，既成萬物也。』項氏曰：『相逮與不相射，互言之也。』『水在火上，既濟。君子以思患而豫〔一〕防之。』《傳》：水火既交，各得其用，爲既交。『火在水上，未濟。君子以慎辨物居方。』《傳》：火在水上，非其處也。『如水益深，如火益熱。』《孟子》。民非水火不生活，昏暮叩人之門户，求水火，無不與者，以其至足也。菽粟如水火，而民焉有不仁者乎？同。水火，吾見塗〔二〕而死者，未見塗仁而死者也。《論語》。《易》：『澤中有火。革，君子以孟德〔三〕歷明時。』《傳》〔四〕：水火相息爲革。

火瑞

《春秋潛潭巴》：『火從井出，有賢士從人起。』

〔一〕今按：『豫』，《十三經注疏》本作『預』。
〔二〕今按：『塗』，《十三經注疏》本作『蹈』。
〔三〕今按：『孟德』，《十三經注疏》本作『治』。
〔四〕今按：『傳』，《十三經注疏》本作『象』。

炎帝之火，武王之火。《外紀》：炎帝有火瑞，以火紀官。武王既渡孟津〔一〕，有火至于王屋，流爲烏，其色赤，其聲魄〔二〕。注：魄云，安定也。鄭玄曰：『烏有孝名。武王卒著大業，故烏瑞臻。赤，周之正色也。』

石中火，井中火。漢成河平四年，山陽火生石中，改元陽朔。西河井有火，漢興，光焰彌盛。齊武時，魏地謡言，『赤火南流喪南國』。沙門從北齊〔三〕此火至，咸云『聖火』。七炷而疾愈。李德裕奏曰：『昔，宋、齊有聖火，事皆妖妄，古人所非。』見水門。

火災

《左・宣十六》：成周宣榭火。宣榭，講武屋。

《傳》：人火之也。凡火，人火曰火；天火曰災。

《公羊傳・襄九》：『大者曰災，小者曰火。』注：大者，正寢、社稷、宗廟、朝廷。下此則小矣。疏

〔一〕今按：『既渡孟津』，中華書局《金樓子・興王篇》作『既渡』。

〔二〕今按：『云』字脱，當補。

〔三〕今按：『齊』，中華書局《南史・齊本紀》作『賫』。

云：本害〔一〕是火而謂之災。災者，害物之名，故可以見其大於火也。

宋災，宋災。《襄九》：宋災。《傳》：子罕祝宗爲政。用馬于四墉，祀盤庚于西門之外。凡天災，有幣，無牲。用馬祀盤庚，皆非禮。晉侯問於士弱，曰：『宋災，於是乎知有天道，何故？』對曰：『商人閱其禍敗之釁，必始於火，是以日知其有天道也。』公曰：『可必乎？』對曰：『在道。』注：在君行道與否。國亂無象，不可知也。數。《襄卅》：或叫于宋大廟曰：『譆譆，出出』。鳥鳴于亳社，如曰譆譆。譆譆，熱也。皆火出出，戒伯姬，妖也。五月，甲午，宋大災。宋伯姬〔二〕卒，待姆也。女師。君子謂宋伯姬女而不婦。知爲女之道，不知爲婦之道。女待人，婦義事也。從宜也。伯姬時年六十。

陳災，魯火。《昭八》：四月，陳災。鄭裨竈曰：『陳，水屬也。』『火，水妃也。而楚所相也。』顓頊後，相治也。楚先祝融。『今火心。出而火陳，逐楚而建陳也。』《哀三》：五月，司鐸宮。火，火逾公宮，桓、僖災。富父槐曰：『無備而官辦者，猶拾瀋也。』注：預備無素，欲辨於官。孔子在陳，聞火，曰：『其桓、僖乎！』親盡廟不毀。

〔一〕今按：『害』，《十三經注疏》作『實』。
〔二〕今按：『宋伯姬』，《十三經注疏》作『宋共姬』。

星孛于辰，火見於昏。十七冬，有星孛于大辰。申須魯大夫。曰：『彗所以除舊布新也。天事恒象，如以帝恒以象類示人。今除於火，火出必布焉。諸侯其有火災乎？』注：今火向伏，故當須大出，布散爲災。梓慎曰：『若火作，其四國當之，在宋、衛、陳、鄭乎？』鄭裨竈曰：『宋、衛、陳、鄭將同日火。若我用瓘斝玉瓚，鄭必不火。』子産不與。十八五月，火始昏見，丙子。梓慎曰：『是謂融風，火之始也。東北曰融風。融風，木也。七日，其火作乎！』壬午，宋、衛、陳、鄭皆火。裨竈曰：『不用吾言，鄭又將火。』子産曰：『天道遠，人道邇，非所及也。何以知之？竈焉知天道？是亦多言哉，豈不或信？』遂不與，亦不復火。

祈于四墉，禳於四方。鄭之未災也，里析曰：『將有大祥變異之氣。吾身泯焉，不良及也。將先災死。國遷可乎？』子産曰：『雖可，吾不足以定遷矣。』及火，里析死矣。未葬，子産使舉三十人，遷其柩。禳火于玄冥，回禄，祈于四墉。水神火神。書焚室而寬其征，與之材木。三日哭，國不市。陳不救火，許不吊災。君子是以知陳、許之先亡也。同上。十八，子産爲火故，大爲社祓禳於四方，祓除火災，禮也。火之作也，子産授兵登陴。倬言子産有備。

念百姓之劳，罷繕修之役。郎顗疏：園陵火灾，宜念百姓之劳，罷繕修之役。

漢嘉德之火，魏崇華之災。書法，建和二年，北宫火。徙居南宫。於是十四年耳，南宫又火，逾月而武庫又火。變豈虚生哉？建興十三，魏崇華殿灾。太史令高堂隆對魏主叡曰：『《易傳》曰：「上不儉，下不節，孽火燒其室。」又曰：「君高其臺，天火爲灾。」人君務飾宮室，不知百姓空竭，故天應以旱，火從高殿起也。』問：『漢柏梁灾，而火起宮殿以厭之，其義云何？』對曰：『此越巫所爲，非聖賢之訓也。今宜罷遣民役〔一〕，清掃所灾之處。』書法，一崇華也，兩年兩灾，天戒凜凜然矣。《綱目》悉書之，所以戒土木也。

晋武庫之火，漢螽斯之灾。晋惠元康五，武庫火。書法，於是焚纍代之寶及二百萬人器械。大變也。《綱目》書：武庫灾一：漢安元初。武庫火三：漢桓延熹，是年，唐玄天寶十莫甚於是年矣。漢螽斯則百堂灾。書法，何以書著，聰減也。於是聰子死者〔二〕二十一人。

齊後宮之火，魏浮圖之灾。齊寶卷永元二，後宮火。嬖幸之徒皆號爲鬼。有趙鬼者能讀《西京賦》，曰：『柏灾既灾，建章是營。』齊主大起芳樂，王壽華殿。魏永熙三，永寧浮屠灾，書法，書浮圖，何譏也。崇信異教，而其效乃爾。故書譏之。

梁浮圖之灾，周明堂之火。梁中大同元，同泰浮圖之復作之。發明，天既火其浮圖，以

〔一〕今按：『務』『遣』，中華書局本《三國志·魏書》分别作『苟』『散』。

〔二〕今按：『於是聰子死者』，四部叢刊本《資治通鑑·晋紀十二·中宗元皇帝上》作『燒殺漢主聰之子會稽王康等』。

警之矣。猶不知悟，方更增而廣之。《綱目》書『災』，書『復作』，所以深譏之也。嗣聖十一，周明堂火。御醫沈南璆亦得幸於太后，懷義心愠，密燒天堂，延及明堂。

大業殿之火，玉真觀之災。大業十二，大業殿火，帝以爲盗起，驚走，匿草間，火定乃還。祥符中，玉真觀爲天火所焚，留一柱，有『謝玄火』三字。何仙姑曰：『此〔一〕，雷部，司堂火。』

武庫火，府署火。天寶十，武庫火。發明，安知非禄山爲之。石晋天福六，吴越府福六。唐主遣使唁之，且賙其乏。書法，嘉鄰也。

『謝玄火』三字，翟乾曜八人。見上。翟乾曜天師大呼於夔州市，曰：『今久有八人過，可善待之。』是久遺火焚數百家。方悟八人，乃『火』字也。

三日哭，六月災。《成三》：二月，甲子，新宫災，三日哭。三年喪軍〔二〕。宣公神主新入廟，故謂之新宫。書『三日哭』，善得禮。宗廟，親之神靈所憑居，而遇災，故哀而哭之。杜注。《昭六》：三月，鄭人鑄刑書。士文伯曰：『火見心星，五月見。鄭其火乎？火未出而作火以鑄刑器。火如象之，不火何

〔一〕　今按：『真』『謝玄』『此』，浙江古籍出版社（明張岱撰，劉耀林校注）《夜航船》分别作『仙』『謝仙』『謝仙』。

〔二〕　今按：『喪軍』，《十三經注疏》作『喪畢』。

爲？』象，類也，同氣相求，火未出而用火，相感而致灾。《左》：六月，鄭灾。

柏梁灾，寶臺燒。元封六，柏梁臺灾。以香柏爲之。書法，火灾非宫闕宗廟不書。唐高佑甲寅年，趙叢臺灾不書臺也。何以不書？志土木之盛也。建章之盛，始此矣。故特書之。越人勇之曰：『越俗：有火灾，復起屋必以大，用勝服之。』於是作建章宫。度爲千門萬户。張平子《西京賦》曰：『柏梁既灾，越巫陳方，建章是經，用壓火禳〔一〕。』是也。晋平公藏寶之臺燒，救火三日三夜，乃勝之。公子晏束帛而賀，曰：『臣聞王者藏於天下，諸侯藏於百姓，農夫藏於囷庾。今百姓乏於外，而賦斂無已。昔桀紂殘賊，爲天下戮。今皇天降灾於臺，此是君之福也。』

霸橋灾，武庫火。王莽地皇三，霸橋灾，數千人以水沃救，不滅。元初四，武庫火。燒兵物，直千萬以上。時羌叛，大發兵禦之，積十二〔二〕年。

河南郡之火，河陽城之火。安帝永初元年，河南郡縣火，燒殺百五人。二年失火，燒五百二人。四年〔三〕，漢陽、河陽城中失火，燒三千五百七十人。

〔一〕今按：『禳』，《歷代賦選》作『祥』。
〔二〕今按：『十二年』，中華書局《後漢書・五行志二》作『十餘年』。
〔三〕今按：『五百二』『四年』，中華書局《後漢書・五行志二》分别作『五百八十四』『四月』。

延熹九年，中平二載。桓帝延熹九年三月，京都夜有火光轉行，民相驚譟。靈帝中平二年，南宮雲臺災。雲臺乃周家之所造也，圖書、術籍、珍玩、寶怪皆所藏也。《易》曰：『君不思過〔一〕，厥妖火燒宫。』

武昌之火，京都之火。晋元大興中，王敦鎮武昌。武昌火起，救之于此而發于彼，東西南北數十處俱應，數日不絶。舊説所謂『濫災妄起，雖興師衆不能救之』之謂也。永昌二，京都大火。饒安、同〔二〕光、安陵三縣火，燒七千餘家，死者萬五千人。

義熙之火，開元之災。義熙十一年，京都大行火災，吴界尤甚。王弘時爲吴郡，見天上有一物，狀如片幡〔三〕，遥集人家，火即大發。開元五年，洪州、潭州災，人見有物赤而暾暾飛來，旋即火發。

衡州之災，龍厩之災。十五年，衡州災，人見有物大如甕，赤如燭籠，所至火即發。十八年，飛龍之災。占曰：『天火燒厩，兵火〔四〕起。』

〔一〕今按：『過』，中華書局《後漢書·五行志二》作『道』。
〔二〕今按：『同』，中華書局《晋書·五行志》作『東』。
〔三〕今按：『炎』『片』，中華書局《晋書》分别作『灾』『信』。
〔四〕今按：『火』，中華書局《新唐書》作『大』。

池中有火，水中有火。晋升平元〔一〕年，京城東池中有火。姑臧澤水中有火。〔二〕石然，土然。石虎時，石然于泰山，八日而滅。符堅時關中土然，無火而烟氣大起，方數千〔三〕里，月餘不滅。石然，地火。貞觀十三三月，雲陽石然，方丈，晝則如灰，夜則有光，投草木則焚。幽州坊谷地常有火，長慶三年，積水爲池。棣州有火，建昌有火。開寶七六月，棣州有火，自空墜城，有物如龍。紹興卅二，建昌新城縣巨室，篋中時有火光，燒〔四〕衣帛過半而篋不焚，近孽火也。

熱温也。内熱，膓熱，面熱，耳熱，觸熱，急熱

《詩》：『誰能執熱，逝不以濯。』《孟子》：『欲無敵於天下而不以仁，是猶執熱而不以濯

〔一〕今按：『元』，中華書局《晋書・五行志》作『三』。
〔二〕今按：『姑臧澤水中有火』，中華書局《晋書・五行志》作『四年四月，姑臧澤水中又有火』。
〔三〕今按：『千』，中華書局《北史・慕容暐傳》作『十』。
〔四〕今按：『燒』，中華書局《宋史・五行志二》作『燔』。

也。』《左·襄卅一》北宫閔子曰：『禮之於政，如熱之有濯也。濯以救熱，何患之有？』朱子《敬箴》：『私欲萬端。不火而熱。』杜甫詩：『炙手可熱勢絶倫。』《孟子》：『不得君則熱中。』又：『如火益熱，亦運而已矣。』駱賓王啓：『瑶光建寅，蕭丘之火暫熱。』

燼燼，燭餘。燼，火餘也

《詩》：『民靡有黎，具禍以燼。』芮伯刺厲王。《左·成二》：齊賓媚人曰：『請收合餘燼，背城借一。』注：欲於城下，借一戰。《襄四》：魏絳曰：『靡奔有鬲氏。自有鬲氏，收二國之燼。』靡夏遺臣事羿者二國：斟灌、斟尋，燼遺民。左思賦：『翼翼京室，眈眈〔一〕帝宇，巢焚原燎，變爲煨燼。』程子曰：『今之禮書，皆掇拾於煨燼之餘，而多出於漢儒一時之附會〔二〕。』杜詩：『頭白燈明裏，何須花燼繁。』青簡玩餘燼，燈殘花落燼。

〔一〕今按：『眈眈』，《歷代賦選》引左思《魏都賦》作『眈眈』。

〔二〕今按：『附』，朱熹《四書集注·萬章章句下》作『傅』。

炭烏玉，石薪。一炬生暖，萬車却寒

《書》：有夏昏德，民墜塗炭。《孟》：『伯夷與惡人言，如以朝衣朝冠坐於塗炭。』賈誼賦：『陰陽爲炭兮。』《抱朴子》：『燔木爲炭，此其柔脆，復〔一〕爲堅。』《周禮・掌炭》：掌灰物炭物之徵令，以時入之。以權量受之，以共邦之用。凡炭灰之事。《記・月令》：『季冬〔二〕乃命伐薪爲炭。』十月朔，有司進暖爐炭。民間皆置酒，作暖爐會。《夢華録》。

莊公廢于鑪炭，文公葬于蜃炭。《定三》：邾莊公廢墮于鑪炭，爛遂卒。公辨〔三〕急而好潔，故及是。《成二年》：宋文公卒。始厚葬，用蜃炭。君子謂：『華元、樂舉於是乎不臣。君生則繼〔四〕其惑，死又益其侈，是棄君於惡也。何臣之爲？』

〔一〕今按：『復』，《初學記》作『變』。
〔二〕今按：『季冬』，《十三經注疏》本作『季秋』。
〔三〕今按：『辨』，《十三經注疏》本作『卞』。
〔四〕今按：『繼』，《十三經注疏》本作『縱』。

熾炭于位，使坐其處。《昭十年》：十一〔一〕月，宋平公卒。初，元公平公太子。惡寺人柳。及喪，柳熾炭于位，將至，則去之。注：去炭火，使公坐其處。比葬，又有寵。

作炭，進炭。　賨廣國，家貧，作炭，後封侯。西涼國進炭百條，名瑞炭，燒之無焰，有光。每條可燒十日。

獸炭，鳳塑。　洛下少林木，炭貴於粟〔二〕。擣小炭爲屑，晋羊琇以物和之，作獸形。李白詩曰『狐裘獸炭酌流霞』是也。楊國忠以炭屑塑成雙鳳。

誠齊詩：『烏銀玉質金石聲，見火忽作爆竹鳴。膈膈膊膊久不停，白日座上飛繁星。不知何怒泄不平，不知何喜唧唧鳴。待渠自静勿與争，切莫借筯怒復生。到渠緘口兩耳熱，銅瓶在傍各饒舌。〔三〕』

孟郊詩：『青山白屋有仁人，贈炭價重雙烏銀。驅却座上千重寒，燒出爐中一片春。吹霞弄日光不定，暖得曲身成直身。』

韓：『倚爐不覺暖，熾炭屢以添。』

〔一〕今按：『十一月』，《十三經注疏》本作『十二月』。

〔二〕今按：『貴於』，文化藝術出版社（晋裴啓撰，周楞伽輯注）《語林》作『止如』。

〔三〕今按：『鳴』『緘口』『各』，湖南文藝出版社《歷代詩話論作家》（下編）分別作『吟』『怒定』『卻』。

東坡：『西山古松櫪，林木招斤斧。排剔靡遺炭，〔一〕陶穴付一炬。積火變深黳，牙角猶忿怒。』

于肅愍公詩：『鑿開混沌得烏金，藏蓄陽和意最深。爝火暖回春浩浩，洪燈〔二〕照破夜沉沉。鼎彝元賴生成力，鐵石猶存死後心。但願蒼生俱飽暖，不辭辛苦出山林。』

數莖燒斷頻推黑，一炬飛來便化紅。畫閣烏薪應要爇，紅爐獸炭便增炎。水舍真能鏖紫霧，雪天何啻直烏銀。

加炭，吞炭。紂爲銅柱以膏塗之，加於炭火之上，使有罪者緣之。豫讓吞炭爲啞，行乞於市。

灰

灰，死火。《周禮・掌炭》。掌灰物之徵令，以時入之，以共邦之用。

〔一〕今按：『櫪』『林木』『排剔』『炭』，上海古籍出版社《欒城集》分别作『櫟』『材大』『挑抉』『餘』。
〔二〕今按：『燈』，齊魯書社（馬志傑主編）《中國古代文學》作『爐』。

朱子：『灰既冷矣，俾之洗濯〔一〕，則不自棄。』又：『衣裳賴之而精潔。』

積灰，盛灰。《淮南子》：『女媧積蘆灰止滔〔二〕水。』楊旋〔三〕以囊盛石灰於車上，順風鼓灰，賊不得親。

葭灰，劫灰。立春，以葭莩灰實律之端，氣至則灰飛。《續漢書》。杜甫詩：『吹葭六琯動浮灰。』劉商詩：『灰管移新律。』古詩：葭飛玉管灰。又：『律改驗吹灰。』又：『淑氣隨風動琯灰。』是也。

漢武鑿池，得黑灰。胡僧云：『此黑灰也。』庾信賦：『談劫燼之灰飛。』杜甫詩：『灰劫問胡僧。』古詩『始信昆明有劫灰』是也。

畫灰，吹灰。陶弘景以荻畫灰學書。《前漢書》：竹簡吹灰。

死灰，棄灰。韓安國抵罪。獄吏田甲辱安國。安國曰：『死灰獨不復然乎？』甲曰：『然即溺之。』居無幾〔四〕，安國爲内史。甲肉袒謝，安國卒善遇之。李白詩：『炎烟生死灰。』

〔一〕今按：『俾之洗濯』，商務印書館《朱子大傳》引《朱子文集大全類編·庭訓》作『俾之洗浣』。
〔二〕今按：『滔』，諸子集成本《淮南子·覽冥訓》作『淫』。
〔三〕今按：『楊旋』『親』，中華書局《後漢書·楊琁傳》分别作『楊琁』『視』。
〔四〕今按：『幾』，中華書局《史記·韓長孺列傳》作『何』。

寒灰寂寞憑誰暖。』『冥心若死灰，心死着〔一〕寒灰。』杜。商鞅用法酷，棄灰於道者被刑。灰所以糞田，棄之則爲惰農，故有刑坐。

久〔二〕撥成灰。『撥盡寒爐一夜灰。』蒙正。

一寸已成灰。『丹心一寸灰』。杜。一片芳心作死灰。功名志已灰。心事醉未灰。酣餘世事灰。英雄志不灰。勳業未〔三〕心灰。遺經出冷灰。漢簡已吹灰。吾道出秦灰。榆烟動冷灰。

竈

《禮》：『竈者，老婦之祭。』《淮南子》：『炎帝作火官，死而爲竈神。』《記》：『孟夏祀竈。』陳氏曰：夏屬火。竈以火。爨，夏祭主之。當夏之時，用夏之事。《論語》：王孫賈曰：『「與其媚於奥，寧媚於竈，何謂也？」子曰：「不然獲罪於天，無所禱也。」』

〔一〕今按：『着』，《全唐詩》杜甫《喜達行在所三首》作『著』。
〔二〕今按：『久』，中華書局（宋陳師道撰，宋任淵注，昌廣生補箋，昌懷辛整理）《後山詩注補箋》作『殘火』。
〔三〕今按：『未』，北大出版社（傅璿琮等主編）《全宋詩》趙汝鐩《冬日友人見過》作『嘆』。

減竈，增竈。孫臏乃使齊軍入魏地爲十萬竈，明日爲五萬竈，又明日爲二萬〔一〕竈。吴詡令軍士各作兩竈，日增倍之。曰：『孫臏見弱，吾今示强，勢不同也。』

竈突上炎，竈直失火。《孔叢子》孔斌曰：『先人有言：燕雀處堂，子母相哺，呴呴焉相樂也，自以爲安；呴呴。和悦。竈突炎上，棟宇將焚，燕雀顔不變，不知禍之將及己也。可以人而同於燕雀乎！』〔二〕漢宣地節四，人有爲徐福上書曰：『客有過主人，見其竈直突，旁有積薪。謂主人：「更爲曲突，遠徙其薪。」主人不應。俄失火。鄉里共救之，幸而得息。殺牛置酒謝其鄉人。人謂主人曰：『鄉使聽客之言，不費牛酒，終無火患。今論功而賞，曲突徙薪無恩澤，焦頭爛額爲上客耶！』

祠竈，對竈。李少君以祠竈却老方見上。言：『對〔三〕竈則致物，而丹砂可化爲黄金，蓬萊仙者可見。』於是天子始親祠竈。書法，親者何不宜親者也。竈五祀之一，而親祠之，帝始惑於方士矣。光武至南宫，遇大風雨，入道旁空舍。馮異抱薪，鄧禹爇火。秀對

〔一〕今按：『二萬』，中華書局《史記·孫子吴起傳》作『三萬』。

〔二〕今按：『堂』『呴呴』『炎上』，四部叢刊初編《孔叢子·論勢》（影印杭州葉氏藏明翻宋本）分别作『屋』『煦煦』『决上』。

〔三〕今按：『對』，中華書局《史記·孝武紀》作『祠』。

竈燎衣。閭丘昂曰：『尺有所短，寸有所長。騂騮騄驥，天下之駿馬也，使之與貍鼬試於釜竈之間，其疾未能追〔一〕貍鼬也。』《新序》。江淹賦：『守丹竈而不顧。』杜詩：『錦里殘丹竈。』又，『本無丹竈術。』『竹齊燒藥竈。』孫寶後署主簿，入舍祭竈。

爐 **火牀。寒齋。煮茶、活火燒栗。銀瓶、銅鼎**

賈誼賦：『天地爲爐兮，功安造化爐〔二〕。』

元和辭大爐。汨没聽洪爐。蕩滌撫洪爐。

博山爐，麒麟爐。丁諼作九層博山爐。漢武時，月支獻麒麟爐。杜甫詩『麒麟不動爐烟上』是也。

七寶爐，九垠爐。唐内庫七寶硯爐。柳：『跨九垠以爲爐。』

鵲尾爐，江心爐。坡：『夾道青烟鵲尾爐。』香爐有柄者。揚州鑄鏡，移爐於揚子江心，

〔一〕今按：『閭丘昂』『未能追』，四部叢刊初編本《新序·雜事》分别作『閭丘邛』『未必能過』。

〔二〕今按：『功安造化爐』，《歷代賦選》作『造化爲工』。

進之。紅光亂打〔一〕銀花碎，翠焰雙抽柳葉尖。

舊書看細字，餘火撥殘灰〔二〕。丹爐仍〔三〕用紫泥封。留得『丹爐宿火紅』。衣冠身惹御爐香。賈至。『御爐香滿袖』韋玄〔四〕。『爐烟細細駐遊絲』。杜。『金爐香盡漏聲殘』。王。蛛絲之散香烟。似之。香爐小〔五〕勢分。擁爐開酒缸。杜。小閣紅爐獸炭明。萬國如左〔六〕紅爐中。『搰拙生〔七〕烟雪夜長，地爐煨酒暖如湯。』

〔一〕今按：『打』，《全宋詩》楊萬里《晚寒燉炭》作『拆』。

〔二〕今按：『舊書看細字，餘火撥殘灰』，宋蘇軾詩《送淵師歸徑山》：『兩眼猶能書細字。』陸遊《初冬》：『地爐微火撥殘灰。』

〔三〕今按：『仍』，《全唐詩》李商隱《鄭州獻從叔舍人袖》作『猶』。

〔四〕今按：『韋玄』當作『清梁清標《棠村詞》』。

〔五〕今按：『小』，《全唐詩》杜甫《天寶初南曹小司寇舅於我太夫人堂下纍土爲山爲山一匱盈尺以代彼朽木承諸焚香瓷甌甌甚安矣旁植慈竹蓋茲數峰嶔岑嬋娟宛有塵外數致乃不知興之所至而作是詩》作『曉』。

〔六〕今按：『左』，齊魯書社（明蘭陵笑笑生）《金瓶梅》作『在』。

〔七〕今按：『搰拙生』，黃山書社（湯華泉，劉學忠選注）《古代田園詩選》作『榾柮無』。

香爐

卧褥香爐，被中香爐。《西京雜記》：巧工丁諼作卧褥香爐，一名被中香爐，又作九層博山香爐。

置香爐，失香爐。劉季和〔一〕性愛香，上厠置香爐，主簿张坦曰：『人名公作俗人，真不虚也。』季和曰：『荀令君至人家，坐處三日香。为我何如？』《襄陽記》。吴郡吴泰能筮。會稽盧氏失博山香爐，使泰筮之。泰曰：『此物質雖爲金，其象實山，有樹非林，有孔非泉，閶闔風至，時發青烟，此香爐也。』求即得之。《集異記》。

夢子執香爐，嫁女具銅鑪。陶弘景字通明。母郝氏夢天子〔二〕手執香爐來至其所，已而有娠。《南史》。庾仲文貪賄，嫁女具銅爐，四人舉乃勝。

香爐無餘，香爐墮地。江泌爲南康王子琳侍讀。訪誌公道人，問其禍福。誌公覆香爐

〔一〕今按：『劉季和』，《太平御覽》作『劉和季』。
〔二〕今按：『天子』，中華書局《南史·隱逸下》作『天人』。

灰示之，曰：『都盡無餘。』子琳被害。《齊書》。侯景即位，景床東邊香爐無故墮地。

石虎冬月爲複帳，四角安純金鏤銷〔一〕香爐。《鄴中記》。杜甫詩：『晝省香爐違伏枕。』

火籠

《方言》：南楚江沔之間『籠』謂之『篣』，或謂之『笯』。陳、楚、宋、魏之間謂之『庯君』，今『薰籠』是也。

火爲籠，納火籠。卞彬飲酒，以大瓠爲火籠，自稱『卞田居』，婦爲『傅蠶室』。《齊書》。臨賀王正德爲吴郡太守。自謂應居諸嫡，心常怏怏。後奔魏。初去之始，爲詩一絶，納火籠，曰：『楨幹屈曲盡，蘭麝氛氲銷，欲知懷炭日，正是履冰時。』〔二〕《梁書》。

天子象牙，後宫綾文。漢制天子以象爲籠。上皆散花文，後宫則五色綾文。《西京雜記》。

〔一〕今按：『銷』，《初學記》作『鏤』。

〔二〕今按：『賀』『諸』『後』『納』『幹』『時』，中華書局《南史·正德傳》分别作『川』『儲』『傾之』『内』『榦』『朝』。

熨斗

《通俗文》：火斗曰熨。《淮南子》：糟丘生於象箸。炮烙始於熨〔一〕斗。作熨斗，捉熨斗。紂欲重刑，乃先作大熨斗，以火熱之，使人舉不能勝，爛手，與妲己爲戲笑。《帝王世紀》。韓康伯母殷氏，時大寒，年數歲，母方爲作袴，令康伯捉熨斗，而謂之曰：『且着襦，尋當作複袴。』康伯曰：『火在斗中，而柄尚熱，今既着襦，下亦當暖。』《晋書》。

着火柄亦熱，此熨安天下。張蕪小時，母謂其寒，且作袴。蕪曰：『且作襦，如熨斗着火，柄亦熱。』《别傳》。尉遲迥反於鄴，李穆在并州，高祖慮其爲迥所誘，遣使往布腹心。穆遽奉熨斗於高祖，曰：『願以此熨安天下也。』高祖大悦。《隋書》。

衣裳不整，伏狀熨之。何敬容爲工部尚書，衣裳不整，伏狀熨之，或暑月皆爲焳〔二〕。《梁書》。

〔一〕今按：『丘』『於』『箸』『始於』『熨』，諸子集成《淮南子·齊俗訓》分别作『邱』『乎』『槠』『生乎』『熱』。
〔二〕今按：『皆爲焳』，中華書局《南史·何尚傳附敬容傳》作『背爲之焦』。

火滅

《詩》：燎之方揚，寧或滅之。赫赫宗周，褒姒威之。威滅。

《左·昭廿二》：子瑕卒，其師熸。〔一〕熸，火滅。吴子光曰：『楚令尹死，其師熸；令尹死，其師熸。楚可敗也。』

叩頭滅火，伏棺火滅。劉琨義士。

《孟子》：『公孫衍、張儀，安居而天下熄。』陳氏曰：『熄如火之熄滅，以兵猶火故也。』

《書》：不可嚮邇，猶可撲滅。項羽燒其宫室，火三月不滅。《漢書》。

〔一〕今按：『廿二』『子瑕卒其師熸』，《十三經注疏》分别作『二十三』『子瑕卒楚師熸』。

爨

樵蘇後爨。李左車。『樵蘇不爨』。應休連〔一〕。『以釜甑爨』。《孟》。『同爨緦』。《記》。『執爨踖踖』。敬也。《詩》。『折骸以爨』。〔二〕《左·宣十五》。『獨致折〔三〕骸之爨』。『不爨井晨凍』駱。杜。《韓詩外傳》：『冬不頻湯，非愛火也。』杜《覆舟》詩：『無復爨犀船。』温嶠：爨犀照水怪。

突

曲突，墨突。曲突徙薪無恩澤。韓：『墨突不得黔。』

古詩：扁舟任黔突。

〔一〕今按：『應休連』當作『應休璉』。

〔二〕今按：『折』，《十三經注疏》作『析』。

〔三〕今按：『獨』『折』，《全唐文新編》分别作『猶』『析』。

火曰炎上

《書》：『火炎崑岡，玉石俱焚。天吏逸德，烈于猛火。』劉孝標曰：『火炎崑岡〔一〕，礫石與琬琰俱焚。』杜牧曰『崑岡怜積火』是也。蔡沈曰：『炎上，以性言也。炎上者，炎而又上也。』陳大猷曰：『炎上用之於烹飪也。』《書》：『孺子其朋，孺子其朋，其往！無若火始焰焰；厥攸灼叙，弗其絶。』

《易》：『天與火，同人；君子以類族辨物。』傳。天在上，火性炎上。火與天同，故爲同人之義。『火在天上。大有。君子以遏惡揚善，順天休命。』傳。高在天上，照見萬物。『山下有火，賁。君子以明庶政。』傳。火在下而上照，庶類被其光明。『風自火出，家人。君子以言有物，而行有恒。』『上火下澤，睽。君子以同而異。』『木上有火，鼎。君子以正位凝命。』傳。取其端正，正其位，取其安重，凝其命。『山上有火，旅。君子以明慎用刑。』傳。火之在高，明無不照。

〔一〕今按：『岡』，三秦出版社（王友懷、魏全瑞主編）《昭明文選注析》作『嶽』。

曰：《詩》：『叔在藪，火烈具舉，火烈具揚，火烈具阜。』經曰：五行：火曰炎上。伏勝傳曰：『棄法律，逐功臣，殺太子，以妾爲妻，則火不炎上。』

烟 火氣

禁烟，出烟。介子推，三月初一〔一〕，爲火所焚。人哀之，爲禁烟。《列仙傳》：甯封子爲黄帝陶正。有人過之，爲掌火，能出五色烟，以教封子。又能積火自燒，隨烟上下。凌烟閣，狼烟烽。唐畫功臣於凌烟閣。古詩曰『姓字記凌烟』是也。《雜俎》：『狼糞烟直上，烽火用之。』古詩曰『狼烽夜息烟』是也。

『筆陣掃雲烟。』『揮毫落紙如雲烟。』『衣惹御爐烟。』『風烟接素秋。』韓翃詩：『日暮漢宮傳臘燭，輕烟散入五侯家。』李義山《錦瑟》詩：『藍田日暖玉生烟。』

燒盡北船，烟焰漲天，赤壁戰發。『范陽引而南，烟塵千里。』禄山。

〔一〕今按：『一』，山西人民出版社（梁宗懔撰、宋金龍校注）《荆楚歲時記注》作『五』。

燎照也，大燭也

《周禮》：『秋官司烜氏，凡邦之大事，共墳燭庭燎。』庭燎，燭之大者。用松、葦灌脂，在地曰燎，枝之曰燭。柱之門外曰大燭，於内曰庭燎，又謂之門燎。〔一〕。祀郊禮。

《史記》：造禍以求福。猶以鴻毛燎爐炭之上。〔二〕

《周禮·天官·閽人》：大祭祀喪紀之事，設門燎。地燭也。若今大燭，俗所謂粆盆，亦此義也。音莘麻，滓也。

《詩》：『夜如何其？夜未央，庭燎之光。夜如何其？夜未艾，庭燎晣晣。夜如何其，夜鄉晨，庭燎有煇。』火氣。王將視朝，不安於寢，問夜早晚。

齊桓公，趙成公。《記》：『庭燎之百，由齊桓公始也。』注：僭天子也。天子百，公五十，侯伯子男三十。齊桓公設庭燎，期年而士不至。東野有以九九見者，桓公曰：『九九足

〔一〕今按：『枝』『柱之』，《十三經注疏》分别作『執』『樹於』。

〔二〕今按：『猶』，《史記·刺客列傳》作『夫』。

以見乎？』鄗〔一〕人曰：『九九薄能，而君猶禮之，况賢於九九者乎！』桓公曰：『善！』乃固禮之。期年〔二〕，四方之士相導而至矣。趙成公段作庭燎於杠末，高十餘丈，上盤置燎，下盤置人。虎悦之。文武五百餘人入上尊號，燎油灌下盤，死者二十餘人。虎斬公段。〔三〕

『燎之方揚，寧或滅之。』《詩・正月》。『瑟彼柞棫，民所燎矣。』《旱麓》。咏歌文王之德。

《書》：『若火之燎于原，不可嚮邇。』

焚燒

《易・離》四：『焚如，死如。』《傳》：氣焰如焚，故云：離，四，必被禍害。焚如，死如。《旅》三：『旅焚其次』，『亦以傷矣。』《象》曰。上九：『鳥焚其巢。』《象》：『以旅在上，其義焚也。』

〔一〕今按：『鄗』，四部叢刊初編《韓詩外傳》作『鄙』。
〔二〕今按：『期年』，四部叢刊初編《韓詩外傳》作『期月』。
〔三〕今按：『作』『虎』『五百餘』『入上』『二十餘』，中華書局《晋書・石季龍上》分别作『造』『季龍』『五百九』『勸季龍稱』『七』。

《詩》：『如惔如焚。』《孟》：『烈山澤而焚之。』

《左》魯衆仲曰：『夫兵猶火也。不戢，將自焚也。』

焚詩書，焚讖書。秦皇焚詩書。五帝三皇以來，六經之學，遂亡。隋皇焚讖書。秦漢、晋魏以來，讖記之學遂亡。其利害之相反，亦足有可稱談者焉。《焚書坑》詩曰：『竹帛烟銷帝業虚，關河空鎖祖龍居。坑灰未冷山東亂，劉項元來不讀書。』

焚載書，燒交書。《左·襄十》：盗殺鄭三卿。子孔當國，伐子駟，爲載書，以位序，聽政辟。大夫、諸司、門子不順，將誅之。子産止之，請爲之焚書。子孔曰：『爲書以定國，衆怒而焚之，是衆爲政也。』子産曰：『衆怒難犯，專欲難成，合二難以安國，危之道也。不如焚書以安衆。』乃焚書於倉門之外，衆而後定。注：不於朝内燒，欲使遠近見所燒。淮陽王二年，王霸斬王郎。劉秀收郎文書，得吏民與郎交結間通。謗毁者數千章。秀不省，會諸將燒之曰：『令反側子自安。』《本紀》。

焚裘，焚錦。晋武帝焚雉頭裘於殿前，以示儉。唐玄宗焚珠玉錦繡於殿前，以風俗奢侈故。

濟河，焚舟。秦伯。渡河。燒舍。項羽。

蘭以香故焚。山谷。『象有齒以焚其身，賄也。』《左》。潘岳賦：『鮮林焚而鳥存。』庾信賦：『乍風輕〔一〕而射火。』

周瑜部將黄蓋曰：『操軍方連船舸〔二〕首尾相接，可燒而走也。』燒楚積，燒吴儲。漢三年，漢王使盧綰、劉賈擊破楚軍，燒其積聚。隋開皇八，高熲曰：『江南土薄，舍多茅竹，所有儲積，皆非地窖。密遣行人，因風縱火，待彼修立，復更燒之。不出數年，財力俱盡。』隋主用其策。

自焚，自燒。紂敗于牧野，衣寶玉，自焚。項羽大破秦軍，涉閒不降，自燒殺。介子焚，紀信燒。介子推隱綿上山中，焚其山，抱木而死。漢將紀信，詐爲漢王，以誑楚軍。項羽燒殺紀信。焚炙忠良。書燒殺紀信。見上。

焚書籍，焚樂器。梁元帝將出降，取書籍十四萬卷焚之。庾信賦曰『玉軸揚灰』是也。後唐同光四，伶人郭從謙弑其主存勖。鷹坊人善友，斂樂器覆尸，焚之。

焚銀魚，焚家書。杜贈《柏學士》詩：『碧山學士焚銀魚。』宋富弼使契丹，焚家書。焚香受書，焚香讀章。陶弘景仕齊，爲奉朝請。棄官隱茅山。梁主早與之遊，及即位，

〔一〕今按：『輕』，《歷代賦選》作『驚』。
〔二〕今按：『舸』，中華書局《三國志》作『艦』。

恩禮因篤，每得其書，焚香虔讀。唐宣得大臣章疏：焚香讀。

焚香祝天，焚香祝天。後唐明宗焚香祝天，曰：『願夫〔一〕早生聖人，爲生民主。』後唐潞王，欲更命相，朝臣皆以盧文紀、崔詹儉〔二〕對。唐主不能決，置其名於琉璃瓶，夜焚香祝天，且以箸挾之，遂得文紀。

焚香祝天，焚香告天。宋神宗慎於選士。皇祐五年，廷試。焚香祝天曰：『願得忠孝壯〔三〕元。』乃鄭内相獬也。趙悦道：『日所爲事，夜焚香告天。』

焚廪，焚厩。《史》：使舜塗廪，瞽瞍縱火。舜乃以兩笠自捍而下。《孟子》：『父母使舜完廪，捐階，瞽瞍焚廪。』輔氏曰：『象之人欲，雖熾，舜之天理，常存。』《論語》：『厩焚。子退朝，曰：「傷人乎？」不問馬。』吴氏曰：『恐人救馬而傷，故問人傷否而已，更不問馬？』《家語》云：『國厩，恐非國厩，則馬當問路馬，則又重矣。』〔四〕《雜記》：厩焚，孔子拜鄉人，爲火者，拜之。士一，大夫再，亦相吊之道也。

〔一〕今按：『夫』，《夜航船》作『天』。
〔二〕今按：『崔詹儉』，四部叢刊本《資治通鑒》作『崔居儉』。
〔三〕今按：『壯』，上海古籍出版社《麈史》作『狀』。
〔四〕今按：『國厩，恐非國厩，則馬當問路馬，則又重矣』，未見《家語》有載。

焚父券，焚子文。後漢樊宏，父好貨殖。父終，素所假貸，令焚削文契。宋顧愷之子綽私財甚豐，誘出文券，悉令焚之。焚無用之虚券〔一〕，捐不可得之虚計。

焚巫尫，焚竹木。《僖廿一》：夏旱，公欲焚巫尫。臧文仲曰：『非旱備也。』襄伐齊，孟莊子焚雍門，士弱焚申池之竹木。甘澤慰惔焚。雨。蘭膏繼晷焚。夜。輸忠諫草焚。仕。道喪若坑焚。儒。巫尫不待焚。旱。枯琴擬欲焚。隱。乾坤暑氣正〔二〕惔焚。夏。『焚宫火撤明。』杜。《漢》：薰以香自燒，膏以明自消〔三〕。

珠玉燒，飢火燒。晋平公之時，藏寶之臺燒，士大夫趨車馳馬救火，三日三夜。公子晏子獨束帛而賀曰：『甚善矣！』平公不悦〔四〕，曰：『珠玉之所藏也，國之重寶也，而天火之，士大夫趨車走馬而救之，子獨束帛而賀，何也？』公子晏子曰：『臣聞王者藏於天下，諸侯藏於百姓。今百姓之於外，短褐不蔽形，糟糠不充口，賦歛無已，收太半而藏之臺，是以天火之。』公曰：『善！自今以往，請藏於百姓之間。』《韓詩外傳》。香山寺僧鏡空，遊孤山寺。

〔一〕今按：『焚無用之虚券』，中華書局《史記·孟嘗君傳》作『焚無用虚債之券』。
〔二〕今按：『正』，項安世《謝查元吉借示僕軒今是齋巢室三書》作『如』。
〔三〕今按：『消』，中華書局《漢書·龔勝傳》作『銷』。
〔四〕今按：『不悦』，《韓詩外傳》作『勃然作色』。

有梵僧曰：『子爲飢火所燒。』出一棗，啖之。燒木佛，燒魚尾。丹段師天寒取木佛燒之。雷燒魚尾乃化爲龍。登第宴謂燒尾宴。月窟可焚燒。狂秦劫火燒。無用儒書幾欲燒。高燒銀燭照紅緞〔一〕。悲火燒心曲。悔至心自燒。銀臺絳蠟燒。燭。紅爐獸炭燒。冬。

炬 火城，束葦燒也。本作『苣』。《皇甫嵩傳》『束苣乘城』

元日，冬至，宰相列燭五六百炬，謂之火城。衆皆滅燭避之。王元之《記》：『相君啓行煌火城。』東坡詩『萬人争看火城還』是也。

飛炬，猛炬：魯奇死戰，因飛炬焚，橋樓傾燒。蜀兵大敗〔二〕。《岑彭傳》。宋王仲德初自北奔晋，追騎急，夜行忽見前有猛炬導之，乃免。史。

兩炬，十炬。梁武帝爲齊將，救司州，夜行失道。見如持兩炬者，隨之得道。史。晋苻

〔一〕今按：『高燒銀燭照紅緞』，黑龍江人民出版社《蘇東坡詩詞文譯釋·海棠》作『故燒高燭照紅妝』。

〔二〕今按：『傾』『敗』，中華書局《後漢書·岑彭傳》分别作『崩』『亂』。

豎遣慕容垂攻桓冲，夜命人持十炬火，繫於樹，光照十數里。冲懼，退。史。

作炬灌油，兩炬三頭。侯景攻建業，作尖項〔一〕木驢，攻城。梁羊侃，作雉尾炬，施鐵鏃，以油灌之，擲驢上焚之。史。漢廉範守雲中，匈奴大入。令軍士交縛兩炬，三頭爇火，營中星列。虜謂救至，大驚。將追〔二〕，斬首數百級。

目光如炬，目光如炬。後周齊王憲，南宋檀道濟。

一炬，千炬。杜牧《阿房宫賦》曰：『楚人一炬，可怜焦土。』楊家子弟，上元，各有千炬燭圍〔三〕。《開元事》。

金蓮花炬送院。令狐。金蓮花炬送院。東坡。

花摧〔四〕蠟炬銷。獨宿江城蠟炬殘。列炬散林鵲〔五〕。題詩蠟炬紅。

〔一〕今按：『項』，中華書局《梁書・羊侃傳》作『頂』。
〔二〕今按：『追』，中華書局《後漢書・廉範傳》作『退』。
〔三〕今按：『楊家子弟』『圍』，《開元天寶遺事十種》分别作『楊國忠子弟』『圍』。
〔四〕今按：『摧』，《全唐詩》杜甫《西閣三度期大昌嚴明府同宿不到》作『催』。
〔五〕今按：『鵲』，《全唐詩》杜甫《杜位宅守歲》作『鴉』。

燈燈火。《吕静韵集》『無足曰燈，有足曰錠』

天燈，聖燈。《地理訪》：太華山自有天燈，廬山有聖燈巖。

心燈，鰧燈。張正甫《觀音碑》：繼傳心燈云云。《天寶遺事》：南方有魚多脂，照紡績則暗，照宴樂則明，謂之『鰧燈』。〔一〕

一燈，孤燈，佛燈。貧家以一燈供佛，三世不滅。選〔二〕詩：孤燈寒照雨。

影燈，漆燈。《彩燈記》：洛陽元夜，以影燈多者爲上，其相勝之辭曰：『千影萬燈〔三〕。』《江南野史》：沈彬居有一大樹，恒曰：『我死可葬於是。』既葬穴之，乃古塚，其間一古燈臺，上有漆燈一盞廣頭銅碑篆文曰：『佳城今已開，雖開不葬埋，漆燈猶未爇，留待沈彬來。』

〔一〕今按：《開元天寶遺事十種》原作：南中有魚，肉少而脂多，彼中人取魚脂煉爲油，或將照紡緝機杼，則暗而不明；或使照筵宴，造飲食，則分外光明。時人號爲鰧魚燈。

〔二〕今按：『選』，南京大學出版社《唐詩鑒賞》作『唐司空曙《雲陽館與韓紳宿别》』。

〔三〕今按：『燈』，中華書局（唐馮贄）《雲仙雜記·上元影燈》作『影』。

長明燈，無盡燈。江寧縣寺有晋時長明燈，色變青不熱。隋平陳，猶不滅。《維摩經》：諸弟子〔一〕，有法門名無盡燈，譬如一燈然百千燈。萬枝燈，九光燈。坡：『前年侍玉案，端午萬枝燈。』〔二〕《内傳》：漢武祈王母於宮中，燃九光之燈。

五枝燈，九枝燈。韓國夫人置五〔三〕枝燈樹。錢惟寅詩：『九枝火樹連金秋。』

觀燈。觀燈：唐中宗景龍四年正月，觀燈於市。書法，凡觀，譏也。觀燈，譏之甚也。於市里，又甚矣。開元元年二月，御樓觀燈，大酺。左拾遺嚴挺之以爲：『損萬人之力，營百戲之資，非所以光聖德美風化也。』晋陵尉楊相如疏曰：『隋氏以縱欲而亡，太宗以抑欲而昌。』人主不可不慎擇也。酺音蒲，王德布，大飲酒也。發明，睿宗在上，太平昏惑；玄宗未免曲意奉承，嬉戲爲樂，有此舉爾。

然燈遊戲，觀燈踏歌。開皇三，侍御史柳彧奏：『竊見京邑，爰及外州，每以正月望夜，

〔一〕今按：『弟子』，黑龍江人民出版社（後秦釋鳩摩羅什譯、後秦釋僧肇注、唐釋佛陀多羅譯、後秦釋宗密疏，常净校點）《維摩詰所説經》作『姊』。

〔二〕今按：『案』『午』，商務印書館（宋龔頤正）《芥隱筆記》分别作『輦』『門』。

〔三〕今按：『五』，《開元天寶遺事十種》作『百』。

燃燈遊戲。』『男女混雜，緇素不分。』『穢德因此而生，盜賊由斯而起。』『無益有損，請行禁斷。』〔一〕從之。　先天初，上御安福門觀燈。　令朝士能文者，爲《踏歌》。　聲調入雲。　唐《輦下記》。

觀燈，建燈。　『開元十八年正月望日〔二〕，帝謂葉法師曰：「何處極麗？」曰：「無逾於廣陵。」俄而虹橋起殿前。　帝步而上。　太真、高力士從，俄頃到廣陵。』『仙人見于五色雲中。』觀陳設之盛，燈火之光。　敕伶官奏《霓裳羽衣》一曲。《幽怪録》。　上在東都，正月望夜，移仗上陽宮，大陳燈影。　都匠毛順巧思，結繒爲燈樓二十間，高一百五十尺。　懸珠玉金銀。《開元遺事》。

張燈被劾，張燈破賊。　元祐間，蔡太師守永興。　上元陰雨，十七雨止。　欲再張燈，或曰：『備城庫貯油，不可妄動。』亟命取用，爲轉運使所劾。　呂伋公〔三〕曰：『用油數千斤，何足加罪？』《宋記》。　狄青宣務廣西。　儂智高守崑崙關。　青至賓州，上元張燈。　首夜享將佐，

〔一〕　今按：『德』『無益有損請行禁斷』，中華書局《隋書・柳彧傳》分別作『行』『非益於化，實損於民，請頒行天下，並即禁斷。《北史》亦有載。

〔二〕　今按：『日』，上海古籍出版社（唐牛僧孺撰，唐李復言撰，姜雲、宋平校注）《玄怪録》（宋人改稱《幽怪録》）作『夕』。

〔三〕　今按：『呂伋公』，四庫全書（宋徐度）《卻掃編》作『呂汲公』。

次夜宴從官。一鼓青稱疾輒起。令孫元規主席，使人勞坐客。至曉，各未敢退。忽有馳報：是夜三鼓，青已奪崑崙矣。《筆談》。〔一〕

燈夕賜詩，燈夕攫兒。至道元年燈夕，太宗御樓。時李昉致仕，以安輿召至，賜坐。上親酌御尊飲之。選肴核之精者賜焉。因賜詩焉。神宗朝，王韶在京師，元夕張燈，家人步出觀焉。幼子寀，珠帽象〔二〕服，憑肩〔三〕以從。轉眄已失所在。居旬日，内出犢車至第。中大人下宣旨，抱南陔寀自號。以出。乃知是夕姦人利其服，負而趨。適内家裝車將入東華，南陔攀幰呼。中大人抱置之膝上，問誰氏。對曰：『韶之子也。』命載以歸。賜壓驚金犀錢。其機警見於幼年者，如此。岳珂《桯史》。

《論買燈狀》：東坡伏見中使買浙燈四千餘盞，陛下又令減價收買，盡欲拘收，禁止私買。此不過以奉二宫之歡，而極天下之養耳。然大孝在乎養志，百姓不可户曉，皆謂陛下以耳目不急之玩，奪口體必用之資。喜燈之民，例非豪民，惟可添價貴買，豈可減價

〔一〕今按：『務』『享』『輒』，上海出版公司（宋沈括著，胡道静譯）《夢溪筆談校譯》分别作『撫』『燕』『暫』。
〔二〕今按：『象』中華書局《楹史》作『襐』。
〔三〕今按：『肩』，中華書局《楹史》作『肩』。

餞酬。〔一〕

然燈始末。或云以漢祀太乙故事。梁簡文帝有《列燈》。陳後主有《光璧殿遥咏山燈》詩。唐明皇先天中，東都設燈。文宗開成中，以燈迎太后。自唐以前，歲不常設。《春明退朝》。〔二〕

葛燈籠，劾燈籠。宋武帝葛罩燈之籠。唐介劾文彦博燈籠之媚，貶嶺外。

龍膏，豹髓。王子年《拾遺記》：海人乘霞舟，以雕囊盛數升龍膏獻燕昭王。昭王坐通雲臺，燃龍膏爲燈，火色曜百里，煙色如丹不息。〔三〕《洞冥記》：武帝得丹豹之髓，白鳳之膏，照於神壇，夜暴雨，光不滅。

蟠螭，金釭。《西京雜記》：漢高入咸陽，奉〔四〕有青玉五枝燈，高七尺五寸，下作蟠螭，口啣燈，然則鱗甲皆動，焕炳若列星盈盈。班固《西都賦》：『金釭銜璧，是爲列錢。』

紫殿九華燈。宫。黄卷十年燈。士。過眼百世如風燈。江湖夜雨十年燈。

〔一〕今按：『論買燈狀』『欲』『喜』，商務印書館《蘇東坡集》下册分别作『諫買浙燈狀』『數』『賣』。
〔二〕今按：『祀太乙』『璧』『以』，中華書局《春明退朝録》分别作『祠太一』『壁』『建』。
〔三〕今按：『通雲臺』『燃』『曜』，《太平御覽》分别作『通霞臺』『以』『耀』。
〔四〕今按：『奉』，《初學記》《太平御覽》作『秦』。

常生，恒滿。《拾遺記》：周穆王設常生之燈。《西京雜記》：『丁諼作恒滿燈，九龍五鳳。』

京師燈棚，絞縛山棚，立木正對，金碧相射，錦綉交輝。面北結綵山，山上畫神仙。金書大牌，中曰『都門道』，左右曰『禁衛之門』，上有大牌曰『宣和與民同樂』。置燈燭數百盤〔一〕。詩牌：『天碧銀河欲下來，月華如水照樓臺。』孟元老。

『富家一碗燈，太倉一粒粟。貧家一碗燈，父子相聚哭。風流太守知不知，惟恨笙歌無妙曲。』陳烈《題燈》。燈光散遠近。青燈死分翳。君看燈燭長〔二〕，轉使飛蛾密。有燈則有蛾，有欲則有争。玉蟲膏冷暗。〔三〕銀缸蝴蝶飛。燈引夢長。頭白燈明裏，何須花燼繁。不須燈。燼繁華。李白詩：『燈燭熒熒照孤枕〔四〕。』杜詩：『燈花何太喜。』小杜詩：『孤燈但客

〔一〕今按：『京師燈棚』『綵』『百盤』，山東友誼出版社（宋孟元老撰，李士彪注）《東京夢華録》分别作『開封府』『彩』『十萬盞』。

〔二〕今按：『長』，《全唐詩》杜甫《寫懷》作『張』。

〔三〕今按：『玉蟲膏冷暗』：宋陸遊《燕堂東偏一室夜讀書其間戲作》詩之二：『油減玉蟲暗。』《夜坐》：『漸暗玉蟲寒有燼』。

〔四〕今按：『枕』，《全唐詩》李白《搗衣篇》作『寢』。

船。』傅玄賦：『華燈若乎大〔一〕樹，熾百枝之煌煌。』庾信賦：『輝輝朱燼，焰焰紅熒。』〔二〕

燈花 玉焰，金英

《西京雜記》：陸賈曰：『目瞤有酒食，燈花得錢財。』

韓詩：『今夕知何夕，然花錦帳中。更頻將喜事，來報主人翁。』〔三〕

諸大綬詩：非裁非剪亦非裁，却是燈中吐出來。無一寸根從地出，有三四朵帶顔開。開時不爲春光趲，落處何因夜雨摧。幾度飛蛾來撲滅，夢魂疑是蝶徘徊。不假裁培力，非由造化工。金粟綻開紅火裏，錦蓮從出紫霞中。猶勝火蓮開水國，直疑月桂落人家。閃閃青輝惟半夜，熒熒紅焰不争春。

〔一〕今按：『大』，中華書局《南齊書·禮志上》作『火』。
〔二〕今按：『熒』，古典文學出版社（北周庾信著，譚正璧、紀馥華選注）《庾信詩賦選》作『榮』。
〔三〕今按：『然花』『頻』『翁』，《全唐詩》韓愈《咏燈花同侯十一》分别作『花然』『煩』『公』。

燈檠 二尺，三冬，紙籠，蕙帳

宋潛爲巡撿，故人〔一〕趙當訓其子弟。忽見美婦人立燈下，唱曰：『郎行久不歸，妾心傷亦苦。祇畏羅帕風，泣背西窗雨。』滅燈就寢，又唱曰：『一自滅來音信杳，相思瘦得肌膚小。秋夜迢迢更漏長，守盡寒燈天未曉。』又曰：『獨倚朱扉翠黛顰，傷嗟良夜暫相親。如今且伴才郎宿，應爲才郎喪此身。』潛往觀之。一婦人唱曰：『向曉臨鸞拂黛眉，紅妖艷冶照羅幃。不辭夜夜偷相訪，只恐傍人又得知。』宋大呼，遽入以手把之，乃一燈檠耳。遂焚之。〔二〕

韓愈《短檠歌》：長檠八尺空自長，短檠二尺便且光。黄帘緑幕朱户閉，風露氣入秋堂涼。裁衣寄遠淚眼瞻，搔頭頻挑移近床。太學儒生東魯客，二十辭家來射策。夜書細字綴語言，兩目眵昏頭雲白。此時提挈當眼前，看書到曉那能眠。一朝富貴還自恣，長檠高張

〔一〕今按：『故人』，中華書局（金元好問撰）《湖海新聞夷堅續志》作『招』。

〔二〕今按：『宋』『把』，中華書局《湖海新聞夷堅續志》（古小説叢刊）分别作『趙』『抱』。

照珠翠。吁嗟世事無不然，墻角君看短檠棄。范應期詩：『韓公八尺太高長，二尺相親便且光。不避蘭〔一〕油從潤澤，每求燈火自熒煌。用來提挈明時出，舍即拋離暗地藏。富貴他年應不棄，綺筵移上照壺觴。』

蠅頭隨處卞，蛾影豈容侵。

燈籠 絳紗冰繭，净紙素紗，熒煌照耀，映光綴影

東坡詩：『暫留紅袖，少却燈籠。』沈約《宋書》：宋高祖清簡寡欲，床頭有土障，壁上燈籠。陳摶詩：空虚員薄更輕清，信是良工巧結成。外面十窗雖障隔，中心一點獨光明。月華寒映白雲母，霞彩暖回紅水晶。幾度玉樓春宴罷，照歸紫陌夜三更。焰隔輕綃風莫妒，光團細幕雨難欺。『萬窗花眼密，千隙玉虹明。』范成大詩。

湘筠爲骨十分清，爲燭防風巧制成。

〔一〕今按：『蘭』，范應期《玉拙堂集》作『膏』。

燈杖依光傍火，入用堪憐

瞿存齋詩：摎比金篦制造成，蘭膏燒盡剔紅英。指揮鉛膏蛾難近，鎮壓銀釭鼠不驚。只戀簡編依凈几，不貪珠翠上長檠。主人若去登天禄，擬效青藜照夜〔一〕明。身似田單那怕火，爐如紀信不辭焚。提身才智成形妙，致用光輝及物多。淬礪三冬學，熒煌二尺長。懼明堪體爛，傷暗肯身勞。形微忱恐暗，額爛爲誰明。爛額燋頭寧惜己，燭幽破暗願存心。寸心依釭常盡力，終宵傍火不離身。

王子母疾，以竹爲燈纘其燈。照耀訖夜極明。此纘枝葉，孝感所致。見竹門。

漁燈熒煌明滅，寒光冷焰

楊月軒詩：一點松膏夜似年，紅光映水水如天。幾然暗雨經嚴瀨，長裊寒煙過渭川。

〔一〕今按：『夜』，藝文印書館（瞿佑著）《咏物詩・燈杖》作『眼』。

波底照殘紅鯉躍，沙邊驚起白鷗眠。孤舟有客推蓮玩，疑是流星燦燁然。蘆花深處訝流星，慣見沙鷗不自驚。一點寒江上，孤光遠水中。江風欺冷焰，海月奪清輝。熒熒來別浦，點點照清灘。共訝蓮花開遠浦，好觀星點燦寒江。熒熒冷焰浮沙磧，燦燦寒光映岸濱。淡影煌煌揺遠浦，寒光燁燁漾長洲。一點寒光風爍爍，月斜烟淡炯微明。更盡開窗遥見處，恍疑螢火照滄浪。

書燈星點螢光，照字校書

韓：『燈火稍可親，簡編可卷舒。』張天覺：『幾爲吟詩苦，留光到夙興。』朱復之《無油歌》：君不見萊公酣歌撤清曉，銀蠟成堆燒不了。又不見齊奴帳下還〔一〕佳人，平生爨蠟不爨薪。南園花蜂巧心計，祇爲渠濃照珠翠。生憎詩客大酸寒，略不分光到文字。欲學鑿壁衡，鄰火夜不明。欲學囊螢車，十月霜無螢。人生窮達真有分，大鈞高高不須問。

〔一〕今按：『還』，宋朱復之《冬夜讀書無油歌》作『環』。

章鄰松詩：文光煥發艷金蓮，繼日誰欺暗室天。一字有訛能炳若，六經無隱不昭然。照開夢眼觀今古，剔起灰心對聖賢。太乙之精如我顧，青藜願借一宵燃。銀釭光閃閃，寶訓誦琅琅。

佛燈

禪庵佛殿，長明久照，朝昏春夏，經年照夜，常花不夜。

高邁《長明燈頌》：一籠而四時長花，滿室而終歲不夜。

顔潛庵詩：一點長明古佛前，沉沉紺宇夜如年。紅光吐滿琉璃碗，絳焰開成菡萏蓮。爍破冥途宜進步，照通法界好參禪。老僧坐對更闌後，誦遍《楞伽》尚炯然。古今長獨暗，晝夜用常明。天猶分日月，燈不間晨昏。寶殿通宵静，蘭釭一點紅。灼灼光無盡，煌煌照莫窮。

曉似紅蓮開沼面，夜如寒月鎮潭心。

燭 **庭燎，燭也**

夜行以燭，以燭繼之。《左》〔一〕：『晝不操燭，日有餘光。』燭奴執燭，令女執燭。《周禮·宮正》：宮中廟中則執燭。《周禮》：司烜氏以共祭祀之明燭。地燭。庭燎曰地燭。宵燭。螢火也。

玉燭，月燭。《爾雅》：四時〔二〕和謂之玉燭。道光照也。庾信賦：『非玉燭之能調。』杜甫詩『大曆三年〔三〕調玉燭』是也。小杜詩又曰：『仰思調玉燭。』史〔四〕：『太虚爲室，明月爲燭』。古詩〔五〕曰『山月皎如燭』是也。

〔一〕今按：『《左》』當爲『《三國志·蜀志·秦宓傳》』。
〔二〕今按：『時』，《十三經注疏》本作『气』。
〔三〕今按：『三年』，《全唐詩》杜甫《喜聞盜賊番寇總退口號五首》作『二年』。
〔四〕今按：『史』當作『《新唐書·隱逸傳》』。
〔五〕今按：『古詩』當作『《全唐詩》韋應物《同褒子秋齋獨宿》』。

蠟燭，蓮燭。田元均謂『照天蠟燭』。韓翃詩：『日暮漢宫傳蠟燭，清〔一〕烟散入五侯家。』杜牧詩：『蠟燭有心還惜别，替人垂淚到天明。』令狐陶〔二〕召對夜賜，金蓮花燭送歸院。金蓮花燭，至尊方有之。蘇軾入對，已而命撤御前金蓮燭，送歸翰林院。陳經邦詩：『崖燭融成一片銀，數枝澆出最圓均。淚流滴滴如愁夜，花結煌煌不待春。照徹綺筵斟酒客，相親瓊館讀書人。唐朝聖主多加惠，尤把金蓮賜近臣。』

銀燭，玉燭。賈至詩：『銀燭朝天紫陌長。』王勃序：『栖玉燭於玄都，風雷順軌。』

獻蠟，采蠟。孝武時，江夏王義恭獻蠟燭十挺。《後魏書》。荒巖之間，以纊蒙身，腰藤造险。群蜂肆毒，上舍藤下沈壑。採採者蠟，于泉谷兮。煌煌中堂，列花燭兮。新歌緩舞〔三〕，絃柱促兮。荒巖之人，自取毒兮。

顧况絶纓，滅燭，作書燃燭。史：楚莊賜群臣酒，燭滅。有牽美人衣者，美人援絶其冠

〔一〕今按：『清』，《全唐詩》韓翃《寒食》作『輕』。

〔二〕今按：『令狐陶』，中華書局《新唐書・令狐楚傳附綯傳》作『令狐綯』。

〔三〕今按：『緩』，《全唐詩》顧况《采蠟》作『善』。

纓，告王。王命群臣皆絶纓，然後出燭。楚與晋戰，有人力戰，乃絶纓者。〔一〕曹植表：『絶纓盗馬之人赦，楚、趙以濟其難。』是也。

韓魏公帥定武時，作書。侍兵執燭於旁，燭燃公鬚，公以袖揮之，作書如故。少頃，已易其人。恐主吏治之。亟呼曰：『勿易之，渠方解持燭矣。』軍中咸服其量矣。〔二〕

巴祗不然官燭，陳修不然官燭。巴祗與客暗飲，不然官燭。陳修爲豫章，十日一醉〔三〕，不然官燭。

博奕執燭，夜宿斷帶。後魏甄琛博奕，令蒼頭執燭，或睡則加杖。奴曰：『若爲讀書，執燭不敢辭。今博奕是何事也！』琛慚，研習經史。皇甫無逸爲益州長史，夜宿民家，斷帶爲炷，廉介如此。駱賓王啓：清凝夜燭。

〔一〕 今按：『美人援絶其冠纓，告王。王命群臣皆絶纓，然後出燭。楚與晋戰，有人力戰，乃絶纓者』，四部叢刊初編本《韓詩外傳》作『王后扢冠纓而絶之言於王。立出令曰：與寡人飲不絶纓者，不爲樂也。於是冠纓無完者，不知王后絶冠纓者誰，於是王遂與群臣歡飲乃罷。後吴興師攻楚，有人常爲應行，合戰者五，陷陣卻敵，遂取大軍之首而獻之。臣先殿上絶纓者也』。『牽』『楚與晋』『有人力戰乃絶纓者』，四部叢刊初編《説苑》分别作『引』『晋與楚』『有一臣常在前，五合五奮，首卻敵，卒得勝之乃夜絶纓者。』

〔二〕 今按：『軍中咸服其量矣』，商務印書館（丁傳靖輯）《宋人軼事彙編》作『軍府爲之感服』。

〔三〕 今按：『醉』，《太平御覽》作『炊』。

鄰燭，合燭。匡衡讀書鑿壁，照鄰燭。駱賓王啓：收夜光於玄壁，則怪石生輝。《列女傳》：齊女徐吾與鄰婦合燭夜績。吾貧而燭不屬。鄰婦請無與夜績。吾曰：『一室之中，益一人，燭不爲暗。損一人，燭不爲益闇〔一〕，何愛東壁餘光。』幸分之。遂復與績。

聶夷中詩：『我願君王心，化作光明燭。不照綺羅筵，兼〔二〕照逃亡屋。』

炳燭之明，賣燭爲業。晋平公問師曠：『吾年七十，欲學，恐已暮矣。』曠曰：『何不炳燭遊乎？』『老而好學，如炳燭之明。炳燭之明，孰與昧行乎？』陳後主作貧兒村，爲周所敗。妃后賣燭爲業。《隋書》。

齊王如燭，美人載燭。齊王虛之每夜所居有光如燭。時人以爲孝感所致。《南史》。《地境圖》：見美人載燭行，彼其出處，有主矣。

燭不見跋，繼燭見跋。《曲禮》：『燭不見跋。』跋，本也。恐客見之，以夜久，欲辭退也。柳公權浴室召對，繼燭見跋。宫人以蠟淚揉紙繼之。

〔一〕　今按：『益闇』，四部叢刊初編（劉向）《古列女傳》（影印長沙葉氏觀古堂藏明本）作『明』。四部叢刊初編無此『幸分之遂復與績』七字。

〔二〕　今按：『兼』，東方出版中心（徐培均主編）《中國古代詩苑精品》引聶夷中《傷田家》作『只』。

李白詩：『燭龍栖寒門，光曜猶且〔一〕開。日月照之何不及此。』《淮南子》：燭龍在雁門北，蔽於委羽之山，不見日。其神人面龍身而無足。注：龍銜燭以照太陰，身長千里，視爲晝，瞑爲夜，吹爲冬，呼爲夏。

屈原《天問》：『日安不到？燭龍何照？』士贇曰：『天不足西北，無陰陽消息，有龍含火精以照天門也。』

淚滴千行濕。心燃一寸光。温庭筠詩：『白麻紅燭夜。』杜詩：『夜久燭花偏。』宋孫復詩：『六龍西走入崦嵫，寂寞華堂偏轉時。一寸丹心如見用，便爲灰燼亦無辭。』〔二〕

太宗詩：『焰聽風來動，花開不待春。鎮下千行淚，非是爲辭〔三〕人。』

暖烟紅燭雨飄香，珠箔沉沉下建章。有焰只憑心一寸，無愁虚滴淚千行。流蘇帳裏回殘夢，白玉臺前映宿妝。若到蓬山留夜直，金蓮應照寵恩光〔四〕。

〔一〕今按：『且』，《全唐詩》李白《北風行》作『旦』。

〔二〕今按：『寂寞華堂偏轉時』，宋孫復《蠟燭》作『寂寂華堂漏轉時』。

〔三〕今按：『辭』，《全唐詩》李世民《咏燭》作『思』。

〔四〕今按：『寵恩光』，《全宋詩》魯交《燭》作『佩鏘鏘』。

黄山谷詩：『雨露恩光照宫燭。』

《世説》：周仲智謂兄伯仁曰：『君才不如弟，而得重名。』夆蠋燭火擲伯仁。伯仁笑曰：『阿奴火攻，故出下策。』〔一〕

烽燧 烽燧，舉火也。塞烽，邊烽，狼烽，星烽，息烽，夜烽

《韓詩》注：晝曰燧，夜曰烽。臨川吴氏曰：邊火曰烽。有警急則於高處舉之，以爲號也。

舉烽火不至，平安火不至。褒姒不好笑。幽王與諸侯約：有寇至，則舉烽火，召其兵來援。乃無故舉火，諸侯悉至而無寇，褒姒大笑。犬戎寇宗周，王舉烽燧，徵兵不至。天寶十五，賊入關。及暮，平安火不至。

四烽，六烽。《本紀》：隋法：『賊少，舉二烽；來多，舉三烽；大逼，舉四烽。』王世充營於黑石，圍李密於月城窟。密直趨黑石，連舉六烽，乃解圍。

〔一〕　今按：『夆蠋』『故』，諸子集成《世説新語・雅量》分別作『舉蠟』『固』。

謹烽火，嘆烽火。李牧謹烽火。又，烽火謹。隋大業中，晉陽宫監裴寂與劉文静同宿，見城上烽火。嘆曰：『貧賤如此，復逢亂離，將何以自存！』文静笑曰：『時事可知，吾二人相得，何憂貧賤！』

無事舉烽，不置烽燧。武溪子魯居上城，子玉居中城，子倉居下城，以拒王莽。光武遣劉尚征之。尚未至，倉獲白鼉爲臚〔一〕，乃舉烽請兩兄，兄至無事。及劉尚軍來，倉舉火，魯等以爲不實，倉遂戰死。《西陽》。餘見鼉門。唐懿宗咸通元年，王式爲浙東觀察使。討裘甫，諸將曰：『不置烽燧，何也？』式曰：『烽燧所以趣救兵也。今兵盡行，無以繼之，徒驚士民，使自潰亂耳。』

邊陲已息烽。胡塵滅夜烽。三邊已息烽，因已息邊烽。

斥候何劳夜望烽。文章可把壓星烽。

『春色生烽燧。警急烽常報。候火雲峰峻。烽火避〔二〕岡巒。』『烽火晝連光。烽火連朔方。漢家還有烽火燃。烽火燃不息。』李白。『烽火連三月。烽火未專〔三〕停。連山暗烽

〔一〕今按：『臚』，《西陽雜俎·酒食》作『臛』。
〔二〕今按：『避』，《全唐詩》杜甫《垂老别》作『被』。
〔三〕今按：『專』，《全唐詩》杜甫《烽火》作『全』。

燧。烽舉新酣戰，洛陽宫殿化爲烽。烽火年年報虜塵。』杜詩《夕烽》：『夕烽來不近，每日報平安。塞上傳光小，雲邊落點殘。照秦通警急，過隴自艱難。聞道蓬萊殿，千門立馬看。』

炎 **炎，火光上也**

杜詩：『朱炎安在哉？』坡詩：『北窗歸卧等羲炎。』精義到黄炎。『右府參机務，東塗賢〔一〕景炎。』王：『遐追商洛翁，秦火不能炎。』《詩・雲漢》：『赫赫炎炎。』《金人銘》：『炎炎不滅，焰焰若何。』〔二〕張空火傘炎。〔三〕無處避朱炎。潛消暑氣炎。一雨却朱炎。爽氣奪朱炎。天時正赫炎。驅除畏日炎，爐添獸炭炎。權門奔走懶趨炎。六經秦火不能炎。

炎洲，炎方：見火門。

李白：炎方難遠行。五嶺炎蒸地。炎烟生死灰。

〔一〕今按：『賢』，汪原放著《王安石全集・送鄆州知府宋諫議》作『贊』。
〔二〕今按：『炎炎不滅，焰焰若何』，四部叢刊初編本《孔子家語・觀周》作『焰焰不滅，炎炎若何』。
〔三〕今按：『張空火傘炎』，疑爲《全唐詩》韓愈《遊青龍寺贈崔大補闕》：『光華閃壁見神鬼，赫赫炎官張火傘。』

炎風不興選。炎暑爲君寒。

炎上作苦

夏氏曰：火之始炎，未嘗苦也。炎炎不已，焦灼既久，而苦之味成。則苦者，炎上之所作。蔡沈曰：『苦者，五行之味也。』《詩》：『匏有苦葉，誰謂荼苦？』『味苦夏蟲避，翠柏苦猶食。』杜詩。《詩》有：『敦瓜苦。心之憂矣，其毒大苦。』

大苦，甚苦。齊主洋與左右飲，曰：『快哉大樂！』都督王納〔一〕曰：『亦有大苦。』『亡國，身死，所謂大苦。』魏文帝射雉曰：『樂哉！』辛毗曰：『群下甚苦。』

苦口，益骨。張良曰：『毒藥苦口利於病。』《意林》：『多食苦者，有益於骨而觔不利。苦，言藥也。』

吞炭，索蜜。豫讓吞炭爲啞，其友識之曰：『何乃自苦如此？』梁武帝爲侯景所制，口苦索蜜不得，再曰：『荷，荷。』遂殂。

〔一〕今按：『王納』，中華書局《北齊書·王紘》作『王紘』。

《詩》：『采苦采苦，首陽之下。』

《周禮》：食醫：夏多苦。

勤苦

《國語》：『辨其功苦。』堅曰功，脆曰苦。

光武曰：『人苦不知足，既得〔一〕隴，復望蜀。』李白詩：『物苦不自足，得隴又望蜀。』〔二〕

陽惲書：『田家作苦。』

用心太苦，所以爲樂。北齊李廣博涉群書，爲侍御史。忽謂妻曰：『吾向似睡非睡，忽一人出吾身中，曰：「君用心過苦，非精神所堪，今辭君去。」』因恍惚不樂，遇疾積年不起。史。

或曰：『亦有樂乎？』曰：『顔苦孔之卓也。』或人瞿然曰：『兹苦也，祇其所以爲樂也

〔一〕今按：『得』，中華書局《後漢書・岑彭傳》作『平』。

〔二〕今按：『自』，《全唐詩》李白《古風》作『知』。

歟。』《揚子》。

父老苦，少卿苦。漢高祖曰：『父老苦秦苛法久矣。』漢昭帝立，遣任立政等招李陵。陵墨不應，立政曰：『咄，少卿良苦。』《李陵傳》。

李白詩：『寒苦不忍言。』又，『苦戰功不賞。』

古詩：『秦皇何事苦蒼生。』時人有生老病死苦之喻。趙抃無如安石何，惟稱『苦苦』而已。

卷之四

飛鳥部附鳥雀

鳥，長尾禽總名也。

《周禮》：射鳥氏掌射鳥。祭祀，以弓矢歐鳥鳶。凡賓客、會同、軍旅亦如之。羅氏掌羅烏鳥，蜡則作羅襦。中春，羅春鳥，獻鳩以養老，行羽物。掌畜掌養鳥，而阜蕃教擾之。閩隸掌畜養鳥而阜蕃教擾之。注：鵝鶩之屬。夷隸掌與鳥言，祭祀貢卵鳥。歲時共鳥物，共膳獻之鳥。翨氏音翅。掌攻猛鳥。以物爲媒而掎之。掎其脚。以時獻其羽翮。哲蔟氏讀爲擿爵。掌覆夭鳥之巢。惡鳴鳥，若鴞鵩。以方書方，版也。十日之號從甲至癸。十有二辰之號，從子至亥。十有二月之號，從娵至荼。十有二歲之號，從攝提格至赤奮若。二十有八星之號，從角至軫。懸其巢上，則去之。

庭氏掌射國中之夭鳥。若不見其鳥獸，則以救日之弓與救月之矢夜射之。不見鳥獸，謂夜來鳴呼爲怪者。『救日之弓，救月之矢，謂日月食所作弓矢。』

《易·小過·象》：『有飛鳥之象焉。「飛鳥遺之音，不宜上宜下。」上逆而下順也。』《傳》：飛鳥遺之音，過之不遠也。不宜上，宜下。謂上逆而下順也。初六，《象》：飛鳥以凶，不可如何也。《傳》：陰柔在下。過，如飛鳥之迅。上六，飛鳥離之，凶，是謂灾眚。《傳》：違理過常，如飛鳥之迅。《旅》：上九，鳥焚其巢。《傳》：剛不中，而處高。

《詩》：如鳥斯革。有鳥高飛。《斯干》。《菀柳》。伐木丁丁，鳥鳴嚶嚶。嚶其鳴矣，求其友聲。相彼鳥矣，猶求友聲。誕置之平林。鳥覆翼之。鳥乃去矣，后稷呱矣。《生民》。王在靈囿，白鳥翯翯。

《論語》：『鳥之將死，其鳴也哀。』丹鳥，白鳥：螢也，蟁也。

赤鳥，青鳥。文王時，赤鳥銜丹書，集周社。《記·月令》：八月群鳥養羞。十二月征鳥厲疾。《詩》：『肇允彼桃蟲，拚飛維鳥。』《淮南子》：鳥排虛而飛，天地之性也。《詩》：『誰謂雀無角，何以穿我屋。』

放雀，探㲉。申叔曰：『正旦放之，示有生也。』子順曰：『此處委巷之鄙事，非先王之法也。夫雀者，宜受之於上，不宜取之於下，下人非所得制爵也。昔虢公祈神，神賜之土田，是失國而受田之祥也。今以一國之王受民之爵〔一〕，何説哉？』《孔叢子》。趙武靈王自號『主父』，廢長子章。傳國於公子何。章作難〔二〕。章戰敗。何圍主父。飢，探雀鷇而食之。三月餘，餓死。庾信賦曰：『探雀鷇而未飽。』南朝齊杜弼《移檄梁武》：『徒探雀鷇，無救府藏之虚。』是也。

解語鳥，知更雀。侯瑾字子瑜，解鳥音〔三〕。嘗出門見白雀與群雀同行，慨然嘆曰：『今天下大亂，君子小人相與雜居。』《燉煌實録》。裴耀卿勤於王事，常養一雀。每夜至初更時有聲，至五更則急鳴。耀卿呼爲『知更雀』。又於廳前，有一桐樹，至曉則群鳥翔集，故呼爲『報曉鳥』。

雀唧，雀集。右驍衛大將張籛始在雍州出遊近郊。忽有燕雀，唧一銅錢，置之而去。未幾，二雀相鬥畢，各嗛一錢落于前。籛後以所獲三錢，常秘于巾箱，識者以爲大富之徵。右。《晉書》。熙中〔四〕有唐碑，本朝未下時，家雀數千集其上。人惡之，曰：『豈此地將爲漢有耶。』因焚之。蓋夷中無此禽也。已而果然。《劭氏聞見録》。

〔一〕今按：『受民之爵』，四部叢刊初編《孔叢子・執節》作『受民之雀』。
〔二〕今按：『難』，《藝文類聚》作『亂』。
〔三〕今按：『音』，《太平御覽》作『語』。
〔四〕今按：『熙中』，中華書局（邵伯温著）《河南邵氏聞見前録》作『熙州』『蓋』。

完山鳥，翔空鳥。完山之鳥生四子，羽翼已成，哀鳴送之。李白詩曰：『桓山之禽别離苦，欲去回翔不能飛。〔一〕』是也。處士元藏機有二鳥，大類黄鶴〔二〕。每翔翥空中，呼之即至。或令啣珠，或令授人語，謂之『轉信鳥』。《孔帖》。

彈丸，銜環。莊辛謂楚王曰：『夫雀俯啄白粒，仰栖茂樹，鼓翅奮翼，自以爲無患。不知夫王孫公子，左挾彈，右攝丸，以加其頸。晝遊茂樹，夕調酸鹹。』《國策》。弘農楊寶，性慈愛。年九歲，至華陰山，見一黄雀爲鴟梟所搏。懷之以歸，置諸梁上，啖以黄花。十日，毛羽成。朝去暮來，宿巾箱中，如此積年。忽來哀鳴，數日乃去。是夕三更，黄衣童子曰：『我，王母使者。昔使蓬萊，爲鴟梟所搏，蒙君子之仁愛，今當賜受南海。』别以四玉環與之，曰：『令君子孫素白，且從登三公事，如此環矣。』寶之孝大聞天下，名位日隆。子震，震生秉，秉生彪，四世名公。及震葬時，有大鳥降，人皆謂貞孝招也。《齊諧記》。駱賓王啓云：陰山之雀，敢懷餐蕊之心。又：黄衣童子將食德于餐花。蔡邕論『昔日黄雀報恩而至』是也。

楚魂，蜀魄。來鵬《寒食》詩：『蜀魄啼來春寂寞，楚魂吟罷〔三〕月朦朧。』注：蜀魄，子

〔一〕今按：『飛』，《全唐詩》李白《上留田行》作『征』。
〔二〕今按：『黄鶴』，《太平廣記》作『黄鸝』。
〔三〕今按：『罷』，《全唐詩》來鵠《寒食山館書情》作『後』。

規。楚魂，鳥名，一名亡魂。楚懷王卒於秦。後於寒食月夜，人見於楚。吟詩云：『流水涓涓芹發芽，織烏雙飛客還家。荒村無人作寒食，殯宮空對棠梨花。』〔一〕《酉陽雜俎》，乃鬼詩。

雀皆至夕而不見物。人有至夕而昏不見物者，謂之『雀盲』是也。鵂鶹夜察毫末，晝瞑目不見丘山，殊性。《感應録》。

山鳥亦怪衣，百鳥各相命。桑聞再歸中條時，春鳥嘐戛，聞嘆曰：『山鳥亦怪我儒衣歸。』杜甫詩曰『儒衣山鳥怪』是也。《大戴禮·夏小正》：『鳴者，相命也。』『南山有鳥，北山張羅，鳥自高飛，羅當奈何！』宋主築青陵臺，何氏作詩云云。餘見杞梓門。

楚伍舉曰：『有鳥在阜，三年不蜚不鳴，是何鳥也？』莊王曰：『三年不蜚，蜚將衝天。三年不鳴，鳴將驚人。』

《三略》曰：『高鳥死，良弓藏。敵國滅，謀臣亡。』漢祖僞遊雲夢，縛韓信，載後車。

信曰：『果若人言。』

《蒯通傳》：『野禽殫，走犬烹。敵國破，謀臣亡。』

《左·襄十八》師曠曰：『鳥烏之聲樂，齊師其遁。』

〔一〕今按：『芹發芽』，《太平廣記》作『長芹芽』。

《哀廿六年》：宋景公無子，取公孫周之子得與啓，畜諸公宮。得夢啓北首而寢於盧門之外，己爲烏而集於其上，咮加於南門，尾加於桐門。乃立得，即昭公也。

《襄廿八年》：裨竈曰：『歲棄其次，而旅於明年之次，以害鳥帑。周楚惡之。』注：南爲朱鳥，鳥尾曰『帑』。

鶉火，鶉尾。周楚之分秦大鳥也。其觜如金。《記・月令》：『雀入大水爲蛤。』

却火雀，鳴桑雀。順宗時，拘弭國貢火雀。置於火中，火自散。陽宣爲河西〔一〕太守，雀鳴桑間。宣曰：『前有覆車粟。』行數里，果然。

杜詩：『江湖多白鳥。』『巢邊野雀群欺燕。』類賢潔白喻小人欺君子。『得食階除鳥雀馴』。『紅槿花中越鳥啼』。

黄湛養鳥就掌食。無疑忌號『林泉逸老』。烏雀苦肥秋粟菽。高飛燕雀賀新成。

李白《黄雀行》：遊莫近炎洲翠，棲莫近吴宮燕。吴宮火起焚巢窠，炎洲逐翠遭網羅。蕭條兩翅蓬蒿下，縱有鷹鸇奈若何！〔二〕

〔一〕今按：『西』，《太平廣記》作『内』。

〔二〕今按：『近』，《全唐詩》李白《野田黄雀行》作『逐』。

《内則》：鳥皫色而沙鳴。鳥皫色，變無潤。聲沙澌〔一〕。鬱，腐臭。

《内則》：雛尾不盈握，不〔二〕食。

明道先生折黏鳥竿。見主簿門。《倦夜》：『水宿鳥相呼。』陸鳥曰栖，水鳥曰宿。

瑞鳥

赤烏，黄雀。文王時，赤烏銜書，集周社。又見上門。《瑞應圖》：烏含丹書，下孔子庭，化爲黄玉。孔子乃作赤製集。王勃序：援神叙教，降赤製於南宫。杜甫詩『赤雀翻然至』是也。見一黄雀，啖以黄花。見上門。

鳥耘，雀入。禹葬會稽，鳥爲耘。王祥性孝，蚤喪親，繼母朱氏不慈。母思黄雀炙。有雀數十飛入其幕，以供母。鄉里驚以爲孝感所致。

命爵之祥，封爵之祥。圉人魏尚，高帝時爲太史，有罪繫獄。有萬頭雀，集獄樹上，拊

〔一〕今按：『澌』，《十三經注疏》作『嘶』。
〔二〕今按：『不』，《十三經注疏》作『弗』。

翼而鳴。尚占曰：『雀者爵命之祥，其鳴即復也。我其復官也。』有頃詔還故官。《耆舊傳》。

任城魏肇之，初生，有雀飛入手。占者以爲封爵之祥。《異苑》。

集背，入懷。丞相府有將雛鷄，雀飛集其背上，驅之復來，如此再三。令璞占之，此晋王即祚之漸也。高祖于太原斬王威，有白雀飛入高祖之懷。《唐書》。

鶡雀，群雀。京兆尹舍鶡雀飛集丞相府，黄霸以爲神爵〔一〕。張敞奏曰：『丞相圖議上奏，後知從臣敞舍來，止。務相增加，澆淳散樸，有名無實。』開元廿二年秋八月甲申，幽州長史張守珪榆關界内，蚮蚄蟲食田稼，曼〔二〕延入平州。俄頃，有群雀來食此蟲，一日食盡。平州稼穡無有傷者。

妖鳥

異類之鳥，攫擊之物。魏高堂隆疾篤。疏曰：黄初之際，天兆其戒。異類之鳥，育

〔一〕今按：『爵』，中華書局《漢書·循吏傳》作『雀』。

〔二〕今按：『曼』，四庫全書本（清吴寶芝）《花木鳥獸集類》作『蔓』。

長燕巢。此大異也。黄初四年，有鵜躍集于靈芝池。宜防鷹隼〔一〕之臣，可選諸王使典兵。宋康王時有爵生鸇，占之曰：『小而生巨，必霸天下。』臣向愚以爲此黑祥傳所謂黑眚也，猶魯之有鸜鵒爲黑祥也。屬於不謀其咎急也。鸇者，黑色，大於雀〔二〕害。爵也攫擊之物，貪叨之類，爵而生鸇者，是宋君且行急暴擊伐貪叨之行，距諫以生大禍，以自害也。《新序》。

白雀同行，萬雀相殺。侯瑾解鳥音，見白雀與澤雀同行，曰：『君子小人相與雜居。』《燉煌實録》。漢中平三年八月，懷陵上有萬餘雀，先極悲鳴，因鬥相殺，斷頭，懸樹枝。六年，靈帝崩。夫陵者，高大之象也。雀者，爵也。天戒若曰：『懷爵禄而尊厚者，自還〔三〕相害，至滅亡也。』《搜神記》。

《左・襄卅》：鳥鳴于亳社，如曰『譆』。見火灾門。

〔一〕今按：『鵜躍』『鷹隼』，中華書局《宋書・五行志》分别作『鵜鶘鳥』『鷹揚』。
〔二〕今按：『雀』，四部叢刊初編本《新序・雜事》作『爵』。
〔三〕今按：『自還』，《搜神記》作『還自』。

孔雀

《元命包》：火離爲孔雀。《南越志》：不必匹合，正〔一〕以音影相接便孕。亦與蛇偶。一云雌見雄而有子。《博物志》：雄鳴上風，雌鳴下風。《紀聞》：『羅州山中多孔雀。雌者尾短，無金翠。雄者三年有小尾，五年成大尾。自喜其尾，欲栖必擇置尾之地。味如鶂，解百毒，食其肉，飲藥不能愈病。其血與其首，解大毒。南人得卵，使鷄伏之即成。其脚稍屈，其鳴〔二〕。取其尾者，持刀於叢篁自蔽。伺過，急斷其尾。若不即斷，回首一顧，金翠無光。《異物志》：交趾養孔雀，養雛爲媒，捕野孔雀。毛爲扇拂，尾爲方物。《禽經》：鵲見蛇則噪而賁，孔見蛇則宛而躍。

孔雀有德，孔雀辟惡。一、顔貌端正。二、音響清撤。三、行步庠序。四、知時而行。

〔一〕今按：『正』，《太平御覽》作『止』。
〔二〕今按：『若曰都護』四字脱，當補。

五、飲食知節。六、常念知足。七、念不分散。八、小媱。九、知反覆〔一〕。佛以此喻比丘之行義。李衛公言：孔雀辟惡。

『尾端一寸名珠毛。』《西陽雜俎》『因雷而孕。』《山堂肆考》。

《志林》：翠以羽殃身，由來尚矣。或以翣而持婆，亦以羽而飾纛。

于闐之上，西域之獻。魏文帝詔曰：于闐上孔雀尾，文彩五色，遥望曜人眼。世祖時，西域獻孔雀，解人語，彈指應聲起舞。《晋公卿贊》。

廣郡之獻，舟上之銜。宋武帝大明五年，廣郡獻白孔雀，以爲中瑞。《述異記》。檀道濟鎮潯陽，入朝時，人歌曰：『生人作死别，荼毒當奈何。』濟將發舟，所養孔雀來銜其衣，驅去復至。以十三年三月伏誅。《異苑》。

中目，見祥。隋竇毅女生數歲，能讀《列女傳》。毅曰：『此女有奇相，何可妄與人？』畫二孔雀屏間，請昏者射之。高祖最後射，各中一目。隋煬大業十一，有二孔雀飛集，高德裕〔二〕見之。奏以爲鸞。孔雀已飛去，百官稱賀。以德裕肇見嘉祥，拜朝散大夫。

〔一〕　今按：『八、小媱』『九、知反覆』，宗教文化出版社中國佛教文化研究所點校《增壹阿含經》分别作『響』『少於睡眠，亦復少欲』『知於返覆』。

〔二〕　今按：『高德裕』，四部叢刊初編本《資治通鑑・煬皇帝中》作『高德儒』。

書法：直書其事，貶義自見矣。

吹簫而致，解舞之獻。簫史善吹簫，能致孔雀。德宗時，新羅獻孔雀解舞。

鳳凰雄曰鳳，雌曰凰

晨鳴曰發明，晝鳴曰保章，飛鳴曰上翔，〔一〕集鳴曰歸昌，行鳴曰歸嬉，止鳴曰提扶，夜鳴曰善哉，晨鳴曰賀世，飛鳴曰郎都。《論衡》。〔二〕《家語》：『羽蟲三百六十，鳳爲之長也。』『鳳，仁瑞也。』《詩·注》。『鳳，神鳥也。』《格物論》。順之實也，和之極也。《記》：鳳在郊，順之實也。公孫知鳳至，和之極也。《任子》：鳳爲羽族之美，是物之貴也。

〔一〕今按：『保章』，四部叢刊初編本《説苑·辨物》作『保長』。《太平御覽》作『保章』。『飛鳴曰上翔』作『舉鳴曰上翔』。

〔二〕今按：『晨鳴曰發明，晝鳴曰保長，飛鳴曰上翔，集鳴曰歸昌』，未見《論衡》有載；而見於《説苑》《太平御覽》《初學記》。

韓子：僕應之曰：『鳳凰，賢愚皆以爲瑞。』〔一〕

《孟子》：鳳凰之於飛鳥，類也。

多赤者鳳，多青者鸞，多黄者鵷，多紫者鷟。

鳳凰，鶉火之禽，陽之精也。《鶡冠子》。『鳳，火精也。』《詩·注》。

六象，九苞，五文，七德。六象：頭象天，目象日，背象月，翼象風，足象地，尾象緯。九苞：口包命，心合度，耳聽達，舌屈伸。冠矩州，距鋭矩，采乞光，音激揚，腹户。《南山經》：『首文曰德，翼文曰義，背文曰禮，膺文曰仁，腹文曰信。』《抱朴子》曰：『木行爲仁，爲青鳳，頭上青，故曰戴仁也。金行爲義，爲白鳳，纓〔二〕白，故曰纓義也。火行爲禮，爲赤鳳，背赤，故曰負禮也。水行爲智，爲黑鳳，胸黑，故曰向智也。土行爲信，爲黄鳳，足黄，故曰蹈信也。』

《淮南子》曰：『鳳凰之翔至德也，雷霆不作，風雨不興，川谷不澮，草木不摇，曾逝萬仞之上，翱翔四海之外。曾高。過崑崙之疏圃，飲砥柱之湍瀨。』

〔一〕今按：韓愈《與崔群書》作『鳳凰芝草，賢愚者皆以爲美瑞。』

〔二〕今按：『纓』，《全上古三代秦漢三國六朝文第五册（下册）》作『頸』。

《説文》：東方曰發明，南方曰焦明，西方曰鷫鷞，北方曰幽昌，中央曰鳳凰。圖徵。

《禽經》：『青鳳謂之鶡，赤鳳謂之鶉，黃鳳謂之鸞，白鳳謂之鷫，紫鳳謂之鷟。』

《人鏡經》：凡五方之鳥皆似鳳，而非也。東方發明，全身總青。西方鷫鷞，全身總白。南方焦明，全身總赤。北方幽昌，全身總黑。中央鳳凰，全身總黃。

五鳳皆五色，爲瑞者一，爲孽者五[一]。其四皆似鳳，並爲妖：一曰鷫鷞，鳩喙，圓目，至則役之感也；二曰發明，烏喙，大頸，至則喪之感也；三曰焦明，長喙，疏翼，至則水之感也；四曰幽昌，大身，細足，至則旱之感也。朱子曰：『靈鳥。』郭璞曰：『瑞應鳥。』《孔叢子》：『飛者宗鳳，爲其難致也。』《左傳》服虔注：『貌恭體仁，則鳳來儀。』『翠虬睹化益而登玄雲，靈鳳值孟戲而反丹穴。』《抱朴子》。　鱗鳳以形狀爲別，聖人以心神爲異。古者太平之世，鳳凰常居其國而生乳。至夏后始食卵而鳳去之，此則鳳有種明矣。上。

孟戲，人首鳥身。其先爲吴氏馴百禽。夏后之末，民始食卵。孟戲去之，鳳凰隨焉。止於丹山。[二]　此山多竹，長千仞。鳳凰食竹實，孟戲食木實。去九疑萬八千里。《括地圖》。

[一] 今按：『五』，中華書局《後漢書・五行志》作『四』。

[二] 今按：『孟戲』『吴』『丹山』，《太平御覽》分別作『孟虧』『虞』『此』。

梅福上成帝書：『鳶鵲遭害，則仁鳥增逝；愚者蒙戮，則智士深退。』鳶，音緣也。『梧禽不與鴟梟同枝，麟虞不與豺狼連群。』《抱朴子・交際篇》。『梧禽激響于朝陽，麟虞睹〔一〕靈而來出，龜龍吐藻于河湄，景老摛耀于天路。』《詰鮑篇》。蕭韶未九成，靈鳥未來〔二〕儀也。《抱朴子》。

黄帝或鳴，少皞適至〔三〕。黄帝思見鳳凰之象，以問天老。天老曰：『鳳象，鴻前而麟後，蛇頭而魚尾，龍文而龜身，燕頷而鷄喙。首戴德，項揭義，背負仁，心抱忠，翼挾信，足履正，尾繫武。小音合鐘，大音合鼓。食有質，飲有儀，往即文始，來即嘉成。其鳴也，雄曰『節節』，雌曰『足足』。夫惟鳳究百物，通天社，象百狀，達千道，律五音，成九德。去則有灾，見則有福，覽九州，觀八極。』黄帝曰：『於平盛哉！』於是乃備黄冕，帶黄紳，齊于中宫，鳳乃蔽日而降。黄帝降自東階，西面階首，曰：『皇天降兹，敢不承命。』於是鳳乃遂集東囿。食帝竹實，栖帝桐樹。《韓詩》《説苑》。黄帝黄服齊于中宫，坐于洛水之上。有鳳凰集，不食生蟲，不履生草。或止帝之東園，或巢于阿閣，或鳴於庭。其雄自歌，其雌自舞。天老曰：『國安，其主好文，則鳳凰居之。國亂，其主好武，則鳳凰去之。今鳳凰翔於東郊，其鳴

〔一〕今按：『睹』，諸子集成本《抱朴子外篇・詰鮑》作『覩』。

〔二〕今按：『蕭』『未來』，諸子集成本《抱朴子外篇・安貧》分别作『簫』『不紆』。

〔三〕今按：『黄帝或鳴，少皞適至』條：前半部分當據《韓詩外傳》，後半部分當據《説苑》。

音中夷則。』《宋志》。少昊其立也，鳳鳥適適〔一〕，以鳥紀官。二皇鳳至於庭，三代鳳至乎門，周室鳳至乎澤。注：二皇，羲、農。三代，堯、舜、禹。德彌澆〔二〕，所至彌遠；德彌精，所至彌近。』《淮南》。

來儀，栖木。《書》：『簫〔三〕韶九成，鳳凰來儀。』《吳越春秋》：禹時，鳳凰栖於木。

鳳凰秋秋，鳳凰蹌蹌。逸詩曰：『鳳凰秋秋，其翼若干，其聲若簫。有鳳有凰，樂帝之心。』帝蓋謂堯也。『鳳凰蹌蹌，匪堯之庭。』《揚子》。

鳳凰爲鷄，鳳凰司晨。舜父有目失。舜父，夜夢見一鳳凰，自名爲鷄，口銜米以遺己。以《黄帝夢書》占之，此子孫當有貴者。舜占猶之。〔四〕比年糴稻穀中有錢，舜也乃三日三夜仰天自告過。舜前舐之目霍然開。劉向《孝子傳》。帝舜曰：『朕惟不入〔五〕，百獸鳳晨。』《中候》。注：百獸率舞，鳳凰司晨鳴。元帝論云：『鳳闕司晨之功，火無内照之美。』

〔一〕今按：『適』，《十三經注疏》作『至』。
〔二〕今按：『澆』，諸子集成本《淮南子・繆稱訓》作『粗』。
〔三〕今按：『簫』，《太平御覽》作『蕭』。《十三經注疏》本作『簫』。
〔四〕今按：『遺』『猶之』，上海古籍出版社（唐釋道世撰集）《法苑珠林》分别作『哺』『猶也』。
〔五〕今按：『入』，《太平御覽》作『又』。

鳴於岐山，于彼高岡。朱子曰：『舜時來儀，文王時鳴於岐山。』《詩・卷阿》：『鳳凰于飛，翽翽其羽，亦集爰止。鳳凰于飛，翽翽其羽，亦傅于天。鳳凰鳴矣，于彼高岡。雍雍喈喈。』〔一〕

鳴鳥不聞，鳳鳥不至。《書・君奭》：『我則鳴鳥不聞。』《論語》：子曰：『鳳鳥不至，吾已矣夫。』庾信賦曰『嗟有道而無鳳』是也。

楚狂之歌，老子之嘆。《論語》：楚狂接輿歌而過孔子，曰：『鳳兮！鳳兮！何德之衰。』王勃序曰『鳳德終孤』是也。老子見孔子。老子嘆曰：『南方有鳥，其名爲鳳凰。鳳凰之文，戴聖要〔二〕仁，右智左賢。』

儀鳳之歌，獻雛之瑞。周公攝政七年，制禮作樂。鳳凰翔庭，成王援琴而歌曰：『鳳凰翔兮於紫庭，余何德兮以感靈。賴先王兮恩澤臻，于胥樂兮民以寧。』《琴操》。成王著《儀鳳之歌》。成王時，旃塗國獻鳳雛，育於靈禽苑，封泰山，禅社首。文彩炳耀。飛走之類，不復喧鳴。成王崩，冲飛而去。

〔一〕　今按：『凰』，《十三經注疏》作『皇』。
〔二〕　今按：『要』，《太平御覽》作『嬰』。

賈誼賦：『鳳漂漂其高逝兮，夫固自引而遠去。鳳凰翔于千仞兮，覽德輝而下之。』《國語》曰：『周之興也，鸑鷟鳴岐。』

劉禎詩：『鳳凰集南岳，徘徊孤竹根。豈不常辛苦，羞與鳥雀群。何時當來儀，將須聖明君。』〔一〕

李白詩：『鳳飛九千仞，五章備綵珍。銜書且虚歸，空入周與秦。』文王時，赤鳥銜丹書，集周社。『横絶歷四海，所居未得鄰。』謂韓衆、侯生、盧生、徐市〔二〕見幾。李白自況。又：『鳳飢不啄粟，所食惟琅玕。焉能與群鷄，刺蹙争一餐。朝鳴崑丘樹，夕飲砥柱湍。歸飛海路遠，獨宿天霜寒。幸遇王子晋，結交青雲端。懷恩未得報，感别空長嘆。』自比。

杜詩：『鳳曆軒轅記〔三〕。』《左·昭十六》：『鳳鳥氏，曆正也』。杜詩：『鳳穴雛皆好。』『一毛生鳳穴。』

陸雲贊閔鴻：『若非龍駒，當是鳳雛。』司馬徽曰：『此間自有伏龍，鳳雛。』謝鳳字〔四〕

〔一〕今按：『辛』『鳥雀』，黑龍江人民出版社（柴華主編）《古詩源》分别作『勤』『黄雀』。

〔二〕今按：『徐市』即『徐福』。

〔三〕今按：『記』，《全唐詩》杜甫《上韋左相二十韵》作『紀』。

〔四〕今按：『字』當作『子』。

『超宗殊有鳳毛』。杜甫和賈至詩：『欲知世掌絲綸美，池上如今有鳳毛。』『竇侍御，驥之子，鳳之雛。』

誰識人中還有瑞，唐家李渤睹争先。李渤如『景星鳳凰，争先睹之爲快。』

杜牧贈李秀子：『鳳羽参差五色層。』坡：『本與鷦鷯群，寧隨鳳凰族。』〔一〕屈原賦：『鳳凰在笯兮，鷄雉翔舞。』杜詩《鳳凰臺》：在同谷郡。『亭亭鳳凰臺，北對西康州。西伯今寂寞，鳳聲亦悠悠。山峻路絶蹤，石林氣高浮。安得萬丈梯，爲君上鳳頭。恐有無母雛，飢寒日啾啾。我能剖心出，飲啄慰孤愁。心以當竹實，炯然忘〔二〕外求。血以當醴泉，豈徒比清流。所貴王者瑞，敢辭微命休。坐看綵翮長，舉意八極周。自天銜瑞圖，飛下十二樓。圖以奉至尊，鳳以垂鴻猷。再光中興業，一洗蒼生憂。深衷正爲此，群盗何淹留。』思見賢人以致太平。

〔一〕　今按：『寧』，《全唐詩》李白《空城雀》作『不』。
〔二〕　今按：『忘』，《全唐詩》杜甫《鳳凰臺》作『無』。

僞鳳

威鳳，怪鳥。宣帝元康四年，南郡獲威鳳。《宋志》。宣帝神爵元年，詔曰：威鳳爲寶，朕之不明，震于珍物。晋灼云：鳳之有威儀者，與《尚書》『鳳凰來儀』同意。『威鳳以難見爲神，走麝以遺香不捕。』《關尹子》。孫盛與桓温錢云〔一〕：進無威鳳來儀之美，退無鷹鸇擊搏之用。徘徊湘川，將爲怪鳥。《晋書》。梁簡文與劉孝儀令曰：『賢從弟遵威鳳一羽，足以見〔二〕其五德。』《南史》。太宗作《威鳳賦》賜長孫無忌，曰：『有一鳳凰〔三〕，憩翮朝陽。晨遊紫霧，夕飲玄霜。資長風以舉翰，唳天衢而遠翔。』《舊唐》。

五鳳三年，甘露三年。五鳳三年三月辛丑詔曰：『鸞鳳集長樂宫樹上，文章五色，留十餘刻。』《前漢記》。甘露三年二月，鳳凰集新蔡，群馬〔四〕四面行列，皆向鳳凰立，以萬數。《宋

〔一〕今按：『錢』，中華書局《晋書·孫盛傳》作『箋』。
〔二〕今按：『見』，中華書局《南史·劉勉傳附遵傳》作『驗』。
〔三〕今按：『鳳凰』，中華書局《舊唐書·長孫無忌》作『威鳳』。
〔四〕今按：『馬』，中華書局《宋書·符瑞志中》作『鳥』。

志》。胡氏曰：『宣帝之時，天地變異，刑殺過差，鳳凰何爲數來哉？豈宣帝自喜其政？臣下有窺見其微意者，故争言祥瑞以侈耀之，而帝亦以此自欺也與。』

漢建武五采，晋穆帝九子。建武十七年，鳳凰至，高八九尺，毛羽五采，集潁川，群鳥從之。蓋地數頃，留十七日。《東觀記》。穆帝升平四二月辛亥，鳳凰將九子見鄮鄉之豐城。十二月甲子，又見豐城，衆鳥隨之〔一〕。《宋志》。

凰儀殿，鳳凰樓。漢主聰爲劉后起凰儀殿。文帝元嘉十四年，大鳥二集秣陵民王覬〔二〕園中李棄上。大如孔雀，衆鳥隨之。彭城王義康以聞，改鳥所集永昌里，謂之鳳凰里。《宋志》。

起臺于八，因名鳳凰臺。《金陵志》。鳳凰樓在鳳凰臺上。《宫苑記》。李白詩：『鳳凰臺上鳳凰遊，鳳去臺空江自流。』是也。

丹徒之見，宛丘之集。孝武帝孝建元年正月庚申，鳳凰見丹徒揭賢亭〔三〕，雙鵠爲引，衆鳥陪從。征虜將軍王渾以聞。《宋志》。長壽三年十一月，陳州上言：宛丘縣鳳凰集衆鳥

〔一〕今按：『之』，中華書局《宋書·符瑞志中》作『從』。
〔二〕今按：『王覬』，中華書局《宋書·符瑞志中》作『王顗』。
〔三〕今按：『揭賢亭』，中華書局《宋書·符瑞志中》作『惕賢亭』。

數萬，前後翔從，改元儀鳳。《唐志》。〔一〕

待鳳，奏鳳。苻堅時，謡云：『凰凰止阿房。』鳳非梧桐不棲，非竹實不食。乃植梧桐竹數千萬於阿城，以待鳳凰。慕容冲小字鳳，至是，陷堅城，止阿房。《六帖》。〔二〕　天寶十一載，上幸左藏。楊國忠奏：有鳳凰。出納判官魏仲犀見之。遂以仲犀爲殿中侍御史。

得鳳，有鳳。漢宣以皂蓋車賜霍光，至夜車上金鳳亡去，曉乃還。南郡黄君仲，北山羅得一鳳，詣闕。俄飛入光家車上。帝崩，鳳凰飛去。嵇康詩：『翩翩鳳轄，逢此網羅。』是也。岑彭爲潁川太守，有鳳凰。

鳳鳴朝陽，鳳入翰林。自褚遂良等死後，群臣無敢諫者。李善感嘗因事一諫，人以爲『鳳鳴朝陽。』宋太宗時，賈黄中、蘇易簡、宋白、李至、吕蒙正同時拜，扈蒙贈詩曰『五鳳齊飛入翰林』是也。

宋景德之三鳳，金泰和之九子。景德元年五月七日午時，白州三鳳，衆禽周繞，其文五色，冠如金杯〔三〕。申時向北去，州畫圖來上。《貽謀録》。泰和四年六月，磁州鼓山石聖

〔一〕　今按：『長壽三年』，中華書局（宋王溥）《唐會要·祥瑞上》作『上元三年』。

〔二〕　今按：『慕容冲小字鳳，至是陷堅城，止阿房』，中華書局《北史》作『冲小字鳳皇，至是，阿城終爲堅賊』。

〔三〕　今按：『杯』，中華書局（宋王栐撰）《燕翼詒謀録》（唐宋史料筆記叢刊）作『盞』。

臺鳳凰見，衆鳥圍之，大者近内，小者在外，村民懼爲官司所擾，謀逐去之，驅牛數十頭，擊柝從之。即有鷙鳥擊二水牯，於是衆始報官。鳳凰高丈餘，尾作鯉狀。九子差小，翼其傍。鳳爲日景所照，則有二大鳥庇陰之。留三日，摩空而上。縣中三日無鳥雀。民掘臺下，直插金劍，取不能盡，以火鍛欲分之，劍見火化金蟬散飛而去。《癸辛雜志》。

鳳首，鳳頭。徐知諤知潤州，有蜀估持鳳首至，自言得之徼外。狀如雄鷄，朱冠，金喙，文彩焕爛。《南唐書》。《洞玄本行經》云：西方衛羅國王有女，字曰配英，與鳳共處。鳳以羽翼扇女面。女忽有胎，王斬鳳頭，埋著上林丘中〔一〕。生女，名曰皇妃。王女臨丘中，歌曰：『杳杳靈鳳，綿綿長歸。悠悠我思，永與願違。萬劫無期，何時來飛。』鳳鬱然而生，抱女俱飛。

元康之年，少傅之貶。『宋疇議鳳凰下彭城，未至京師，不足美。』故貶少傅宋疇爲泗水太傅。書法：自少傅貶耳，何以書予疇也？書貶疇予其議也。

木鳳，鐵鳳。石季龍與皇后在觀上，有詔書：木鳳口中放赦，百丈緋繩，迴轉飛下。《鄴

〔一〕今按：『配英，與鳳共處』『羽』『上林』，華夏出版社（宋張君房纂輯，蔣力生等校注）《雲笈七籤・金門皓靈皇老君紀》分别作『配瑛，常與共戲』『兩』『長林』。

中記》。古詩『紫鳳朝銜五色書』，李白『恭承鳳凰詔』是也。

凡鳥比鳳。嵇康與吕安善。後來，值安不在。嵇喜延之不入。題門上『鳳』字而去。喜以爲欣，不覺爲『凡鳥』也。王維詩曰『到門不敢題凡鳥』是也。齊王僧虔子慈。謝鳳子超宗，謂慈曰：『卿書何如虔公？』慈曰：『慈書比大人，如鷄之比鳳。』史。

鳳女臺，吊鳥山。蕭史善吹簫，秦穆公女弄玉亦好吹簫，乃妻焉。教弄玉作鳳鳴，築臺居焉。積數十年，鳳凰來集，一朝隨鳳而去。後人名其臺曰『鳳女臺』。今鳳翔府有鳳女祠。李白《鳳臺曲》：『嘗聞秦帝女，傳得鳳凰聲。人吹綵簫去，天借緑雲迎。』是也。吊鳥山，俗傳曰：鳳死於上。歲七月至九月，群鳥集其上。

勿收其租，截取其嘴。本始元年夏，鳳凰集膠東，赦勿收田租稅。書法，光嘗祠鳳凰矣。今而鳳凰集，則光意也。至爲之赦，亦誣矣。杜甫詩：『欲知世掌絲綸美，池上如〔一〕今有鳳毛。』賈至。曾子。又，贈韋濟曰：『鳳沼接亨衢。』晋人中書比鳳凰池。岑参詩：『獨有鳳凰池上客，陽春一曲和爲難。』王維詩：『朝罷須裁五色詔，佩聲歸到鳳池頭。』晋荀勖自書監爲尚書令，人賀之。發恚曰：『奪我鳳凰池，何賀之有！』白樂天與元微之各有一子，詩

〔一〕今按：『如』，《全唐詩》杜甫《奉和賈舍人早朝大明宮》作『於』。

曰：『莫慮鵷雛無浴處，即應重入鳳凰池。』左思賦：『鷙鷲食其實，鵷雛擾其閤〔一〕。』始元三年，東海之祠。始元三年十月，遣祠鳳凰于東海。書法，書祠鳳凰有學術者，病霍光也。不至是，甚矣。

《朱鳳行》：『君不見瀟湘之山衡山高，山巔朱鳥聲嗷嗷。側身長顧求其曹〔二〕，翅垂口噤心甚劳。下愍百鳥在羅網，黄雀最小猶難逃。喻吴興民困。願分竹實及螻蟻，盡使鴟鴞相怒號。』喻盗賊。

鸞

《元命包》：『火離爲鸞。』《禽經》：『鸞，瑞鳥。赤曰丹鳳，青曰羽翔，白曰化翼，玄曰陰翥，黄曰土符。』《瑞應圖》：赤神之精鸞鳥者：鳳凰之佐。鳴中五音，肅肅雍雍。人君進退有度，親疏有序，則至。一本：心識鐘律，律調則至。鸞者，鳳鳥之亞。始生類鳳，久則五

〔一〕今按：『閤』，《歷代賦選》作『間』。
〔二〕今按：『鳥』『曹』，《全唐詩》杜甫《朱鳳行》分别作『鳳』『群』。

彩變易。故字從變省。《禮斗儀》曰：天下太平安寧，則見。其音如鈴，䜌寧〔一〕然也。周之文物，大備法車之上，綴以大鈴，如鸞之聲也。後改爲鑾。《禽經注》。《運斗樞》曰：『天樞德〔二〕，則鸞集。』軒轅之國，女牀之山：軒轅之國，諸天之野，鸞鳥自歌。鳳鳥自舞，鳳凰卵，民食之。《海外西經》。〔三〕女牀之山有鳥焉，其狀如翟而五彩文，名曰『鸞鳥』。見則天下安寧。

廣野，沃野。《海内經》：廣都之野，鸞鳥自歌。《大荒》：西沃野，鸞鳥自歌。

北狄之國，崑崙之圖。北狄之國，有五采鳥三名：一曰皇鳥，一曰鸞鳥，一曰鳳鳥。上。《崑崙圖》云：『鸞鳥似鳳而白纓，聞樂則蹈節而舞，至則國安樂。』其雌曰和。《抱朴子》。

九色之多，一奮而絶。軒渠國多九色鳥，青口、緑頸、紫翼、紅纓〔四〕、紺頂、丹足、碧身、緗背，亦名九尾鳥，亦名錦鳳。青多紅少，謂之繡鸞。或云是西王母之禽也。鸞見類則鳴。懸鏡照之，鸞睹影，悲鳴，一奮而絶。

〔一〕今按：『䜌寧』，影印文淵閣四庫全書（舊本題師曠著，晉張華注）《禽經》作『䜌䜌』。
〔二〕今按：『德』，《藝文類聚》作『得』。
〔三〕今按：『天』，《山海經》作『沃』。
〔四〕今按：『纓』，中華書局（元馬端臨）《文獻通考》作『膺』。

當成王之時，有氐羌之獻。《説文》：成王時，氐羌獻鸞。相如賦：『前長離而後矞皇。』舊説云鸞也。張衡賦：『前長離使拂羽。』注：長離，鳳也。《漢・樂志》。潘岳詩：『婉婉長離，凌江而翔。英英朱鸞，來自南岡。』傅咸詩：『雙鸞游蘭渚，二離揚清輝。』皆以離爲鳳。《禽經》：『鳳翥鸞舉，百羽從之。鳳靡鸞吪，百鳥瘞之。』《埤雅》：『乾皋斷舌則坐歌，孔雀拍尾則立舞，人勝之也，鸞入夜而歌，鳳入朝而舞，天勝之也。』〔一〕《思玄賦》：『感鸞鷖之特栖兮，恐淑人之稀合。』《離騷經》曰：駟玉虬以乘鷖兮，溘埃風余上征。王逸曰：『鷖，鳳名也。』《廣雅》曰：鷖〔二〕，鳳屬也。《山海經》曰：『蛇山有鳥，五色，飛蔽日，名鷖鳥。』九疑山，有五彩之鳥，名鷖。

僞鸞

太清之鸞，大業之鸞。梁武帝太清元年，捨身重雲殿時，海中浮鵠山。女人年三百

〔一〕今按：『埋雅』『皋』，四庫全書《禽經》分别作『埤雅』『車』。

〔二〕今按：『鷖』，江蘇古籍出版社（清王念孫撰）《廣雅疏證》作『翳』。

歲，女官道士四五百，年並出百。遣使獻紅席，帝方捨身，其使適至，云：『此草嘗有紅鳥居下，故爲名。』觀其圖狀則鸞鳥也。隋煬帝大業十一年，有二孔雀自西苑集朝堂。校尉高德孺十餘人奏以爲鸞。孔雀已去，無可得驗。於是百官稱賀，詔以德孺誠心冥會，肇見嘉祥，擢拜朝散大夫。餘人皆賜束帛。仍于其地，造儀鸞殿。《唐會要》。煬帝不究其虛，即以爲瑞，名殿儀鸞，嗤笑至今。李世民執西河郡丞高德孺〔一〕，數之曰：『汝指野鳥爲鸞，以欺人主，取高官。吾興義兵，正爲誅佞人耳。』遂斬之。

重泉之集，華陰之栖。王阜爲重泉令，鸞鳥集至學宮。阜使椽沙疊爲張雅樂，擊磬。鳥舉足毛翼，應聲而舞。止縣庭，留十餘日。〔二〕王勃序：『重泉之惠訓大行。』是也。《東觀漢記》。辛繕，字公文，治《春秋》讖緯，隱居華陰。光武徵不至。有大鳥，高五尺，鷄頭、燕頷、蛇頸、魚尾，五色備舉而多青，栖繕槐樹，旬時不去。弘農太守以聞，詔問百寮，咸以爲

〔一〕今按：『高德孺』，中華書局《新唐書·太宗本紀》作『高德儒』。

〔二〕今按：『至』『椽』『毛』『止』『留十餘日』，中州古籍出版社（漢劉珍等著、吴樹平校注）《東觀漢記》分别作『止』『掾』『垂』『上』『十餘日乃去』。吴樹平校注云：『姚本作「阜使官掾沙疊爲張雅樂」，聚珍本作「阜使五官掾長沙疊爲張雅樂」，書鈔卷七八、類聚卷九十、卷九九引作「阜使掾汝疊爲張雅樂」，《御覽》卷九一六引作「阜使掾沙疊爲樂」，孰是孰非，不能確考。』

怪。太史令蔡衡對曰：『多青色者鸞。此鳥多青，乃鸞，非鳳也。』王公咸遜位避，繕不起。《决疑注》。〔一〕

仙藥有蒼鸞，豫章有鸞岡。西王母曰：仙藥有蒼鸞。《漢武内傳》。豫章有鸞岡，洪崖先生乘鸞所憩泊也。謝莊賦詩，鸞岡四周有水，謂之鸞陂。《水經注》。

伏鸞之號，紫鸞之往。《雜記》：鄧艾號伏鸞。杜甫詩：『紫鸞無近遠。』寄鄭李。注：高才之人，無論遠近而往。

鵬

《揚子》：或問『君子』。『在治曰若鳳，在亂曰若鳳。注：治則見，亂則隱。鷫朋遴集，食其潔者矣。』朋及鵬，皆古鳳字。鵬鳥象形。鳳飛，群鳥從以萬數。故名朋黨字。〔二〕

大鵬之徙，大鵬之雛。《莊子》：北溟〔三〕有魚，其名爲鯤。鯤之大，不知其幾千里也。

〔一〕今按：『怪』『王公』『決疑注』，《藝文類聚》分别作『鳳』『三公』『决録注』。

〔二〕今按：『故名朋黨字』，浙江古籍出版社(漢許慎撰、清段玉裁注)《説文解字》作『故以朋爲朋黨字』。

〔三〕今按：『溟』，諸子集成本《莊子集解・逍遥遊》作『冥』。

化而爲鳥，其名爲鵬。怒而飛，其翼若垂天之雲。鵬之徙于南溟也，水擊三千里，摶扶摇而上者九萬里。去以六月息者也。背負青天而夭閼者，而後乃今將圖南。楚文王时，有人獻一鷹，爪頭神爽，殊絶常鷹。獵於雲夢，此鷹遠視雲際。俄而雲際有一物，鮮白而不辨其物，鷹見之便竦翮而升，矗若飛電。須臾，羽墮如雪，血下如雨，有一大鳥墮地而死。度其兩翅，廣數千里。〔一〕博物君子曰：『此大鵬雛也。』《幽冥録》。漢武帝时，西域黑鷹，得鵬雛，衆莫識，東方朔識之〔二〕。

翅爲水桶，羽蔽千人。崑崙層期國出大鵬，飛則蔽日，能食橐駝。人得其翅，裁爲水桶。〔三〕元成皇帝西征萬餘里，有大鳥其羽足以蔽千人，蓋鵬類也。李白《大鵬賦》：『噴氣則六合生雲，灑毛則千里飛雪。塊視三山，杯看五湖。』李白詩《臨路歌》：『大鵬飛兮振八裔，中天摧兮力不濟。餘風激兮萬世，游扶桑兮掛右〔四〕袂。後人得之傳此，仲尼亡兮爲誰出涕。』自嘆。杜詩：『六月曠摶扶。』喻賢不用。『鵬圖仍矯翼。』喻當晋擢。又曰：『鵬礙九

〔一〕今按：『頭』『千』，《太平御覽》分別作『距』『十』。
〔二〕今按：『西域黑鷹』，《藝文類聚》作『西域獻黑鷹』。
〔三〕今按：『橐駝』『裁』，中華書局（元周致中）《異域志》分別作『駱駝』『截』。
〔四〕今按：『右』，《全唐詩》李白《臨路歌》作『石』。

天須却避。』又曰：『風翮九霄鵬。』贈汝陽王也。又曰：『欲化北溟鵾[一]。』贈虞司馬也。左思賦：『大鵬濱翻，翼若垂天。』[二]揚子《揚子》：『鷦朋冲天，不在六翮乎？拔而傅尸鳩，其累矣夫。』喻小人以大位，而不能成大功也。

鶴

鶴，鳥名。長頸，竦身，高脚，頂赤，身白，頸尾黑。其鳴高亮，聞八九里。『鶴，陽鳥也。因金氣，依火精，火數七，金數九，故十六年小變，六十年大變，千六百年，形定而色白。』《相鶴經》：『羽族之宗匠[三]，仙人之麒驥。』《易・中孚》：九二，鳴鶴在陰，其子和之。《象》曰：『其子和之，中心願也。』有孚於中，物無不應。中心願，謂誠意所願。《詩》：『鶴鳴于九皋，聲聞于野。鶴鳴于九皋，聲聞于天。』誠之不可掩，陳善納誨。《詩》：『有鶴在林。』注：鶖則飽而鶴則飢。進褒姒而黜申后。《大戴記》：千載鶴警露而鳴。

[一] 今按：『鵾』，《全唐詩》杜甫《贈虞十五司馬》作『鯤』。
[二] 今按：『濱』，《歷代賦選》作『繽』。
[三] 今按：『匠』，《藝文類聚》作『長』。

乘軒之鶴，送死之鶴。《左·閔公二年》：狄人伐衛。衛懿公好鶴。鶴有乘軒者。將戰，國人受甲者皆曰：使鶴，鶴實有禄位，余焉能戰。杜甫詩曰：『軒墀曾寵鶴。』歐陽脩詩曰『貪榮同衛鶴』是也。《吴越春秋》：吴王闔廬有女自殺，闔廬慟之。葬閶門外，送女，舞白鶴於市中。萬人隨觀，與鶴入墓道〔一〕，使男女因塞之以送死。鮑照曰：『入衛國而乘軒，出吴都而鶩〔二〕市。』衛懿喜鶴：『有飾以文繡而乘軒者。』《賈子》。

鶴愛陰而惡陽，雁愛陽而惡陰。《禽經》。

鶴新生。今鶴雌雄相隨，如道士步斗。履其迹而孕。《内典》。英偉不群，而幽惠之芳駭。峻介獨立，而皋禽之響振。《抱朴子》。〔三〕謝莊《月賦》：『聆皋禽之夕聞。』張衡《思玄賦》：遇九皋之介鳥兮。《論衡》：鶴鳴九折之澤，聲聞於天，此增益也。《説題辭》：『鶴知夜半。』注：感其生氣，則喜而鳴。問曰：『多言有益乎？』對曰：『蝦蟆日夜鳴，口乾而人不聽。鶴鷄時夜而鳴天下振動。多言何益？』《墨子》。鳴鶴戒露，此鳥性警，白露降，流於草上，滴滴有聲，高鳴相警，移徙宿處，慮有變害也。《風土記》。露禽，鶴也。露下則鶴鳴也。

〔一〕今按：『與鶴入墓道』，《藝文類聚》分别作『與鵠入墓門』。禹本『道』作『遂』。

〔二〕今按：『鶩』，三秦出版社（王友懷，魏全瑞主編）《昭明文選注析》作『傾』。

〔三〕今按：『惠』『介』，諸子集成本《抱朴子外篇·博喻》分别作『蕙』『概』。

《禽經注》。千載則變蒼，又千歲則變黑，所謂玄鶴也。《古今注》。丹鶴，白鶴。周昭王時，塗修國獻青鳳、丹鶴各一雌一雄。以潭皋之粟飴之，以溶溪之冰飲之。〔一〕《拾遺記》。天子飲於孟氏，爰舞白鶴二八。《穆天子傳》。至於巨搜氏，巨搜之人乃獻白鶴之血。同上。

獻鶴，舞鶴。齊王使淳于髡獻鶴於楚。道飛其鶴，徒揭空籠，往見楚王曰：『齊王使臣來獻鶴，過於水上，渴，而飲之，去我飛亡。吾欲刺腹絞頸而死，恐人之議吾君以鳥獸之故令士自相殺也。鶴，毛物，多相類者，吾欲貨〔二〕而代之，是不信而欺吾王也。欲赴他國奔亡，痛吾兩主使不通。』王曰：『齊王有信士若此哉！』厚賜之。《史》。《説苑》：『魏文侯使蔡無澤獻鶴於齊。』晋平公鼓琴，有玄鶴二八而下，啣〔三〕明珠舞于庭。一鶴失珠，覓得而走。《瑞應圖》。

養鶴，養鶴。噲參，養母至孝。曾有玄鶴，爲戎人所射。收養，療治瘡，愈放之。後夜

〔一〕今按：『飴』『冰』，《太平御覽》分别作『喂』『水』。
〔二〕今按：『貨』，中華書局《史記・滑稽傳》作『買』。
〔三〕今按：『啣』，《太平御覽》作『銜』。

到門，雌雄各至，銜雙明珠，報參焉。《搜神記》。〔一〕《張氏家傳》：禧字彦祥，除效轂令。有鶴負矢。禧以甘草湯洗之，傅藥留養十餘日，瘡愈飛走〔二〕。月餘，銜赤玉珠二枚，置禧庭事。

鶴髓，鶴駕。王莽以鶴髓漬穀，學仙。《漢書》。費禕登仙，嘗駕黄鶴。返憩於此，遂以名樓。《唐圖經》。荀環字費偉，事母至孝。好屬文。嘗東遊，憩黄鶴樓。西南有物飄然，乃駕鶴之賓也。賓主歡對，已而辭去。《述異記》。

閻伯理《記》云：黄鶴來時，歌城郭之並是，浮雲去後，惜人世之俱非。

崔顥詩：『昔人已乘白雲去，此地空餘黄鶴樓。黄鶴一去不復返，白雲千載空悠悠。』李白詩：『黄鶴高樓已搥碎，黄鶴仙人無所依。黄鶴上天訴玉帝，却放黄鶴江南歸。君平簾下誰家子，云是遼東丁令威。』

鶴澤，鶴舞。晋羊祜鎮荆州，澤多有鶴，教舞娱賓，因名鶴澤。《方輿》。劉遵祖少爲殷中軍所知，稱之於庾公。庾公取爲佐，與劉語。彌日〔三〕殊不稱，庾小失望，遂名羊公鶴。昔羊叔子有鶴善舞，嘗向客稱之。試使驅來，氃氋而不肯舞。故比之。《世説》。

〔一〕今按：『戎』『各』『銜雙明珠』，《搜神記》中華書局一九七九年版分别作『弋』『雙』『各銜明珠』。
〔二〕今按：『走』，《太平御覽》作『去』。
〔三〕今按：『彌日』，諸子集成本《世説新語》作『爾日』。

雙鶴，白鶴。僧支道林好鶴。時有遺其雙鶴者，翅長欲飛，乃鎩其翮。鶴舒翼反顧，林曰：『既有淩霄之姿，何肯爲人作耳目。』上。郡有白鶴山，古老相傳云：昔有晨飛鶴，入會稽雷門鼓，於是雷門鼓鳴，洛陽聞之。孫恩時，斫此鼓，見白鶴飛出，此後鼓無聲。呼爲潜鶴鼓《臨海記》。

射鶴雛，養鶴子。廬山遠法師未出家，善弩射。嘗於鶴窟，射得鶴雛。復伺鶴母，鶴不動翔，已死於窠中。破視心腸，寸絶。於是放弩，發菩薩〔一〕心。《江總集》。宋元嘉初，王仲德鎮彭城，左右出獵。遇一鶴將二子，以獻王。王使養。小者，口爲人所裂，遂不能飲食。大者輒含粟哺之，飲輒含水飲之。先令其飽，未嘗忘也。小者尚未能飛，大者終不先出。小者能飛，乃與俱去。《述異記》。

詠鶴，來鶴。齊高帝鎮淮陰，爲宋明帝所疑。被徵爲黄門郎，深懷憂慮。見平澤有群鶴，乃命筆詠之曰：『風舞遥翮，九野弄清音，一摧雲間志，爲君苑中禽。』以示荀伯玉，占

〔一〕今按：『菩薩』，四部叢刊初編《廣弘明集》引《江令公集》（上海涵芬樓影印明本）作『菩提』。

之。言帝不成行，俄而帝卒復本任。《梁書》。〔一〕庾域母好鶴唳，一朝〔二〕雙鶴來下，論者以爲孝感所致。《南史》。

雄鶴赴堂，孀鶴向影。湘東王脩竹林堂。新陽太守鄭裒送雌鶴，留其雄。霜天月夜，無日不鳴。野鶴赴堂，即裒之雄也。交頸頡頏，翻然共舞。《渚宫故事》。武成二年二月，雙白鶴飛集上林園，六翮已摧，雙心俱怨。孤雄先絶，孀妻向影，天子愍焉。立使庾信爲贊。《英華》。

集壇之鶴，傷脚之鶴。天皇東封，鶴集其壇。使諸州爲老氏築宫，號以白鶴。《靈驗記》。李衛公遊嵩山，見鶴呻吟曰：『我鳥仙，爲樵者傷脚。得人血則愈。』公解衣刺血，鶴曰：『世間人至少，公且未是。』乃令拔眼睫毛：『俱映眼照之。』公中路自視，乃馬頭也。東洛，所遇，悉非全人，皆犬彘驢馬之類。惟一老翁是人，宣祖臂刺血。塗鶴，即愈。鶴謝曰：

〔一〕今按：『乃』『筆』『風舞遥翮』『一摧雲間志』『苑』，《太平御覽》分别作『仍』『筆』『八風舞遥翮』『一摧雲門志』『死』。『風舞遥翮』，中華書局《南史·荀伯玉傳》作『八風舞遥翮』。『咏鶴雙鶴齊高帝鎮淮陰爲宋明帝所疑』：未見《梁書》有載。但見於《南史·荀伯玉傳》。

〔二〕今按：『朝』，中華書局《南史·庾域傳》作『旦』。

『公即爲明時宰相，復當上升，相見非遥。』《逸文〔一〕》。

池州鳳皇山道士趙自然，夢陰真君與柏葉，一枝丸疊，食之。因不食，神氣異常。《詩》曰：『嘗欲栖山島，閑眠玉洞寒。丹歌時引舞，來去跨雲鸞。』〔二〕

或問：『何名丹歌？』曰：『鶴也。』《秘閣閑談》。

放鶴亭，相鶴經。徐州雲龍山有放鶴亭，宋山人張天驥所築也。山人有二鶴，朝則放山西，而暮則傃山東歸。有沐溪〔三〕野去青田九里，中有雙白鶴，年年生子。浮公《相鶴經》云：『青田之鶴。』《永嘉郡記》。

性壽之物，金衣之亭。龜鶴壽有千百之數，性壽之物也。鶴曲頸而息，龜潛匿而噎，此其所以爲壽也。《養生要論》。崆峒山石穴，謂之皂鶴洞。鶴頂如丹，毛羽皆黑，上有金衣亭。

〔一〕　今按：『逸文』，《太平廣記》作『逸史』。

〔二〕　今按：『丸』『歌』，《全唐詩》趙自然《詩》分别作『九』『哥』。又按：『丹歌時引舞』，清厲荃《事物異名録・鶴》引《秘閣閒談》與此同。《全唐詩》趙自然《詩》『歌』作『哥』。

〔三〕　今按：『沐溪』『鶴』，《藝文類聚》分别作『洙沐溪』『鵠』。

歲不過一二。《墨客揮麈》。〔一〕

青鶴洞，登鶴木。朝鮮智異山有青鶴洞。千歲之鶴，能登於木。其未千歲者，終不集於木〔二〕也。《抱朴子》。

雙鶴，一指。滎陽有蘭巖山，常有雙鶴。傳云：『昔夫婦俱隱此山，數萬歲化形此鶴。〔三〕』《神境記》。鶴左右脚第一指，名兵爪。

華表鶴，郡城鶴。華鶴柱有鶴集其上。云：『有鳥有鳥丁令威，去家千年今始歸。城郭如故人民非，何不學仙冢纍纍〔四〕。』《讀搜神記》。杜甫詩曰『東走窮歸鶴』是也。注：不歸曾遼鶴之不如也。蘇耽〔五〕升雲而去後，有白鶴止城北樓。以爪攫樓板似漆書云：『城郭是，人民非，三百甲子一來歸。吾是蘇公，弹我何爲？』

〔一〕　今按：『上』，中華書局（宋趙令畤撰，孔凡禮點校）《侯鯖録·墨客揮犀·續墨客揮犀》（唐宋史料筆記叢刊）作『下』。

〔二〕　今按：『歲』『木』，諸子集成《抱朴子内篇·對俗》分別作『載』『樹上』。

〔三〕　今按：『滎陽有蘭巖山』『此山』『數萬歲化形此鶴』，《藝文類聚》分別作『營陽有石室』『此室』『年既數百化成雙鶴』。

〔四〕　今按：『纍纍』，中華書局（晋陶潛撰，汪紹楹校注）《搜神後記》作『壘壘』。

〔五〕　今按：『蘇耽』，株式會社中文出版社（清鮑廷博輯）《知不足齊叢書》引元陳世隆《北軒筆記》作『蘇仙公耽』。

化鶴，變鶴。青城山道士徐佐卿化鶴。東坡《赤壁賦》曰：適有孤鶴，横江東來，翅如車輪。玄裳皓衣，戛然長鳴，掠余舟而西也。須臾客去。余亦就眊〔一〕，夢一道士，羽衣蹁躚，過臨皋之下，揖余而言曰：『赤壁之遊樂乎？』問其姓名，俛而不答。『嗚呼噫嘻！我知之矣。疇昔之夜，飛鳴而過，非子也耶？』我北道士顧笑，予亦驚悟。開户視之，不見其處。此賦用化鶴事也。〔二〕《抱朴子》：周穆王南征三年不歸，君子爲猿鶴〔三〕。庾信賦曰：『君子則方成猿鶴。』李白詩曰『君子變猿鶴』是也。

獨足鶴，拔氅鶴。漢武時有獻獨足鶴。東方朔曰：『此《山海經》所謂畢鸞也。』隋煬帝造儀衛，課州縣送羽毛。烏程有鶴巢，樹高百尺。伐其樹，鶴恐傷毛。自拔氅毛投於地，時人以爲瑞，曰：『天子造羽翼，鳥獸獻毛羽。』《隋玉行記》。〔四〕

鷄鶴，軀鶴。嵇紹在稠人中，昂昂然如野鶴之在群鷄。杜甫詩曰：『出塵皆野鶴。』趙

〔一〕今按：『眊』，《歷代賦選》作『睡』。
〔二〕今按：『飛鳴而過』『悟』，《歷代賦選》作『飛鳴而過我者』『寤』。
〔三〕今按：《藝文類聚》作『周穆王南征，一軍皆化，君子爲猨爲鶴。』《太平御覽》作『周穆王南征，一軍盡化，小人爲蟲沙。』
〔四〕今按：『高』『伐其樹』『毛』，四部叢刊初編《資治通鑒・隋紀》分别作『逾』『伐其根』『其子』。

抃以『匹馬入蜀，鼂鶴自隨，爲政簡易。』再任成都。屏去鼂鶴。〔一〕

揚州鶴，華亭鶴。有人言言〔二〕：腰纏十萬貫，乘鶴上揚州。《小説》。東坡詩曰：『世間那有揚州鶴。』陸機臨刑嘆曰：『華亭鶴唳，可復聞乎！』《世説》。《語林》云：『機爲河東都督，聞驚角之聲，謂孫丞曰：「聞此不如華亭鶴唳。」〔三〕』李白詩曰：『華亭鶴唳詎可聞。』

帶箭鶴，報客鶴。玄宗射中一鶴，帶箭而逝。林逋遊西湖，鶴報客。

乘白鶴，致白鶴。王子晉乘白鶴，謝時人而去。簫史善吹簫，能致白鶴。李白詩曰：『客有鶴上仙，飛鶴淩太清。』〔四〕江文通賦曰：『駕鶴上漢。』

化爲雙鶴，常鳴半夜。陶侃爲江夏太守，母憂去職。二客來吊，不哭而退，化爲雙鶴，冲天而去。鶴大如鵝，長三尺，脚青黑，高三尺餘，赤頰，赤目，喙長四寸。多純白，亦有蒼色者，今人謂之赤頰。常夜半鳴，其鳴高朗，聞八九里。《詩義疏》。《淮南子》曰：『鶴知

〔一〕今按：『鼂鶴』，中華書局《宋史・趙抃傳》作『一琴一鶴』。

〔二〕今按：『言』字衍。

〔三〕今按：『可復聞乎』，《藝文類聚》作『不可復得』。『華亭鶴唳可復聞乎』，諸子集成本《世説新語》作『欲聞華亭鶴唳，可復得乎！』『東』『驚』，劉孝標注《世説新語》分别作『北』『警』。

〔四〕今按：『客有鶴上仙，飛鶴淩太清』，《全唐詩》李白《古詩》一作『五鶴西北來，飛飛淩太清。』

夜半。』

《感鶴》詩：鶴有不群者，飛鶴〔一〕在野田。饑不啄腐鼠，渴不飲盜泉。貞姿自耿介，雜鳥何翩翾。同遊不同志，如此十餘年。一興嗜欲念，遂爲矰繳牽。委質小池內，争食群鷄前。不惟懷稻粱，兼亦競腥膻。不惟戀主人，兼亦狎烏鳶。物心不可知，天性有時遷。一飽尚如此，况乘大夫軒。

樊川詩：『清音迎曉〔二〕月，愁思立寒蒲。丹頂西施頰，霜毛四皓鬚。碧雲行止躁，白鷺性靈粗。終日無群伴，溪邊吊影孤。』

鮑明遠《舞鶴賦》：『散幽經以驗物，偉胎化之仙禽。鍾浮曠之藻質，抱清迥之明心。指蓬壺而翻翰，望崑閬而揚音。匝日域以迴騖，窮天步而高尋。踐神區其既遠，積靈祀而方多。精含丹而星曜，頂凝紫而烟華。引員吭之纖婉，頓脩趾之洪姱。疊霜毛而弄影，振玉羽而臨霞。朝戲於芝田，夕飲乎瑶池。嗅清響於丹墀，舞飛容於金閣。始連軒以鳳蹌，終宛轉而龍躍。』〔三〕

〔一〕今按：『飛鶴』，《全唐詩》白居易《感鶴》作『飛飛』。
〔二〕今按：『曉』，《全唐詩》杜牧《鶴》作『晚』。
〔三〕今按：『脩』『鳳』，三秦出版社（王友懷、魏全瑞主編）《昭明文選注析》分别作『纖』『風』。

《畫鶴》：薛公十一畫，皆寫青田真。畫色久欲盡，蒼然猶出塵。低昂各有意，牢落如長人。〔一〕佳此志氣遠，豈惟粉墨新。威遲白鳳態，非是倉庚鄰。赤霄有真骨，耻飲污池津。冥冥任所生〔二〕，脱略誰能馴。

鴻雁

《詩傳》：大曰鴻，小曰雁。鴻，雁之大者。雁，鳥名。似鵝，畏寒。秋南春北。張中溪《易·漸卦注》：其往來也有時，其先後也有序。《春秋説題辭》：『雁之言「雁」，雁起聖以招期，知晚蚤，故雁南北，以陽動也。』

『白露之日，鴻雁來。鴻雁不來，遠人背畔。小寒之日，雁北鄉。雁不北鄉，民不懷止〔三〕。』《周書》。

『大夫執雁，取其侯時而行也。』鄭玄云：納采用雁，取順陰陽往來也。《儀禮》。

〔一〕今按：『畫』『牢』，《全唐詩》杜甫《通泉縣署屋壁後薛少保畫鶴》分别作『鶴』『磊』。
〔二〕今按：『生』，《全唐詩》杜甫《通泉縣署屋壁後薛少保畫鶴》作『往』。
〔三〕今按：『止』，《太平御覽》作『至』。

《周官》：『以六禽作贄，大夫執雁。』以知保身。

《白虎通》：贄用雁者，取其隨時南北，不失其節明，不奪女子之時也。

《春秋繁露》：凡贄，大夫用雁，雁有類。長者在民上，必有先後，雁有行列，故以爲贄。

《説苑》：以雁爲贄，有長幼之禮。

《周禮》：大宗伯以禽作六贄〔一〕，大夫執雁。

《易・漸卦》：初六，鴻漸于干。水涯。六二，鴻漸于磐。石之平。九三，鴻漸于陸。六四，鴻漸于木。《傳》：上無應援，守正俟時。四，非安地，如鴻進木。九五，鴻漸于陵。上九，鴻漸于逵。《傳》：與二正應，乃隔於四。《象》曰：『其羽可用爲儀吉，不可亂也。』

《傳》：九雖窮，高不失其吉。

班固賦曰：『皇十紀而鴻漸兮，有羽儀於上京。』

《書》：彭蠡既猪，陽鳥攸居。注：禽鳥得其居止而遂其性也。

《詩》：『雍雍鳴雁，旭日始旦。』匏有苦葉。『魚網之設，鴻則離之。』《新臺》。『鴻飛遵渚，公歸無所。鴻飛遵陸，公歸不復。』《九罭》。『鴻雁于飛，肅肅其羽。鴻雁于飛，集于中

〔一〕今按：『贄』，《十三經注疏》本作『摯』。

澤。鴻雁于飛，哀鳴嗷嗷。』宣王『勞來，安集』。杜甫詩：《鴻雁》美宣王。

《記》：孟〔一〕秋之月霜始降。鴻雁來賓雁來賓。季秋之月，鴻雁來賓。季冬之月，雁北鄉。《記・王制》：冬薦雁。《内則》：『雁宜麥。』禮，納采有雁。

《左》：『强委禽焉。』程子曰：典雁者，『取其不再偶也。』

《昭公元年》：『公孫黑又使强委禽焉。』注：禽，雁也，納采用雁。

《法言》：能來能往者，朱鳥之謂與！注：雁，一名朱鳥。又曰：『鴻飛冥冥，弋人何及〔二〕焉？』

謝靈運賦：海鳥違風，翔〔三〕禽避涼。荑生歸北，霜降客南。接響雲漢，侣宿江潭。注：翔禽，雁也。

鴻山之關，主人之雁。定州鴻山關，昔項羽于此關見群鴻。乃誓衆曰：『我當南面，必中其一。』乃引滿射之，莫有中者，乃折弓投地而去。時知項羽，終不能濟伐也。莊子行於山中，見大木，曰：『此木以不才得終其天年。』出於山，舍於故人之家。令豎子殺一雁而烹

〔一〕今按：『孟』，《十三經注疏》本作『季』。
〔二〕今按：『及』，諸子集成本《揚子法言・問明》作『篡』。
〔三〕今按：『翔』，中華書局本《宋書・謝靈運傳》作『朔』。

之。豎子請曰：『其一能鳴，其一不能鳴，請奚殺？』主人曰：『殺不能鳴者。』弟子問曰：『昨日山中之木，以不才得終其天年。今日主人之雁，以不才死。』《莊子》。

張單雙灾，木雁兩失。宋明帝譬王彧。

六紛員，五色雁。武帝太始三年，幸東海，獲赤雁，作《朱雁之歌》。其辭曰：『赤雁集，六紛員，殊翁雜，五采文。』注：紛員，多也。六，數也。翁，雁頭也。員音云。〔一〕《漢書》。宣帝於西河築世宗廟，有五色雁集殿前。上。

指翔鴻，宿廳鴻。晋郭瑀，燉煌人也。張天錫使蓋公明徵之。指翔鴻以樂〔二〕之，曰：『此鳥也，安可籠哉！』《隱逸傳》。虞國少有孝行，爲日南太守。常有雁止宿廳事上。每行縣，輒飛逐焉。及卒官，雁隨喪至餘姚墓前，歷三年乃去。《後漢書》。〔三〕

雁集，雁臣。石季龍饗群臣於大武前殿，白雁百餘集於馬道南。季龍命射之，無所獲。將討三方，太史令趙攬曰：『白雁集殿庭，宫殿將空，不宜行也。』季龍納之。《晋・載記》。元

〔一〕　今按：『其辭曰』『頭』，中華書局《漢書・禮樂志》分别作『《朝隴首》十七元狩元年行幸雍獲白麟作：象載瑜，白集西，食甘露，飲榮泉。赤雁集，六紛員，殊翁雜，五采文。神所見，施祉福，登蓬萊，結無極』『頸』。

〔二〕　今按：『燉』『蓋公明』『樂』，中華書局《晋書・隱逸傳・郭瑀》分别作『敦』『孟公明』『示』。

〔三〕　今按：『焉』『隨』，《藝文類聚》分别作『車』『逐』。

魏時，北夷酋長遣子入侍者，常秋來春去，避中國之熱。時人謂之雁臣。《伽藍記》。

有鴻之飛，得雁之夢。張融門律云：『吾見道士與道人戰儒墨，道人與道士獄是非。昔有鴻飛天。越人以爲鳧，楚人以爲乙，人自楚越，鴻常一耳。』《齊·顧歡傳》。陽城太守薛令伯，聞太原王誅百官，立莊帝。忽夢射得雁，以問楊元慎。元慎曰：『大夫執雁，當得大夫之職。』俄而令伯除爲諫議大夫。《伽藍記》。

孤雁賦，白雁贄。盧思道，周時爲武陽太守。位下，不得志，爲《孤雁賦》以寄情。序云：有離群之鴻，爲羅者所獲，野人馴養，貢之於余。置諸池庭，朝夕賞玩。既用銷憂，兼以輕疾。《大易》曰『鴻漸于逵』，羽儀盛也。《揚子》曰『鴻飛冥冥』，騫翥高也。《淮南子》曰『東歸碣石』，違溽暑也。張平賦『南翔衡陽』，避祈寒也。若其雅步清音，遠心高韵，鵷鸞以降，罕見其儔。鎩翮墻陰，唼喋粃稗，雞鶩爲伍，不亦傷乎。余五十之年，忽焉已至，永言身事，慨然多緒，乃爲之賦，聊以自慰云。《北史》。高宗太子弘納裴居道女爲妃。奏以白雁爲贄，苑中獲之。帝喜曰：『漢獲朱雁，遂爲樂府；今獲白雁，得爲昏贄。彼禮但成謡頌，此禮使〔一〕首人倫，異代相望，無慚德也。』《舊唐》。

〔一〕今按：『使』，中華書局《舊唐書·高宗中宗諸子傳》作『便』。

來雁，落雁。大曆二年，嶺南節度徐浩奏十一月二十五日陽雁來，乞編入史，從之。先是，五嶺之外，翔雁不到。浩以爲陽爲君德，雁隨陽者，臣歸君之象也。《唐會要》。朱漢賓少時善射，出獵，指雁隨時而落。貫一金錢，有篆文。人皆號之曰：『朱落雁。』《晋史》。〔一〕

放雁，葬雁。員外郎趙化成夢其張某坐庭得雁。明日詣張坐庭得雁，以帛繫足。爲詩放去。《秘閣閑談》。元裕之赴試并州。道逢捕雁者，獲一雁，殺之。其脱網者，投地而死。因買得之，葬汾水上，累石爲誌，號曰『雁丘』。與楊正卿、李仁卿，俱爲賦《摸魚兒·詞》。《梅磵詩話》。

書帛繫足，拔根除穢。元郝經，世祖中統初拜學士。使宋，館於貞州。凡十六年，始得歸。先是，有以雁獻者，公命畜之。手書尺帛，親繫雁足。其詩曰：『霜落風高恣所如，歸期回首是春初。上林天子援弓繳，窮海纍臣有帛書。』後虞人獲之苑中，以聞，上惻然，進師伐越。明年〔二〕，宋亡《輟耕録》。上虞縣有雁，爲民田春拔野草根，秋啄除其穢。是以縣官禁民不得妄害此鳥，犯則有刑。《十三州記》。

見白雁，得白雁。梁君出獵，見白雁，欲射之。道有行者，白雁群駭。梁君欲射行者，

〔一〕今按：『時』，《太平御覽》作『矢』。

〔二〕今按：『明年』，四部叢刊三編《南村輟耕録》（上海涵芬樓影印元本）作『二年』。

其御公孫龍衣下車撫矢，曰：『今主君以白雁之故而欲射人，無異於虎狼。』梁君援其手，入廟門，呼萬歲，曰：『幸哉！今日也獵得善言而歸。』〔一〕漢使至匈奴，言天子射上林中，得雁足，有帛書，云：『武在大澤中。』乃遣武還。庾信賦：『蘇武之一雁空飛。』蘇武詩：『一雁獨南翔。』李白詩：『白雁上林飛，空傳一書札。』

杜詩：『欲雪違胡地，先花別楚雲。却過清渭影，高起洞庭群。塞北春陰暮，江南日色曛。傷弓流落羽，行斷不堪聞。』

樊川詩：金河秋豐虜弦開，雲外驚飛四散哀。仙掌月明孤影過，長門燈暗數聲來。須知胡騎紛紛往，豈逐春風一雁回。莫厭瀟湘少人處，冰多菰米岸莓苔。〔二〕

石崇《昭君詞》：『願假飛鴻翼，乘之以遐征。飛鴻不我顧，佇立以屏營。』

〔一〕今按：『龍衣』，《新序・雜事二》作『襲』。

〔二〕今按：『豐』『往』『雁』『冰』，《全唐詩》杜牧《早雁》分別作『半』『在』『一』『水』。

鵠鷲

馬援戒兄子曰：『所謂刻鵠不成尚類鶩也。』《中庸》：『「射有似乎君子，失諸正鵠，反求諸其身。」』『畫布曰正，栖皮曰鵠。』正是『鵃』字。小而飛疾，最難射。

《荀九家》：『震爲鵠。』

《周禮》：『庶人執鶩。』取其不飛。

《記·曲禮》：『庶人之摯匹。』讀〔一〕爲鶩。不能飛騰，如庶人之終〔二〕守耕稼。陈勝太息曰：『嗟乎，燕雀安知鴻鵠之志哉！』

鴻鵠飛，鴻鵠舉：晋平公曰：『食客三千，吾尚可謂不好士乎？』船人固安曰〔三〕：『今夫鴻鵠高飛冲天，然其所恃六翮耳。夫腹下之毳，背上之毛，增去一把，飛不爲高下。不知

〔一〕今按：『讀』，《十三經注疏》本作『説者以匹』。

〔二〕今按：『之終』，《十三經注疏》本作『但』。

〔三〕今按：『食客三千』『安』，四部叢刊初編本《新序·雜事一》分别作『食客者三千餘人』『桑』。

君之食客，六翮耶？將腹背之毳也？』田饒謂魯哀公曰：『君獨不見夫鷄乎？君猶日瀹而食之，以其所從來近也。夫鴻鵠一舉千里，食君魚鼈，啄君菽粟。君猶愛之，以其所從來遠也。臣請鴻鵠舉矣。』遂去之燕。燕立以爲相。三年，燕之政太平。哀公聞之，慨然太息。〔一〕

鴻鵠保，鴻鵠歌。晋文公出田逢獸，碭入大澤，迷不知所出。中有漁者，曰：『鴻鵠保河海之中，厭而欲移徙之小澤。則必有弾丸之憂。〔二〕今君逐獸，碭入至此，何行之遠也？』高祖謂四人曰：『幸本調護。』戚夫人泣下，上曰：『爲我楚舞，吾爲君楚歌。〔三〕』歌曰：『鴻鵠高飛，一舉千里。羽翮已就，横絶四海。横絶四海，當可奈何！雖有矰繳，尚安所施！』

黄鵠，白鵠。莊辛謂楚襄曰：『黄鵠游乎江海，淹乎大沼，自以爲無患，與人無争也。不知夫射者，將加己乎百仞之上。』大司命君茅盈與弟定禄中君固、保命小君衷曾齊來，白鵠集，分句曲之山。父老歌曰：『茅山連金陵，江湖接下流。三神乘白鵠，各治一山頭。召

〔一〕 今按：『愛』，《新序・雜事一》作『貴』。
〔二〕 今按：『逢』『彈丸』，《新序・雜事二》分别作『逐』『九繒』。
〔三〕 今按：『本』『君』，《史記・留侯世家》分别作『卒』『若』。

雨灌旱稻，陸田亦復柔。妻子咸保室，使我百不〔一〕憂。白鵠翔青天，何時復來遊。』

白鵠在帳中，黄鵠下建章。漢明帝永平三年，詔立廟祀之，呼爲白鵠廟。昔人有至心好道入廟請命者，或聞二君在帳中，或見白鵠在帳中。白鵠者，是服九轉還丹分形之變化也。昭帝始元年春二月，黄鵠下始元〔二〕宫太液池中。黄鵠，大鳥，一舉千里，非白也。上爲歌〔三〕曰：『黄鵠飛兮下建章，羽肅肅兮行蹌蹌。金爲衣兮菊爲裳。唼喋荷荇，出入蒹葭。自顧菲薄，愧爾嘉祥！』黄鵠出東海，漢以來集爲祥。

黄鵠磯，黄鵠鷚。夏口城據黄鵠磯，世傳仙人安乘黄鵠過此。上。石虎時，揚州獻黄鵠鷚，頸長一丈，聲聞十里。

黄鵠不食，白鵠栖廬。謝昌寓，陳郡人也，爲劉悛廣州參軍。孝性甚至。嘗養一鵠，昌寓亡〔四〕二旬，兩鵠二旬不食。而飛去。《南史》。沈如琢有孝行，母亡，負土成墳，廬於側。白鵠二栖于廬。

〔一〕今按：『接』『亦復柔』『百不』，《雲笈七籤》分别作『據』『苗亦桑』『無百』。

〔二〕今按：『始元』，《漢書·昭帝紀》作『建章』。

〔三〕今按：『上爲歌』，陝西人民教育出版社（趙光勇主編）《漢魏六朝樂府觀止》作『黄鵠歌』。

〔四〕今按：『亡』『而飛去』，《南史·孝義傳》分别作『病』『昌宇亡而鵠遂飛去』。

海鵠，單鵠。鶴田〔一〕男女畏海鵠，鵠過則吞之。陸雲號海鵠〔二〕。劉道强善琴，爲單鵠寡鳧之弄，聽者皆悲。

嗚鵠歸鄉，緣鵠飾玉。烏孫公主歌：『願爲黄鵠兮歸故鄉。』杜甫詩：『公主歌黄鵠。』伊尹因緣烹鵠鳥之美〔三〕，修玉鼎，以事湯。湯賢之。屈原《天問》：『緣鵠飾玉，后帝是饗。』『早寡，七年兮不雙飛。宛頸獨宿兮，想其故帷〔四〕。』烈女陶嬰《黄鵠歌》。

鳧

鳧，水鳥。如鴨，青色，背上有文。

《詩》：『將翺將翔，弋鳧與雁。弋言加之，與子宜之。鳧鷖在涇，公尸來燕來寧。鳧鷖在沙，公尸來燕來宜。鳧鷖在渚，公尸來燕來處。鳧鷖在潨，公尸來燕來宗。鳧鷖在亹，公

〔一〕 今按：『田』，《藝文類聚》引《神異經》作『國』。
〔二〕 今按：『海鵠』，中華書局（鄭宣沐編）《古今成語詞典》作『隱鵠』。
〔三〕 今按：『美』，《太平御覽》作『羹』。
〔四〕 今按：『帷』，廣益書局（葉玉麟選注）《歷代閨秀文選》作『雄』。

尸來止熏熏。』

食以粃，出則亂。鄒穆公有令：『食鳧雁必以粃。』人有得鳧毛〔一〕長三丈。張華曰：『此謂海鳧毛也。出則天下亂。』《博物志》。

李陵雙鳧，王喬雙鳧。李陵詩：『願作雙鳧去。』庾信賦：『李陵之雙鳧未〔二〕去。』漢顯宗時，王喬爲葉令，朔望每朝，帝令太史候之。有雙鳧飛來，乃綱〔三〕得之，曾所賜尚方舄也。王勃序：『仙鳧旦舉，影入銅章。』杜甫詩：『王鳧聊暫出。』杜詩：『歲滿歸鳧舄。』宇文彧〔四〕詩：『鳧看令宰仙。』

白鳧歌，白鳧行。《吴志》：孫皓虐政，而思從晋。《歌》曰：『平平白鳧，思我君惠，集我金堂。』晋金德。《行》曰：『君不見黄鳧高於五尺童，化爲白鳧似老翁。』自喻之作。上句言少時，下句言衰老。『故畦遺穗已漂盡，天寒歲暮波濤中。鱗介腥膻素不食，終日忍飢西

〔一〕今按：『得鳧毛』，中華書局《晋書・張華傳》作『得烏毛』。
〔二〕今按：『未』，《歷代賦選》作『永』。
〔三〕今按：『綱』，中華書局《後漢書・方術傳》作『羅』。
〔四〕今按：『宇文彧』，《全唐詩》杜甫《夏夜李尚書筵送宇文石首赴縣聯句》作『崔彧』。

復東。』比不食不義禄。『魯門鶢鶋信蹭蹬，聞道如今猶避風。』〔一〕比避亂。

雎鳩

雎鳩，水鳥。一名王雎，狀類鳧鷖。生有定偶而不相亂，偶相並遊而不相狎。

《詩》：『關關雎鳩，在河之洲。窈窕淑女，君子好逑。』

孔子曰：『《關雎》樂而不淫，哀而不傷。』

《左》：郯子曰：『雎鳩氏，司馬也。』注：摯而別，故主法制。

鴛鴦

鴛鴦，匹鳥也。鴛鴦，水鳥，鳧類。雌雄未嘗相離。人得其一，則一者相思死。故謂之匹鳥。《古今注》。

〔一〕今按：『黄鳧』『漂』『信』《全唐詩》杜甫《白鳧行》分别作『黄鵠』『蕩』『亦』。

令毁其門，不畜鷙鳥。漢時，鄢縣南門兩扇。忽一聲稱鴛，一聲稱鴦。晨夕開之，聲聞京師。漢帝〔一〕惡之，令毁其門。兩扇化爲鴛鴦，相隨飛去。《僉載》。元魏顯宗延興三年，因田鷹獲鴛鴦一，其偶悲鳴。帝問左右曰：『此悲飛者，爲雌爲雄？』左右對曰：『臣以爲雌。』帝嘆曰：『雖人鳥事别，至於資識性情，竟何異哉！』下詔禁斷鷙鳥，不得畜焉。

莫學飢鷹飽便飛，貪戀恩波未肯飛。毛澤民受知于曾布。曾南遷，毛坐黨與流落。蔡元度鎮潤州，與澤民俱臨川王氏壻，澤民傾心事之。一日家集，觀池中〔二〕鴛鴦。元度賦詩，末句云『莫學飢鷹飽便飛』，澤民和之，云：『貪戀恩波未肯飛。』元度夫人笑云：『豈非曾相公池中飛過來者耶？』澤民慚不能舉首。有梓樹生二冢上，有鴛鴦栖其顛。見杞門。

《詩》：『鴛鴦于飛，畢之羅之。鴛鴦在梁，戢其左翼。』

李白詩：『錦水東北流，波蕩雙鴛鴦。雄巢漢宫樹，雌弄秦草芳。寧同萬死碎綺翼，不忍雲間兩分張。』又：『枳棘栖鴛鴦。』注：君子在下。

古詩云：『客從遠方來，遺我一端綺。文綵雙鴛鴦，裁爲合歡被。』

〔一〕今按：『帝』，《太平廣記》作『末』。
〔二〕今按：『中』，中華書局（丁傳靖輯）《宋人軼事彙編》作『上』。

比翼

古之封禪，西海致比翼之鳥。《史》。

南方之鳥，崇山之鳥。南方有比翼鳥，不比不飛，其名謂之鶼鶼。崇吾之山，有鳥，其狀如鳧，而一翼一目，相得乃飛。名曰蠻，天下大水』。《西山經》。

巴人之獻，丘國之獻。成王時，巴人獻比翼鳥。《周書》。成王時，燃丘國獻比翼鳥。雌雄各一，以玉爲樊。《拾遺記》。

白樂天詩：『在天願作比翼鳥。』

鸕鷀

鸕鷀，似鴉而小〔一〕，一名鷧。《倉頡篇》。鷀鷧，即鸕鷀也。觜頭曲如鈎，食魚。《爾雅》。

〔一〕今按：『小』，《爾雅義疏·釋鳥》引《上林賦》注作『黑』。

鸕鷀能没于深水，取魚而食之。不生卵而孕雛於池澤間，既胎而又吐生，多者八九，小者五六，相連而出，若系諸焉〔一〕。楊孚《異物志》。鸕鷀吐雛於八九，鵁鶄〔二〕銜翼而低昂。杜臺卿《淮賦》。

卵布，龍化。寇宗奭官於澧州。公宇後有大木一株，上有三四十巢，日夕觀之，既能交合，兼有卵殼，其色碧。豈得雛吐口中？可見當日聽人之誤言也。《本草衍文》貞元十三年四月，上以時雨未降，幸興慶宫龍堂祈禱。忽有白鸕鷀沉入水澤，群類翼從其後。方悟龍神之變化。至乙巳〔三〕大雨。宰臣等上表陳賀。

縄繫其頸，環拄其項。峽人謂鸕鷀爲烏鬼。蜀人養鸕鷀，縄繫其頸，使之捕魚。杜詩：『家家養烏鬼，頓頓食黄魚。』是也。倭國以小環拄〔四〕鸕鷀項，令水入捕魚。《隋書》。

〔一〕今按：『小』『系諸』，中華書局《後漢書・馬融傳》分别作『少』『絲緒』。

〔二〕今按：『鵁鶄』，《證類本草》作『鵁鶄』。

〔三〕今按：『沉入水澤』『乙巳』，《太平御覽》分别作『沉浮水際』『乙丑』。

〔四〕今按：『拄』，中華書局《隋書・東夷傳・倭國》作『掛』。

鷺

鷺，舂鉏。今鷺鷥，鮮而潔，白頭，有長尾，數十枚。《爾雅》曰：舂鉏也。郭璞云：白鷺也。

《詩》：『無冬無夏，值其鷺羽。無冬無夏，值其鷺翿。』遊蕩。《宛丘》。『振鷺于飛，于彼西雍』。二王之後來助祭。振振鷺鷺于下，振振鷺鷺于飛。燕飲頌禱。

李白詩：『白鷺之白非純真，外潔其色心匪仁。闕五德，無司晨。胡爲啄我葭下之紫鱗。』

《鷺鷥》樊川：『雪衣雪髮青玉觜，群捕魚兒溪影中。驚飛遠映碧山去，一樹梨花落晚風。』《薛君章句》曰：『鷺，潔白之鳥也。西雍，文王之雍也。』言文王之時，辟雍學士皆潔白之人也。《韓詩》。

朱鷺，白鷺。楚成王〔一〕時，有赤鷺合沓而舞。有《鼓吹朱鷺曲》〔二〕。唐石雄討劉稹射白鷺，曰：『中其目，當成功。』中之，果平稹。

二叟化鷺，一女成鷺。剡人賈傳，鏡湖泊舟夜月縱步見二叟：一曰碧溪〔三〕翁，一曰篁栖叟，化爲白鷺飛去。錢塘士人杜，船行。時大雪日暮，有女子素衣來，成白鷺去。杜病死。

西雍振鷺，雷門雙鷺。蔡邕薦邊讓，曰：『幕府初開博選精〔四〕英。雖振鷺之集西雍，濟濟之在周庭，無以或加。』吴王啓地門以厭越，越人爲雷門〔五〕以禳之。擊大鼓於雷門之下而地門聞焉。其後移鼓建康之端門，有雙鷺咒鼓而飛乎雲末。或云：鷺者，鼓之精。《禽經》：朱鳶不攫肉，朱鷺不吞鯉〔六〕。

〔一〕今按：『楚成王』，《爾雅・釋鸟》作『楚威王』。
〔二〕今按：『有《鼓吹朱鷺曲》』，《太平御覽》作『舊《鼓吹曲》有《朱鷺》是也』。
〔三〕今按：『溪』，唐劉燾《樹萱録》作『繼』。
〔四〕今按：『精』，中華書局《後漢書・文苑傳下》作『清』。
〔五〕今按：『吴王啓地門』『爲雷門』，《太平御覽》分别作『吴夫差啓蚍門』『雷爲門』。
〔六〕今按：『鯉』，四庫全書《禽經》作『鯹』。

元帝放生辭：玄龜夜夢，終見取于宋王；朱鷺晨飛，尚張羅于漢后。

《禽經》：『山禽之味多短，水禽之味多長；山禽之尾多脩，水禽之尾多促。』山禽鵲類，水禽鷺類。《自然論》。『螠蛇聽而有孕，白鷺視而有胎。』

《禽經》：『鷙好風，鶴好雨，鶇好霜，鷺好露。』〔一〕《埤雅》。『鷺啄則絲偃，鷹捕則角弭，藏殺機也。』

《詩・疏》：鷺頭上有長毛十數枚，長尺餘，毿毿然，取魚時則弭之。

鷗

鷗，水鳥。江鷗，若海鷗。在漲海中隨潮上下，常以二〔二〕月風至，乃還洲，嶼，生卵似鷄卵，色青。頗知風雲，若群至岸，必風。漁人及渡海者，皆以此爲候。

水鴞，信鳥。鷖，鷗也。生藕葉上，名水鴞。《倉頡解詁〔三〕》。鷗，信鳥也，信不知用。《禽

〔一〕今按：『鷙』『鶴』，四庫全書本《禽經》分別作『摯』『鸍』。

〔二〕今按：『二』，《藝文類聚》作『三』。

〔三〕今按：底本原作『話』，據《藝文類聚》當爲『詁』。

經》注：潮至則翔，水雖以爲信，反爲鷙鳥所擊，是知信而不知所以自用〔一〕也。

食鷗，好鷗。玄販〔二〕國其人，食鷗。《山經》。海上之人，有好鷗鳥者，每日之海上，從鷗鳥遊。鷗鳥之至者，百數而不止，其父曰：『取來，吾玩。』明日之海上，鷗鳥舞而不下。《列子》。

鷗集，鷗賦。咸和二年正月，饗萬國，有五鷗集于太極殿前。鷗集太極殿，殿非鷗所據。鷗，湖澤鳥也。時蘇峻作逆，宫室避焚。庾信賦：『殿狎江鷗。』漢昌邑王、梁武帝時。崔湜私附太平公主，門客陳振鷺獻《鷗賦》以諷之。湜雖稱善，心實不怡。狎鷗亭。韓琦。李白詩：『摇裔雙白鷗，鳴飛滄江流。宜與海人狎，豈伊雲鶴儔。寄形宿沙月，沿芳戲春洲。吾亦洗心者，忘機從爾遊。』

〔一〕今按：『用』，師曠《禽經》作『害』。
〔二〕今按：『販』，《藝文類聚》作『股』，《太平御覽》作『服』。

鷸

《説文》：翡，赤羽雀。翠，青羽鷸〔一〕也。《倉頡解詁》：鷸，翠别名也。《漢書音義》：雄曰翡，雌曰翠。《禽經》：『有文而貪。鷸如紺。』風則啼。『商羊一足，雨則舞。』《義訓》。鷸，水鳥，天將雨則鳴。《周書》。『知天文者冠鷸』。《冠禮圖》謂述氏冠，鷸，述之别名也。一名魚虎，一名魚師。《字書》。鷸，知天將雨鳥也。

愛子下巢，生子徙巢。翠鳥作巢，及生子愛之。恐墮，稍下作巢。子生毛羽，復益愛之。又更下也。《異物志》。翡翠巢於樹顛生子，夷人徙下其巢，便取之出。《吴都賦》注：出交趾鬱林郡。

蒼梧獻，尉佗獻。成王時，蒼梧獻羽〔二〕翠。《周書》。文帝尉佗獻翠鳥幹〔三〕。《漢書》。刑鷸，聚鷸。計然者，姓辛氏，字文子。博學無所不通。范蠡受道，藏於石室，乃刑白

〔一〕今按：『鷸』，《藝文類聚》作『雀』。
〔二〕今按：『羽』，《太平御覽》作『翡』。
〔三〕今按：『幹』，《太平御覽》作『千』。

鷸而盟焉。鄭子臧奔宋，好聚鷸冠。鄭伯使盜誘殺之。服之不衷，身之灾也。

鷸曰『今日不雨，明日不雨，即見蚌脯』，蚌曰『今日不出，明日不出，必有死鷸』：趙且伐燕，蘇代曰：『臣過易水，蚌方出脯，而鷸啄其肉，蚌合而鉗喙。鷸曰云云，蚌曰云云，兩者不肯解，漁者並擒之。今趙且伐燕，臣恐强秦之爲漁父也。』

青衣婢，碧衣女。陳袁洪器〔一〕，小名誇郎。見翡翠鳥，羅得之。清夜月明，撤燭長吟，忽失翠鳥。見一婢子曰：『某王家二十娘子，本名翡翠。偶因化身，便爲袁郎羅得。』張確嘗遊霅上白蘋洲。見二碧衣女子，咏云：『碧水色堪染，白蓮香正濃。分飛俱有恨，此别幾時逢。藕隱玲瓏玉，花藏縹緲容。何當假雙鬢，聲影兩相從。』確逐之，化爲翡翠飛去。〔二〕

鵁鶄

似鳧，脚高，毛冠。江東人畜之以厭火灾。《爾雅》。

〔一〕　今按：『器』，唐牛僧孺《玄怪録》作『兒』。

〔二〕　今按：『恨』『鬢』『兩』，人民文學出版社《苕溪漁隱叢話前集》分别作『限』『翼』『暫』。

交目，其名鵁[一]。方目，其名鴔。旋目，其名鴨。《禽經》。

睛交而孕，翼銜而飛。注：狀類鳧而足高，相視，而睛不眩轉，孕而出[二]雛。《禽經》。

巢於高樹顛，生子窟中未能飛。銜母翼飛，下地飲食。《異物志》。

當以鳳凰爲凡鳥，麒麟爲凡獸。玄宗嘗遣中官往西南採捕鵁鶄及諸水禽。汴州刺史倪若水疏曰：『方今九扈時忙，三農作苦，田夫擁耒，蠶婦持桑。而以此時採捕奇禽異鳥，飯之以魚肉，間之以稻粱。道路觀者，其不以陛下賤人而貴獸也！陛下當今當以鳳凰爲凡鳥，麒麟爲凡獸，即鵁鶄、鸂鶒，曷足爲也。』上手敕謝之。縱散其鳥。

杜詩：『鵁鶄鸂鶒莫浪喜[三]，吾與汝曹俱眼明。』

鸂鶒

水鳥，食短狐。

[一] 今按：『鵁』，《禽經》作『鳽』。
[二] 今按：『出』，《禽經》作『生』。
[三] 今按：『鵁鶄』『浪』，《全唐詩》杜甫《春水生二絶》分別作『鸕鷀』『漫』。

中灘鸂鶒，江南鸂鶒。唐河南伊闕縣，縣官有入臺者，先有灘出。牛僧孺爲尉，一日報灘出。老吏曰：『此必分司御史，若是西臺，當有一雙鸂鶒。』僧孺祝云：『既能有灘，何惜鸂鶒？』言訖，一雙飛下。不旬日，拜察院。開元四，遣宦官詣江南取鵁鶄、鸂鶒。汴州刺史倪若水云云，見鵁鶄門。

杜詩：『一雙鸂鶒對沉浮。』『鸂鶒雙雙舞。』

鵜鶘

《爾雅》曰：鴮，鸅鸆。舍人曰：鵜，一名污澤。郭璞曰：『今之鵜鶘也。』入水食魚，故名污澤。俗呼之爲陶河。

陸機疏云：鵜，水鳥。形如鴞而極大，喙長尺餘，直而廣，頷下胡大如數升〔一〕囊。小澤有魚，群共抒水，令水竭盡，共食之。故曰：『陶河』『逃河』『沐澤』。

鵜，一名逃河。《本草》云：身是水沫，胸前有兩塊肉如拳。云昔爲人竊肉，入河化爲

〔一〕今按：『升』，《十三經注疏》本作『斗』。

此鳥。今猶有肉，因名逃河。

師古曰：一名沐澤〔一〕。禿鶖。

《詩》：『維鵜在梁，不濡其翼。彼其之子，不稱其服。維鵜在梁，不濡其味。彼其之子，不遂其媾。』『有鶖在梁』。

魚不畏網而畏鵜鶘，公遠君子而近小人。《莊子》：『魚不畏網而畏鵜鶘。網者，公平無私；鵜鶘有心，故魚畏之。明主行賞罰如網。』《魏志》：黄初二〔二〕年五月，有鵜鶘集靈芝池。詔曰：『此詩人所謂污澤也。《曹詩》「刺共公遠君子而近小人」，今豈有賢智之士處於下位乎？否則斯鳥胡爲而至？其博舉天下俊德茂才、獨行君子，以答曹人之刺。』

杜甫詩：『銛鋒瑩鷺鵜。』戴暠詩：『劍瑩鸊鵜膏。』

〔一〕今按：『沐澤』，中華書局《三國志·五行志》師古注作『污澤』。
〔二〕今按：『二』，中華書局《三國志·魏書·文帝紀》作『四』。

鶖 一名舍利

扶老，秃鶖也。狀如鶴而大。大者高八尺，善與人鬥，好啖蛇。《古今注》。

永嘉五年，有鶖鳥集于始安縣，木矢貫之，銀，長六尺半。〔一〕見長人。

鵜鶘集殿下，大者有秃鶖。漢昭帝時有鵜鶘或曰秃鶖，集昌邑王殿下，王使人射殺之。野鳥入處，宫室將空，王不悟。卒以亡國。《五行志》。孫皓問中書令張尚曰：『鳥之中大者唯鶴，小者雀乎？』尚曰：『大者有秃鶖，小者有鷦鷯。』皓忌勝己。因徙之。《吴記》。

獲於宫内，集於殿前。正光二年八月，獲秃鶖於宫内。崔光表曰：『此即《詩》所謂「有鶖在梁」，解云「秃鶖也」。貪惡之鳥也。臣聞野物入舍，古人以爲不善。是以張琦惡鵂，賈誼忌鵩。鵜鶘暫集而去，前王猶爲至誡。况今獲之宫禁，方欲畜養乎。衛侯好鶴，曹伯愛雁，身死國滅，可爲寒心。願放無用之物，委之川澤。』明帝覽表，即棄之。《北史》。

周大象二年二月，有秃鶖集洛陽宫太極殿。其年帝崩，後宫常虚。《隋志》。

〔一〕今按：『五年』『銀』，《太平廣記》分别作『二年』『鐵鏃』。

唐昭宗光化三年，有飛鶖鳴于昭敬殿殿中。唐一十八帝御容在焉。唐祚將終之兆也。《長安志》。

『昔日曾看瑞應圖，萬般祥瑞不如無。訶摩池上分明見，仔細看來是那胡〔一〕』。王蜀通正元年四月，有狐據于寢室，鵂鶹鳴于帳中，有大鶖鳥颺于摩訶池上。顧太尉瓊時爲小臣，直於内庭，潛吟曰云云。至光天元年，帝崩，乃秃鶖之徵也。

精衛

發鳩之山，有鳥如烏，文首、白喙、赤足，名曰精衛，其鳴自詨。是炎帝之小女，名曰女娃。女娃遊于東海，溺而不返，故爲精衛。常銜西山木石，以堙于東海。《山經》。

一名誓鳥，一名怨禽，又名志鳥，俗名帝鳥〔二〕。海畔俗説：精衛無雄，偶海燕而生。生雌狀如精衛，生雄狀如海燕。今東海畔精衛誓水處猶存。溺於此川，誓不飲其水。《述異記》。

〔一〕　今按：『胡』，《全唐詩》顧敻《感秃鶖潛吟》作『鶘』。

〔二〕　今按：『帝鳥』，《太平御覽》作『帝女雀』。

左思賦：『豣豣精衛銜木償怨。』庾信賦：『豈冤禽之能塞海。』

鷁

鷁，水鳥也。雄鳴上風，雌鳴下風。

《淮南子》：『龍舟鷁首。』畫象船首，以禦水患。

六鷁退飛，八風却走。《左·僖十六年》六鷁退飛過宋都，風也。周内史叔興聘于宋。宋襄公問焉，曰：『是何祥也，吉凶烏〔一〕在？』對曰：『今兹魯大喪，明年齊有亂，君將得諸侯而不終。』退而告人曰：『君失問，是陰陽之事，非吉凶所生。吉凶由人，吾不敢逆君故也。』胡氏曰：『宋襄公以亡國之餘，欲圖霸業。六鷁退飛，不自省其德也。又明年有泓之敗，天之示人顯矣。』

王維《送日本朝監序》：鷁首乘風〔二〕，則八風却走。杜甫詩：『倚風遺鶂路。』注：不

〔一〕今按：『烏』，《十三經注疏》本作『焉。』

〔二〕今按：『風』，《全唐詩》王維《送秘書晁監歸日本國序》作『雲』。

由科第以進。

鶢鶋

鶢鶋，海鳥。

《左·文公二年》仲尼曰：『臧文仲不知者三：祀爰居，不知也。』

《國語》：海鳥爰居，止於魯國東門之外三日。展禽曰：『今其有灾乎！』是歲也，海多大風。張華賦：『海鳥爰居，避風而至，提挈萬里，飄颻逼畏。』畏鐘鼓聲。

杜詩：『爰居〔一〕至魯門。』王介甫詩：『魯門未怪爰居至。』

〔一〕 今按：『爰居』，杜甫《八哀詩·故著作郎貶臺州司户滎陽鄭公虔》作『鶢鶋』。

鵝鴨

鵝，一名舒雁，一名鴐鵞〔一〕。長脰善鳴，峩首似傲，故曰鵝。善鬥好啖蛇，故多溪毒處，養以避之。

食鵝，籠鵝。《孟子》：他日歸，則有饋其兄生鵝者。己嚬蹙，曰：『惡用是鶃鶃者哉？』他日，其母殺是鵝也，與之食之。其兄自外至，曰：『是鶃鶃之肉也。』出而哇之。仲子。山陰道士好養鵝，羲之往觀焉，意甚悦。固求市之，道士云：『爲寫《道德經》，當舉群相贈。』羲之欣然寫畢，籠鵝而去。李白詩曰：『右軍本清真，瀟洒在風塵。山陰遇羽客，要此好鵝賓。掃筆〔二〕寫道經，筆精妙入神。書罷籠鵝去，何曾别主人。』是也。

烹鵝，贖鵝。會稽老姥養一鵝，王逸少爲太守。携親故共往觀之。姥聞二千石來，烹以待之，逸少既至，殊喪往意。《世説》。久視年中，越中有祖録事，出，見擔鵝向市中者，

〔一〕　今按：『鴐鵞』，《十三經注疏》作『鴐鵝』。

〔二〕　今按：『要』『筆』，李白《王右軍》分别作『愛』『素』。

頗〔一〕顧而鳴。以錢贖之，收養之。《僉載》。

金鵝，白鵝。海昏侯沈戎卒葬金鵝山上。有金鵝飛集，三鳴。沈氏通顯。諺云：『金鵝鳴，沈氏興。』《後漢志》。景帝有疾，使巫視鬼。欲試之，乃殺一鵝，埋于苑中。使巫視之，乃曰：『不見有鬼，但見白鵝。』景帝厚賜之。《抱朴子》。

南郡鵝，傅承鵝。柏南郡小貌與兄弟各養鵝，南郡鵝每不如，甚以爲忿。夜往鵝欄，悉殺之。傅承爲江夏守。有一隻鵝失之三年，忽引導得三十餘頭來向承家。《異苑》。

幸六王宅，居一水側。僖宗好鬥鵝，數幸六王宅、興慶池，與諸王鬥鵝。一鵝直五十萬錢。濟南郡有鵝浦，南燕世有漁人居水側，常聽鵝聲。而衆鵝中有鈴聲甚清亮。因羅得之，項上有銅鈴，綴以銅鏍〔二〕，有隱起『元鼎元年』字。《酉陽》。

杜甫《得房公池鵝》：『房相西亭鵝一群，眠沙泛浦白於雲。鳳凰池上應迴首，爲報籠隨王右軍。』

駱賓王七歲《咏鵝》：『鵝鵝鵝，曲項向天歌。白毛浮绿水，紅掌撥清波。』

〔一〕今按：『頗』，《太平廣記》作『頻』。

〔二〕今按：『浦』『銅鏍』，《太平廣記》分别作『溝』『銀鎖』。

蒼白鵝，黑白鵝。永嘉中，洛城地陷，中有二白鵝，蒼者飛去，白者不能飛。董養嘆曰：昔周時所盟會狄泉，此地也。蒼者胡象，明當入洛。白者不能飛，此國諱也。《晋書》。庾信賦：『出狄泉之蒼烏。』『符朗食鵝，知黑白之處。』《秦記》。

鵝女溪，戎虜歸。太元中，章安郡吏悝有駁雄鵝，善鬥〔一〕，悝女常養之。失女及鵝，追至一水，今名此水爲鵝溪。《五行記》。胡蕃爲高祖從事，征廣固纍月。忽有鳥如鵝，蒼赤色，飛入高祖帳裏。蕃賀曰：『蒼色者戎虜。戎虜歸我，大吉之祥也。』明日攻城，陷之。《宋書》。

木鵝，孝鵝。高祖義兵至河東，隋將堯君素守城。君素乃爲木鵝，置表於頸，具論事勢。浮之黄河，下。河陽守者得之，達於東都，越王侗見而嘆息。天寶末，德清沈朝家有鵝，育卵膓出以死。其雛悲鳴不復食，啄敗薦覆之，又銜芻草母前，若祭奠狀，長吁數聲而死。沈氏因而埋之。後人呼爲孝鵝冢。《寰宇記》。

鵝有出子之税，又有祈雨之厄。李先主以國用不足，税民間鵝卵出雙子者、柳花爲絮者。伶人獻詞云：『惟願普天多瑞慶，柳條結絮鵝卵生。』《聞見録》。宋祈雨雪法，擇靈祠爲壇，取白鵝割項盛血，並鵝奠之。次日，俱於壇前瘞之。東坡云：『鵝能警盗，亦能却蛇。』

〔一〕今按：『鬥』，《太平廣記》作『鳴』。

是有祈雨之厄〔一〕。悲夫！《志林》。俗云：鵝毛柔暖而性冷，宜履嬰兒，辟驚癇也。《異物志》。食鵝之肉，毛可棄也。明人〔二〕縫之以禦臘。朱子。卞形〔三〕云：『鵝性頑而傲。鵝頑傲，謂潘敞。』許洞嘲林逋曰：『豪民送物鵝伸頸。』

鴨：鶩，鴨也。一名舒鳧。李巡曰：『野曰鳧，家曰鶩。』《爾雅疏》。王勃《序》『落霞與孤鶩齊飛』，是又以鶩爲野雁矣。《周官》：『庶人執鶩。』鄭曰：『鶩取其不飛遷。』《説苑》曰：『鶩無他心，故庶人以爲贄。』《曲禮》曰：『庶人之贄匹。』匹，鶩也。鷄伏鴨卵，雛成入水。鴨鷄異類，能相隨也。

射鴨堂，擊鴨池。孟郊爲溧陽尉，開射鴨堂。李愬雪夜入蔡州，擊鵝鴨池。

能言鴨，莫打鴨。陸龜蒙有鬥鴨。有一使，挾彈擊其尤者。龜蒙云：『此爲能作人語。使者斃之，奈何？』使者恐，酬以金。問其語，曰：『能自呼其名。』使者憤且笑，上馬去。龜蒙還其金，曰：『戲耳。』梅聖俞詩：『莫打鴨，打鴨驚鴛鴦。』宋呂士隆知宣州，好打妓。遍杭州得一妓，喜之。後郡妓有過，欲笞之。妓曰：『恐杭妓不安。』乃舍之。聖俞云云。

〔一〕今按：『是有祈雨之厄』，四庫全書本《仇池筆記》作『人有技倆之厄也』。

〔二〕今按：『明人』，王耀宗主編《衡水閻莊法帖集》引朱熹《不自棄文》作『峒民』。

〔三〕今按：『卞形』，中華書局《南史·文學傳》作『卞彬』。

青鴨，丹鴨。望月臺有三青鴨化爲三小童，皆着青文襦，各握鯨文大錢五枚，置帝几前。身止影動，因名『輕影錢』。玄都水有鴨，丹毛而輕。登于英渠，唼露而食。名曰『升渠鴨』。

鷖非鳧，鳧非鷖。張湯欲以鷖當鳧，祀宗廟。董仲舒曰：『鷖非鳧，鳧非鷖。愚以爲不可。』《繁露》。

士卒鳧藻，武旅鳧藻。光武，杜詩疏云：『將帥和睦，士卒鳧藻。』注：和睦歡悦，如鳧之戲于水藻也。桓帝，劉陶議曰：『聖王承天利物，與人行止。是故靈臺有子來之人，武旅有鳧藻之士。』注：武旅，王之旅。鳥得水藻，言喜悦也。

梁簡文《序》：鳧與〔一〕藻抃，獨瑩心靈。

飛鳧栖廬側，飛鳧游廬旁。頓琦至孝，母喪感慕，有飛鳧白鳩栖廬側，見人即去，見琦而留。丁密遭父艱，致飛鳧一雙，游廬旁小池。見人則馴附，如家所畜。後遭母喪，密歸至所居一宿。故雙鳧復游戲池中。《廣州先賢傳》。

魏帝求而孫權具與，孫慮作而陸遜正色。魏文帝遣使求鬥鴨。孫權曰：『彼在亮陰

〔一〕今按：『與』，四部叢刊初編本《廣弘明集》引梁簡文帝《〈玄圃園講頌〉並序》作『興』。

中，所求若此，豈可與言禮哉！』具以與之。建昌侯孫慮於堂前作鬥鴨欄。陸遜正色曰：『君侯動〔一〕覽經典，用此何爲？』慮即毀之。

烏衣人請命，白頭翁飛去。柏逸〔二〕爲汝南，郡人齎四烏鴨作禮。大兒夢四烏衣人請命，買肉以代。夢四人來謝而去。周昉少時入廟，如厠，見一白頭翁，化爲雄鴨。昉欲烹之，因而飛去。

狸入籠而咬四十，孫費用而鞭二十。齊王祐，太宗第五子。好養鬥鴨，方未反前，狸入籠中咬四十餘鴨。及敗，誅者四十四人。《舊唐》。唐安南都護登祐家，巨富。未嘗設客。孫子將鴨費用，祐以擅破家私，鞭二十。〔三〕

糞中麸金，土中麸金。廣州浛洭縣王家有養鵝鴨池。嘗於鴨糞中見麸金，日得一兩，緣此而致富貴三世。後池無金，王氏力殫矣。〔四〕陳懷卿養鴨百餘頭。鴨卵中得金十兩，

〔一〕今按：『動』，《三國志・吳書・陸遜傳》作『宜勤』。
〔二〕今按：『柏逸』，《太平廣記》作『桓邈』。
〔三〕今按：『登祐』『費』，《太平廣記》分别作『鄧佑』『私』。
〔四〕今按：『王家』『王氏』，《太平御覽》分别作『黄家』『黄氏』。

所食處土中有麩金，銷得數千斤，遂巨富。〔一〕

一對，雙〔二〕貫遠。李爲杭州刺史，嗜啖绿頭鴨。貴客經過，绿頭鴨一對而已。太祖車駕幸臨水亭，雙鳬戲於池面。一發而雙貫，從官歡呼拜賀。上命翰林繪工寫之縑素。《周書》。

素纓之鴨，翰音之鷄，望視之土，白蹄之豕，短喙之狗，脩頸之鳥，君子之貌，何獨異耶！《太玄經》。〔三〕

花鴨。杜詩。『花鴨無泥滓，階前每緩行。羽毛知獨立，黑白太分明。不覺群心妒，休牽衆眼驚。』自警自安。『稻粱霑汝在，作意莫先鳴。』自警自安，可飽稻粱，飽食緘言，處亂之道也。

〔一〕今按：『卵』，《太平廣記》作『欄』。
〔二〕今按：『雙』，《太平御覽》引《周書》作『疊』。
〔三〕今按：『纓』『土』『鳥』『太玄經』，《太平御覽》分别作『嬰』『兔』『馬』『太元經』。

鷄 **鷄之爲言佳也，佳〔一〕而起爲人期，莫寶也。《説題辭》**

燭夜，玉衡。一名燭夜。玉衡精〔二〕散爲鷄。

積陽，八風。鷄爲積陽，南方之象，陽出鷄鳴，以類感也。《九家易》曰：『應八風也。時至而鳴，與風相應也。二九十八，主風精爲雞，故十八日剖而成雞〔三〕。』曰：『健爲鶤未成鷄曰健，絶有力奮。鷄三尺爲鶤，栖於弋〔四〕。』

司時，候晨。京房《易傳》曰：「鷄知時。」劉向云：『鷄者小畜，主司時起居人。』師古曰：『至時而鳴，以爲人起居之節。』諺云：『候晨之鷄，且補更鳴。』

鳳鷄，木鷄。『黄帝之時，以鳳爲鷄。』徐整《正曆》。紀省子爲周宣王養鬥鷄。十日而問：『鷄可鬥已乎？』曰：『未也。方虚驕而恃氣。』十日又問，曰：『未也。猶應影響。』十

〔一〕今按：『佳』『而起』，《初學記》分别作『佳』『起』。

〔二〕今按：『精』，《初學記》作『星』。

〔三〕今按：『雞』，巴蜀書社（唐李鼎祚）《周易集解》作『雛』。

〔四〕今按：『弋』，《太平御覽》作『杙』。

日又問，曰：『未也。猶疾視而盛氣。』十日又問，曰：『幾矣。鷄雖有鳴者，已無變矣。望之似木鷄矣。其德全矣。』《列子》。〔一〕

鷄有胡髯，五指，金骹，反翅之種。《易》：『巽爲鷄。』《記》：鷄曰翰音。《易·中孚》：上九，《象》曰：『翰音登于天，何可長也。』忠篤内喪，華美外颺。〔二〕子曰：『好信不好學，其蔽也賊。』《淮南子》：『鷄知將旦。』《記·月令》：十二月鷄乳。《周禮·大宗伯》：『工商執鷄。』取其守時而動也。《鄭玄注》。《詩》：『風雨凄凄，鷄鳴喈喈。風雨瀟瀟，鷄鳴嘐嘐。風雨如晦，鷄鳴不已。』見所期之人而心悦。『鷄既鳴矣，朝既盈矣。匪鷄則鳴，蒼蠅之聲。』古之賢妃，心常恐晚。女曰鷄鳴，士曰昧旦。夫婦相戒。『鷄栖于塒，鷄栖于桀。君子于役。』夫子莞爾而笑曰：『割鷄焉用牛刀？』

孟子對梁惠王曰：『鷄豚之畜，無失其時，七十者可以食肉矣。』對齊宣王曰云云。《孟子》曰：『五母鷄，無失其時，老者足以無失肉矣。』『鷄鳴狗吠相聞而達于四境，而齊有其民

〔一〕　今按：『鷄可鬥已乎』『已無變矣』，《太平御覽》分别作『鷄可鬥乎』『已無變』。無此『十日又問曰未也猶應影響』十一字。此條亦見《列子注·黄帝篇》。

〔二〕　今按：『颺』，《十三經注疏》本作『揚』。

矣。』『今有人日攘其鄰之鷄者。或告之曰：「是非君子之道。」曰：「請損之。月攘一鷄，以待來年，然後已。云云。斯速已矣，何待來年。」』『人有鷄犬放，則知求之。有放心，而不知求。』『鷄鳴而起，孳孳爲善者，舜之徒也。鷄鳴而起，孳孳爲利者，蹠之徒也。』

孟獻子曰：『畜馬乘，不察於鷄豚。』言上之人，當挈矩，不可侵小利。

犧鷄。《左・昭公廿二年》：王子朝、賓起有寵於景王。賓孟起也。適郊，見雄鷄自斷其尾。問之，使者曰：『自憚其犧也。』遽歸，告王，且曰：『鷄其憚爲人用乎？人異於是，犧者，實用人。注：鷄雖見寵，卒當見殺。人見寵飾，則當貴盛。人犧實難，己鷄何害？』注：己喻子朝，欲王寵異。

鬥鷄。《左・昭公廿五年》：季、郈之鷄鬥，季氏介其鷄，郈氏爲之金距。《淮南子》云云。季氏之鷄不勝，季平子怒，因侵郈氏之宫而築之。郈昭伯怒譖之。魯昭公使昭伯將卒以攻之。仲孫氏、叔孫氏救之。郈昭伯不勝而死，昭公奔齊。故禍之所從生者，始於鷄足；及其大也，至於亡社稷〔一〕。田饒謂魯哀公曰：『君獨不見夫鷄乎？頭戴冠者，文也。足傅距者，武也。敵在前敢鬥者，勇也。見食相呼者，仁也。守夜不失時者，信也。鷄雖有

〔一〕今按：『譖』『足』，諸子集成本《淮南子・人間訓》分别作『傷』『定』。

此五者，君猶曰瀹而食之，何則？以其所從來近也。』見鳴鵠門。

食客之鳴，府尹之鳴。孟嘗君夜半至函谷關，客有能爲鷄鳴者，鷄盡鳴。庾信賦曰『關未曉而鷄鳴』是也。韓平原作南園，有村莊。韓曰：『只欠鷄鳴犬吠耳。』忽聞鷄犬聲，乃府尹所爲也。

鬥鷄，鬥鷄。戰如鬥鷄：勝者先鳴。《尸子》。唐明皇乙酉生，而喜鬥鷄，兆亂之象也。李白詩：『鬥鷄金宫裏。』杜甫詩『鬥鷄初賜錦』是也。僧家謂鷄爲『鑽籬菜』。永昌郡無鷄。

瑞鷄

有三雀登一鷄。晋元帝未登極，有三雀共登一雄鷄背，占者曰：『當三進爵爲天子也。』《洞林》。有將雛鷄，雀集其前。《宋書》。

雙頭鷄，長鳴鷄。太初二年，月氏貢四足一尾，鳴則俱鳴。漢成帝時，交趾獻長鳴鷄。下漏驗之，晷刻無差。一〔一〕鳴一食，長距善鬥。

〔一〕今按：『一』，《太平廣記》作『長』。

碧鷄，語鷄。方士言益州有金馬碧鷄之寶，可祭祀致也。宣帝使王褒祀焉。兖州刺史沛國宋處宗，買一長鳴鷄，愛養甚至，恒籠置窗間。後鷄作人語，與處宗論，極有玄致〔一〕，終日不輟。處宗因此功業大進。

長鳴，頭鳴。涼州罪人於市將刑，忽有一白雄鷄飛於人邊請命，引頸長鳴伏地。刺史張義免其坐。《西州記》。徐州人吴清，以太元五年差征。殺鷄求福，置頭盤中，忽然而鳴。後得賊首邵寶首，以功拜清河太守。鷄之妖更爲祥。

天鷄，玉鷄。桃都山有大樹曰『桃都』，枝相去三千里，上有『天鷄』。日照此樹，鷄即隨之。温庭筠詩『婆〔二〕黎枕上聞天鷄』是也。扶桑山有玉鷄，玉鷄鳴則金鷄鳴，金鷄鳴則石鷄鳴，石鷄鳴則天下之鷄悉鳴，而潮水應之矣。

長鳴鷄，司夜鷄。汝南出長鳴鷄。《漢舊儀》。東方欲明星爛爛，汝南晨鷄登壇喚。曲終漏盡嚴具陳，月没星稀天下旦。有司夜鷄，亦曰五時鷄。一更爲一聲，五更爲五聲。

細尾鷄，長鳴鷄。馬韓出細尾鷄，其尾長五尺餘。《魏志》。東南〔三〕獻長鳴承露鷄。《江

〔一〕今按：『玄致』，《藝文類聚》作『言智』。

〔二〕今按：『婆』，《全唐詩》温庭筠《春江花月夜詞》作『頗』。

〔三〕今按：『東南』，《太平御覽》作『南郡』。

表傳》。

異聲，長尾，狼首之鷄。特稟異聲。狼首，地名。馬韓有長尾鷄，尾長五尺。穰年，若影。高興縣多容鷄，其形如鷄，來則年熟。《南越志》。唐杭州釋法鈇常養一鷄，不食類，隨之若影，不遊他所。及入長安，長鳴三日而絶。

妖鷄

《書》：王曰：『古人有言，曰「牝鷄無晨；牝鷄之晨，惟家之索。」』徐季龍曰：『世有軍事，則感鷄雉先鳴，何也？』管輅曰：『夫鷄者光之畜，金者兵之精，雉鷄離之鳥，獸者武之神，故太白揚輝則鷄鳴，熒惑流行則雉鷄鳴，各感類而動。』《别傳》。

雌鷄化爲雄，雌鷄化爲雄。漢宣帝時，雌鷄化爲雄。至平帝時，王莽簒。班固賦：『巽羽化乎宣宫兮，彌玉〔一〕辟而成灾。』漢靈帝光和元年，侍中寺雌鷄化爲一雄。書法，侍中寺何内署也？於是閹竪用事，牝鷄而晨變，不虚生矣。雌化爲雄，異也。雌鷄化雄，《綱目》一

〔一〕今按：『玉』，中州古籍出版社（漢班固撰，清張溥輯，白静生注）《班蘭臺集校注》作『五』。

書而已。

夢鷄，舞鷄。『謝安夢乘温輿行十六里，見一白鷄而止。乘温輿者，代其位也。十六里止，今十六年。白鷄主酉，歲在酉，殆不起乎！』李白詩『白鷄夢後三百歲』是也。范陽祖逖，少有大志，與劉琨俱爲主簿。中夜聞鷄鳴，蹴琨覺曰：『此非惡聲也！』因起舞。《天官書》：夜半鷄，謂之荒鷄。荒鷄鳴天下亂。《晋書》：史臣曰：『劉琨，祖逖聞鷄暗舞，思中原之燎火，幸天步之多艱。原其素懷，抑爲貪亂者矣。』李白詩：『劉琨與祖逖，起舞鷄鳴晨。雖有匡濟心，終爲樂禍人。』

五足，四足。《運斗樞》：遠雅頌，著倡優，則雄鷄五足。崔光，字長仁。正始元年夏，有典事史元顯獻四足四翼鷄。詔問光，光表曰：『翅足衆多，群下相扇動之象。雛而未大，脚羽差小，其勢尚微。易制御也。』數日，茹皓等並以罪伏法。於是禮光逾重。《後魏》。

白和，白團。梁時有人常以鷄卵白和沐，使髮光黑。每沐輒破二三十枚。臨終但聞髮中啾啾數千鷄雛之聲。周武帝好食鷄卵，拔虎爲監膳儀同。開皇中，死而復蘇，云：『被攝證武帝進白團事。』儀同不識，左右曰：『名鷄卵爲白團也。』

戴冠郎，勃公子。張琦家有女子，入夜哀痛，白日即安。王勳至家〔一〕，開鏡照之。痛者曰：『戴冠郎被殺。』病者牀下有雄鷄死矣。乃是主人七八歲老鷄。韓琬與張昌宗、王本立同遊太學。博士姓張，畜一鷄，呼爲勃公子。每講集，輒巢于學徒中。或攫破書，本主殺而食之。

白衣人，烏衣人。勃海高嶷卒而蘇，云：『有一白衣人，眇目，把牒。冥官云：「君命未盡，且放還。」』遂悟白衣人乃是家中老瞎麻鷄也。令射殺，魅遂絶。衛鎬爲顯官〔二〕，至里人王幸在家。方假寐，夢一烏衣婦人引十數小兒，咸言乞命。所親者報曰：『王幸在家無物設饌，有一鷄抱兒。』方悟，烏衣婦人果烏鷄也。

五指〔三〕五色，四距重翼。玄鷄白頭，食之病人。鷄有五指者亦殺人。鷄有五色者亦殺人。鷄有四距重翼者，龍也。殺之震死。老鷄能呼人姓名，殺之則止。野鷄屬陰，先鳴而後鼓翼。家鷄屬陽，先鼓翼而後鳴。大者蜀，小者荆。羊溝巨鶤，龍鄉鳴鷄。

〔一〕今按：『王勳至家』，《太平廣記》作『績停一宿』。
〔二〕今按：『顯官』，《太平廣記》作『縣官』。
〔三〕今按：『五指』，《初學記》作『六指』。

石鷄。白水〔一〕南有鷄山，上有石鷄，冠距如生。道士李鎮常寶玩之。鷄一朝摧毁，鎮告人曰：『鷄卒如此，吾其終乎！』月餘，果卒。《廬山記》。

鷄鳴，鷄栖。苻堅將入寇江左，其妻張氏諫云：『諺言：「鷄夜鳴者不利行師，犬群嗥者宫室必空。」秋冬以來，群犬皆嗥，衆鷄夜鳴，厩馬驚逸，武庫兵器有聲，願詳思之。』堅不聽。裴景仁《符書》曰：苻健皇始四年冬，山鷄入人家，栖宿養子而去。

總

祝鷄，朱鷄。祝鷄翁，洛陽人。居尸鄉山下，養鷄百餘牢〔二〕，皆有名字。《列仙傳》。祝鷄翁善養鷄，今世人呼之曰『祝』。《博物志》。俗傳：鷄本朱氏翁化爲之，故呼鷄皆曰『朱鷄』。〔三〕《催宗文樹鷄栅》：『愈風傳烏鷄，秋卵方漫喫。自春生成者，隨母向百翮。課奴殺青竹，終日憎赤幘。墻東有隙地，可以樹高栅。未似尸鄉翁，拘留蓋阡陌。』《鷄》：『紀德名標

〔一〕今按：『白水』，《太平廣記》分别作『廬山』。

〔二〕今按：『牢』，《太平廣記》作『年』。

〔三〕今按：『朱鷄』，《初學記》作『朱朱』。

五，初鳴度必三。殊方聽有異，失次曉無慚。問俗人情似，充庖爾輩堪。氣交亭育際，巫峽漏司南。』

雉

雉，野鷄，雄者有冠，長尾，身有文彩，善鬥。《易》：『離爲雉。』《記》：雉曰：疏趾。《周禮・春官》：『士執雉。』注：取其守介而死，不失其節。《易・鼎》：『九三，雉膏不食。』膏，甘味之物，喻禄位。《旅》：『六五，射雉，一矢亡。』『雉爲離』。文明之物。《書・舜典》：『一死雉。』《高宗肜日》：『越有雊雉。』祖己曰：『典祀無豊于昵。』《外紀》：武丁祭湯，有飛雉升鼎耳而雊。武丁内反諸己，以思王道。三年蠻夷至者六國，自是章服多用翟羽。又按：因作雉尾扇，益稷萃蟲〔一〕作會。

〔一〕今按：『萃蟲』，上海古籍出版社（李民、王健撰）《尚書譯注》作『華蟲』。

《詩》：『雄雉于飛，泄泄其羽。雄雉于飛，下上其音。』『君子從[一]役。』『雉離于羅。尚寐無吪。』雉性耿介。『雉離于罦，尚寐無覺。雉離于罿，尚寐無聰。』君子不樂其生。『有唯鳥雉鳴，雉鳴求其牡。』飛曰雌雄，走曰牝牡。比淫亂之人，不變禮義。『如翬斯飛』。《斯干》。『雉之朝雊，尚求其雌。』《小弁》。『依彼平林，有集維鷮。』鷮，鷙雉也。

《語》曰：『山梁雌雉，時哉！時哉！』子路共之，三嗅而作。按：古注曰：嘆雌雉之得時，傷己之不遇也。三嗅而作，傷之而不苟食也。

《記·月令》：『十月，雉入大水爲蛤。』[二]

《左·昭公十六年》：『丹鳥氏，司閉也。』丹鳥，鷩雉也。立秋來，立冬去。五雉爲五工正。東方曰鶅雉，磚埴之工也。西方曰鷷雉，攻木之工也。南方有翟雉，攻金之工也。北方有鵗雉，攻皮之工也。伊洛之南曰翬雉，設五色之工也。[三]

《禽經》：『雉，介鳥也。』韓詩：『雉，耿介之鳥。』劉禹錫《明贊論》：『耿介而一志者，雉也。』

[一] 今按：『從』，《十三經注疏》本作『於』。
[二] 今按：『十月』『蛤』，《十三經注疏》本分別作『季秋之月』『蜃』。
[三] 今按：『十六年』『磚』『伊洛之南』，《十三經注疏》本分別作『十七年』『摶』『伊洛而南』。

瑞雉

白雉，白雉。周成王時，越裳氏獻周公，歸之王，薦于宗廟。漢平帝元始元年，蠻夷獻白雉。王莽風益州，令蠻夷自稱越裳氏，獻白雉。光武時，日南獻。班固《白雉》詩：『啓靈篇兮披瑞圖，獲白雉兮效素烏。嘉祥阜兮集皇都，發皓羽兮奮翹英，容潔朗兮於淳精。彰皇德兮侔周成，永延長兮膺天慶。』貞觀二年，上曰：『後魏之世，煮白雉而食之。豈足爲至治乎！』鄭注：獻白雉，是歲有甘露之變。

《援神契》：王者祭祀不相逾。晏食袍服有節，則至。

《抱朴子》：『白雉有種，南越尤多。今之九德，則古之越裳也。成王以爲瑞者，貴其所自來之遠，明其德化所被之廣，謂此爲奇也〔一〕。』

勃海王高歡攻鄴時，令史焚連理木，煮白雉而食之。《三國典略》。

銜環，登秩。魯昭公時，白雉銜環入。《感精符》。注：雉之爲言弟也。喻昭公弟爲季氏

〔一〕今按：『謂此爲奇也』，《藝文類聚》作『非謂此爲奇也』。

入爲君也。

叔孫豹奔齊，還。婦人以雉爲食而宿焉，問其姓，曰：『予子長矣，能奉雉而從我矣。』《左》。

《晋書》：謁由奉〔一〕雉，孕本貿絲，因家乏主，遂登顯秩。

五色集庭，繡衣再拜。有鳥飛從南方來，白質，五色皆備，集于公之庭，相見如讓。公召叔向問，叔向曰：『吾聞師曠曰：西方有白質鳥，五色皆備，其名曰「翬」。南方有赤質鳥，五色皆備，其名曰「鷂」。來爲吾君臣，其祥先至矣。』《瑣語》。〔二〕後魏裴安祖曾行值。天熱，有鷙鳥逐之，雉急投之，觸樹而死。乃置陰地，良久得蘇，喜而放之。夢見一丈夫，繡衣曲領，向安祖再拜，云：『感君前者見放，故來謝德。』〔三〕《北史》。

隨雉，馴雉。蕭望之爲郎，有雉數十，常隨車。魯恭令中牟，蟲不犯境，一異也。化及

〔一〕今按：『奉』，中華書局《晋書》作『捧』。
〔二〕今按：『瑣語』，《太平御覽》作『瑣語』。
〔三〕今按：『曾行值。天熱，有鷙鳥逐之』『喜』『繡衣』，《太平御覽》分別作『閒居養志不出城邑曾天熱有鷙鳥逐雉』『憘』『著繡』。

鳥獸，二異也。童子有仁心，三異也。〔一〕

灾雉

鼎耳，雉尾。見上。

殿集飛雉，宫鳴野雉。漢成帝鴻嘉二年，飛雉集于庭，登堂而雊。又集未央宫承明殿，又集御史車騎府。御史大夫王音言：『天地之氣，以類相應；譴告人主，甚微而著。雉者聽察，先聞雷聲，故《月令》以紀氣。《經》載高宗雉雊之異，以明轉禍爲福之驗。陛下繼嗣不立，皇天數見灾異，欲人變更。』發明，雉集宫殿，空宫之兆也。漢昌邑王時，『宫鳴野雉』。梁武帝時亦然。庾信賦『宫鳴野雉』是也。

總童化雉，蛇化雉。秦穆公時，陳倉人掘地得物，若羊非羊，獻諸公，道逢二童子。童曰：『此名爲媪。』媪曰：『彼二童名爲陳寶。得雄者王，得雌者霸。』舍媪，逐童子。童子化爲

〔一〕　今按：『童』，《藝文類聚》作『豎』。『蕭望之』當作『蕭芝』。李瀚《蒙求》載：『蕭芝雉隨。』蕭廣濟《孝子傳》曰：蕭芝忠孝，除尚書郎。有雉數十頭，飲啄宿止，當上直送至歧路，下直及門，飛鳴車側。《事文類聚》載：『蕭望之爲郎，有雉數十，常隨車翔集。』《漢書·蕭望之傳》未見有載，據此知《事文類聚》誤以蕭芝爲蕭望之，當正之。

雉，飛入于林。大獵，果得雉。又化爲石。置之汧、渭間。文公爲立陳寶祠，〔一〕時流星集若雌雄。《列異傳》。揚雄賦：『追天寶，出一方；應駍聲，擊流光。野盡山窮，囊括其雌雄。』晋武庫中，蛇化雉，雉側有蛇。張司空云：『此蛇之所化耳。』果得蛇蜕。《異苑》。

雌雉皆雊，二雉雊寢。則天初誕之夕，雌雉皆雊。《高駢》：中和二年五月，二雉雊寢。占者曰：『野鳥入室，軍府將空。』

獲雉，飛雉。《左》：賈大夫娶妻，三年不言不笑。御以如皋，射雉，獲之，妻始笑。齊牧犢子七十無妻，見雌雄雉，有《雉朝飛操》。

李白詩：『麥隴青青三月時，白雉朝飛挾兩雌。錦衣繡翼何離褷，牧犢採薪感之悲。』魏主射雉，吴主射雉。魏主射雉，顧群臣曰：『樂哉！』辛毗曰：『於陛下甚樂，於群臣甚苦。』孫休射雉，群臣諫曰：『此何物，何足甚耽。』答曰：『雖爲小物，耿介過人。朕之所以好也。』《語林》。

射雉無得，射雉有塲。褚炫從宋明帝射雉，日中無所得。炫曰：『今節候雖適，而雲露

〔一〕今按：『諸公』『霸』『于林』『果得雉』，《搜神記》分别作『穆公』『伯』『平林』『果得雌雉』。

尚變〔一〕，故斯翬之禽，驕心未警。但得神駕游豫，群情便爲載歡。』帝意解，雉場置酒。齊東昏侯置射雉場，二百九十六變。〔二〕

張准雉媒，釋安雉生。臨賀王正德，其妹長公主，姿容國色，悦而私之。張准有雉媒，正德見而奪之。准於重雲殿法會所罵之曰：『張准雉媒，非長樂公主，何可略奪？』正德以雉媒還之。陳宣帝時，釋僧安住土室山，講涅盤。有雌雉伏聽，二〔三〕卷未了，遂絶不至。安曰：『雉生人道矣。』安至越州人家，喚雌雉，一女走出，如舊相識。其父言：『此女生時髮如雉毛，因以爲名。』

遼澤野鷄，高樹翟雉。玄宗賜禄山有遼澤野鷄。翟雉長尾，雨雪，惜其尾，栖高樹抄，不敢下食，往往餓死。《博物志》。〔四〕

雉有專栖之雄，雉有擅澤之鶮，蟻有堇弱之智，蜂有攻巢之計，人相役御，亦猶是耳。

〔一〕今按：『而雲露尚變』，中華書局《南史・褚炫傳》作『而雲霧尚凝』。
〔二〕今按：『變』，中華書局《南齊書・東昏侯紀》作『處』。
〔三〕今按：『二』，釋僧勐《釋氏通鑒》作『三』。
〔四〕今按：『翟』『抄』，《博物志校證》分別作『鸐』『杪』。

《抱朴子》。〔一〕

柳詩：『已看能類鼈，猶訝雉爲鸛。』杜詩：『翟袁〔二〕郎官瑞。』『蕭雉只相馴。』

潘岳《射雉賦》：伊義鳥之應敵，啾擭地以厲響。昔賈氏之如皋，始解顔於一笑〔三〕。

醜夫爲之改貌，憾妻爲之釋怨。

鵽

鵽鳩，寇雉。鵽大如鴿〔四〕，似雌雉，鼠脚，無後指，岐尾。爲鳥憨急，群飛，出沙漠地。又謂之泆泆。《爾雅》。

調露元年，有鳴鵽群飛入塞，相繼蔽野，邊人相驚。曰：『突厥雀南飛，突厥犯塞之兆也。』二年正月，還復北飛，至靈夏已北，悉墜地而死，視之，皆無頭。裴行儉問苗神客，曰：

〔一〕今按：『堇』『巢』，《藝文類聚》分別作『兼』『寡』。

〔二〕今按：『袁』，《全唐詩》杜甫《夏夜李尚書筵送宇文石首赴縣聯句》作『表』。

〔三〕今按：『笑』，中國書店（清姚鼐選纂，宋晶、如章榮注釋）《古文辭類纂》作『箭』。

〔四〕今按：『鴿』，《十三經注疏》本作『鴿』。

『鳥獸之群〔一〕，乃應人事，何也？』對曰：『人雖最靈，而禀性含氣，同於萬類，故吉凶兆於彼，而禍福應於此。聖王受命，龍鳳爲嘉瑞者，和氣同也。故漢祖斬蛇而驗秦之必亡，仲尼感麟而知己之將死。夷羊在牧，殷紂以滅。鸜鵒來巢，魯昭出奔。鼠舞端門，燕刺誅死。大鳥飛集，昌邑以敗。是故君子虔恭寅畏，動必思義，雖在幽獨，如承大事，知神明之照臨，懼患難之及己也。雉升鼎耳，殷宗側身而修德，鵩上坐隅，賈生作賦以叙命。卒以無患者，德勝妖也。』《唐・五行志》。

鷓鴣

『隨陽越雉，鷓鴣也。晋安曰懷南，江左曰逐隱。』《禽經》。南方有鳥曰『鷓鴣』，其鳴自呼，常向日而飛。畏霜露，早晚晞出。有時夜飛，則以樹葉覆其背上。《古今注》。歐陽公詩：『病識陰晴如鵓鴣。』鄭谷詩：『晚戲平蕪錦翼齊，品類元不畏山鷄。雨昏青草湖邊過，花落黄陵廟裏啼。遊子乍聞紅淚濕，佳人纔唱翠眉低。相呼相喚江南曲，苦竹叢生春日

〔一〕　今按：『群』，中華書局《舊唐書・五行志》作『祥』。

西。』時人謂之鄭鷓鴣。〔一〕《吴都賦》：『鷓鴣南翥以翱翔〔二〕。』古詩：『花間〔三〕啼鳥亂鉤輈。』林逋詩：『雲木卧鉤輈。』鷓鴣自呼：『鉤輈格傑。』〔四〕

鶡

煇諳〔五〕之山，其鳥多鶡。『似雉而大，青色，有毛，勇健，鬥死乃止。』出上黨也。《山經》。杜甫詩：『生年鶡冠子。』鶡，毅鳥也。毅不知死。《禽經》。鶡之爲鳥，同群相爲，疇類被侵，雖死不避。毛飾武士，兼厲以義。郭璞贊。鶡之爲禽，猛氣其鬥，終無勝負，期於必死。子建賦。虎賁武騎皆鶡冠。鶡者，勇雉也。其鬥，一死乃止。故趙武靈王以表武士。《輿服

〔一〕今按：『平』『品類元不畏山鷄』『紅淚』『江南曲』『生』，《全唐詩》鄭谷《鷓鴣》分别作『煙』『品流應得近山鷄』『征袖』『湘江闊』『遠』或『深』。

〔二〕今按：『以翱翔』，《歷代賦選》『而中留』。

〔三〕今按：『間』，貴州人民出版社（北宋歐陽修著、王锳注）《歐陽修詩文選注》作『開』。

〔四〕今按：『卧』『傑』，岳麓書社（宋沈括著侯真平校點）《夢溪筆談·藝文一》分别作『叫』『磔』。

〔五〕今按：『諳』，《山海經·中山經》作『諸』。

志》。徐廣曰：『鶡似黑雉。』荀綽注：冠插兩鶡。京兆尹張敞舍鶡雀，飛集丞相府。丞相黄霸以爲神雀，議欲以聞。敞劾奏，霸大慚。《漢書》。師古以爲雛雀，未詳。張方將移惠帝於長安，入殿奉迎，自領五千騎。髮旄繫兜鍪，皆用凉州白鶡毛，天子見之大驚。《八王故事》。

鳩

《禽經》：『拙者莫如鳩。』

鳩：『物之拙者，不能爲巢，纔架數枝，往往破卵。無巢不能居，天將雨，則逐其雌。霽則呼而反之。』今人辨其聲，以爲無屋住。《爾雅翼》。《詩》：『維鵲有巢，維鳩居之。維鵲有巢，維鳩方之。維鵲有巢，維鳩盈之。』嫁於諸侯，家人美之。『宛彼鳴鳩，翰飛戾天。』急亂相戒。《記》：仲春之月，鷹化爲鳩。《周書·時訓》：『穀雨日又五日，鳴鳩拂其雨〔一〕。』鳴鳩不拂其羽，國不治兵。』梟東徙，鳩曰：『子改鳴則可，不改，雖東徙猶惡子。』《説苑》。

〔一〕今按：『雨』，《太平御覽》作『羽』。

大舜之歌，成湯之瑞。舜耕於歷山，思慕父母。見鳩與母飛鳴，相哺食，益以感思，乃作歌。《琴操》。《張紘書》：『殷湯有白鳩之祥。』成王時來至。杜《省中院壁》詩：『鳴鳩乳燕青春深。』

鳲鳩

鳲鳩，秸鞠也。鄧州老僧日食二鳲鳩。有士求食〔一〕，分二足而食。雙鳩從口而出，二脚亦生，號曰『南陽鳲鳩和尚』。

《詩》：『鳲鳩在桑，其子七兮。鳲鳩在桑，其子在梅。鳲鳩在桑，其子在棘。鳲鳩在桑，其子在榛。』君子用心均平專一。

《左·昭公十六年》：『鳲鳩氏，司空也。』杜預注：鳲鳩，鴶鵴也。鳲鳩平均，故爲司空。平水土。

《揚子》：『拔而傅尸鳩，其累矣夫。』

〔一〕今按：『鳲鳩』『有』，《太平廣記》分別作『鴶鳩』『貧』。

《白鳩辭》：鏗鳴鐘，鼓朗鼓。歌白鳩，引拂舞。白鳩之白誰與鄰，雪衣雪襟誠可珍。含哺七子能平均。食不噎，性安馴。首農政，鳴陽春。〔一〕天子刻玉杖，鏤形賜耆人。李白。

鶻鳩

鳩，鶻鳩也。似山雀而小，鳩食桑椹則醉。

《詩》：『吁嗟鳩兮，無食桑椹。』婦爲夫棄。《左・昭公十年》：『鶻鳩氏，司事也。』鶻鳩，鶻鵰也。春來冬去，故爲司事也。屈原賦：『雄鳩之鳴逝兮，余猶惡其佻巧。』鳩，鶻鳩也。

〔一〕今按：第一个『鼓』，『噎』，《全唐詩》李白《白鳩辭》分別作『考』『咽』。

祝鳩

楚鳩，一名嘽咷。〔一〕《廣志》。孝鳥：詩曰：『翩翩者鵻。』《毛傳》云：鵻，䳢鳩也。一宿之鳥。鄭箋云：一宿者，一意於所宿之木。又云：鳥之僅慤者，人皆愛之。陸機云：今小鳩也。一名鵓鳩，幽州人或謂之鶝鷏。梁宋之間，謂之隹。

《左傳·昭公十六》：祝鳩氏，司徒也。祝鳩鵻鳩也。鵻鳩孝，故爲司徒，主教。

獻鳩，集鳩。《孔叢子》：邯鄲人獻鳩於趙簡子，厚賞之。客曰：『正旦放鳩，厚恩也。得賞，竟捕之，不如勿賞。』《列子》。滎陽有厄井，漢王避項羽於中。雙鳩集飛井上，羽以爲無人，故沛公得免。漢世正旦放鳩，爲此也。《地理志》。俗說：高祖遯叢薄中，鳩鳴其上。追者以鳥在無人，遂得脱。及即位，異此鳥，故作鳩杖以賜老者。按少皞五鳩，鳩者，聚民也。《周禮》：羅氏『獻鳩，養老。』『漢無羅氏，故作鳩杖以扶老。』《風俗通》。仲秋之月，八十、九十，禮有加，賜玉杖，長九尺，端以鳩爲飾。鳩者，不噎之鳥也。欲老人不噎，所以愛民

〔一〕 今按：『嘽咷』，《水經注》作『嘷啁』。

也。《續漢・禮儀志》。

白鳩巢户側，有鳩止床前。鄭弘遷臨淮太守，郡民徐憲在喪致哀。白鳩巢户側，弘舉爲孝廉，朝廷稱爲白鳩郎。京兆有張氏，獨處一室。有鳩止于床。張氏祝曰：『鳩來，爲我禍也，飛上承塵；爲我福耶，來入我懷。』以手探之，則不知鳩之所在，而得一金帶鈎。是後子孫昌盛。蜀客竊鈎，張氏漸衰。蜀客反鈎，張氏復昌。《搜神記》。

有鳩入御座，雙鳩巢舟中。永康元年正月大會，有鳩入御座，拂司空張華之冠。庚子輿父域爲巴守，卒於郡。子輿奉喪還鄉。初發蜀，雙鳩巢舟中。及至，又栖廬側，每聞哭泣之聲，必飛翔檐宇，悲鳴激切。《南史》。

鳩集鳳池，鳩集庭樹。唐王及善才行庸猥，風神鈍濁，爲内史時，人號爲鳩集鳳池。王庭湊，武陵〔一〕支屬也。生于别墅，有鳩數十隻，朝集庭樹，暮集檐下。後爲三軍扶立爲留後，代田弘正。

〔一〕今按：『武陵』，上海古籍出版社（孫光憲著林艾園校點）《北夢瑣言》作『武俊』。

秦吉了

林邑國有結遼鳥，謂之『吉了鳥』，能人語。以熟鷄子和飯飼之，或云：『容州有純赤、純白者。』

嶺南得，廣州獻。天后時左衛兵曹劉景陽使嶺南，得吉了二隻，能解人語。至都進之，留其雌者，雄怨不食。則天曰：『何乃無聊也？』鳥曰：『其配爲使者所得，頗思之。』乃呼景陽曰：『何故藏一鳥不進？』景陽叩頭謝罪，乃進之。嶺南有鳥，似鸜鵒而稍大，籠養久，則能言，南人謂之『吉了』，亦云『料』。開元初，廣州獻之，言音雄重如丈夫，委曲識人情，慧于鸚鵡遠矣。

獻于刺史，賣于夷酋。有廣州〔一〕民獲赤、白吉了各一頭，獻于刺史。赤者尋卒，白者久而能言。瀘南有畜吉了者，亦能人言。有夷酋欲以錢三十萬買之。其人告以：『貧將賣

〔一〕 今按：『廣州』，《北户録》作『廉州』。

爾。』吉了曰：『我漢禽，不願入夷中。』遂不食而死〔一〕。《聞見録》。

鸚鵡

黄山有鳥焉，其狀如鴞，青羽赤喙，人舌能言。名曰『鸚鵡』。《山經》。鸚鵡，能言鳥也。朱味，翠頂，金眼，玄項，碧羽，赬足，青尾。《説文》。養鸚鵡，切忌以手捫摸其背，犯者，不飲，不啄而卒。《異物志》。廣南十州多鸚鵡，俗忌以手觸背。犯者病鸖〔二〕而卒。土人謂爲鸚鵡瘴。《北户録》。鸚鵡摩其背而瘖，鸜鵒剪其舌而語。《禽經》。

貞觀付使，興元歸本。貞觀四年，林邑獻五色鸚鵡，付使者歸之。興元元年〔三〕，益州蠻夷獻鸚鵡三，詔曰：『往者益州獻鸚鵡三枚，夜食三升麻子。今穀價騰貴，此鳥無益有損，令歸本。』魏徵以爲不宜，蘇頲願以爲志。貞觀五年，林邑獻五色鸚鵡，數訴寒。適新羅

〔一〕　今按：『三十』『不食』，中華書局（宋邵伯温撰，李劍雄、劉德權點校）《邵氏聞見録》（唐宋史料筆記叢刊）分别作『伍拾』『勁』。

〔二〕　今按：『鸖』，《北户録》作『顫』。

〔三〕　今按：『興元元年』，《初學記》作『興平元年』。

獻美女二人，魏徵以爲不宜受。太宗喜，並鸚鵡各付使者歸之。玄宗時，林邑進白鸚鵡。蘇頲入朝，前進云：『「鸚鵡能言，不離飛鳥。」臣願陛下深以爲志。

仁傑進言，王著獻頌。則天夢一鸚鵡，兩翅俱折。狄仁傑曰：『鵡者，陛下姓也。兩翅折者，陛下二子廬陵、相王也。陛下起此二子，兩翅舉〔一〕也。』承嗣、三思連項皆赤。建隆二年，隴州貢黄鸚鵡。上以爲瑞，遂作金鸚鵡旗。中書舍人王著因以規諫，詔獻頌褒之。

不納，皆呼。天監元年，交州獻能歌鸚鵡，詔不納。《南史》。開元中，嶺南獻白鸚鵡。上及貴妃皆呼『雪衣女』，左右呼『雪衣娘』。忽有鷹搏之而斃。遂命瘞於苑中，呼爲『鸚鵡冢』。

鸚鵡賦，鸚鵡篇。謝莊爲太子庶子。南平王鑠上赤鸚鵡。普照〔二〕群臣爲賦。太子左衛率府袁淑作賦畢，賫以示莊。莊賦亦竟，淑見而嘆曰：『江東無我，卿當獨秀。我若無卿，亦一時之傑也。』遂隱其賦。《宋書》。玄宗時有五色鸚鵡能言。文學熊延景獻《鸚鵡篇》，以贊其事。張説有表賀，稱爲時樂鳥。

〔一〕今按：『舉』，《太平廣記》作『全』。
〔二〕今按：『照』，《藝文類聚》作『詔』。

開皇中柳子，貞元中裴氏。柳歸舜泛舟遇風，吹至君山。維舟至一處，有鸚鵡數十。有名武遊郎、阿仙郎、阿蘇兒者，有名自在先生、武仙郎、踏蓮路者，有名鳳凰臺、戴仙兒、多花子者，或有善歌者。因問歸舜姓字來路。乃曰：『爲足下轉達桂家二十娘子。』因遥呼曰：『阿春，此間有客。』忽有道士自空飛下，投一尺綺與歸舜，曰：『以此掩眼，即去矣。』歸舜從之，忽如身飛，以達舟所。貞元中，有獻鸚鵡者。河東裴氏亦與金仙之道以此鳥名載。《仙經》。告以六齊之禁。或教以持佛名號者，則仰首奮翼。或俾之念佛，則默而不答，或謂之不念，則唱言阿彌陀佛。貞元十九年七月，悴爾不懌。每一擊磬，一稱阿彌陀佛。洎十擊磬，而十斂成，斂翼委足，掩然而絶。命火以闍梨之法，得舍利十餘粒。韋皋《鸚鵡舍利塔記》。

説僮僕之善惡，言劉李之私通。張華有白鸚鵡，華出還，輒説僮僕善惡。鸚鵡曰：『昨夜夢惡，不宜出户。』公猶强之。至庭爲鸇所搏，教其啄鸇脚，獲免。長安有豪民楊崇義者，妻劉氏與鄰兒李弇私通，遂謀害之，埋枯井中。鸚鵡曰：『殺家主者劉氏、李弇也。』遂俱服罪。明皇取鸚鵡付後宫，封爲緑衣史者。張説爲《傳》。《開元遺事》。

問上皇之安否，問商人之安否。宋徽宗時，隴西歲貢鸚鵡。徽宗置之安妃閣，教以詩文。及宣和末，送還本土。後郭浩以秦鳳提點刑獄，按邊至隴口，見一白一紅鸚鵡鳴于樹問，問：『上皇安否？』浩曰：『上皇崩矣。』鸚鵡悲鳴不已。〔一〕浩賦詩曰：『隴口山深草樹荒，行人到此斷肝腸。耳邊不忍聽鸚鵡，猶在枝頭説上皇。』《建炎實録》。關中商有得鸚鵡于隴山，能人言，商愛之。偶以事下獄，出而嘆恨不已。鸚鵡曰：『郎在獄數日已不堪。鸚鵡遭籠閉纍年，奈何？』商感而放之。去後每有同輩過隴者，鸚鵡必於林間問其安否，託以寄聲焉。《邵氏聞見録》。

蔡確貶新州，侍兒名琵琶。鸚鵡甚慧。每扣響板，鸚鵡傳呼其名。琵琶卒後，誤觸響板。鸚鵡猶呼不已，悒悒不樂。有詩云：『鸚鵡言猶在，琵琶事已非。傷心瘴江水，同渡不同歸。』又作《送將歸賦》，未幾而卒。《青州詩話》。

『華堂日漸高，雕檻繫紅絛。故國隴山樹，美人金剪刀。避籠交翠尾，罅觜静新毛。不念三緘事，世途皆爾曹。』樊川。

《記》：『鸚鵡能言，而不離飛鳥。』張華賦：『鸚鵡慧而入籠。』

禰衡《鸚鵡賦》：『惟西域之靈鳥，挺自然之奇姿。體金精之妙質，含火德之明輝。』西方金質寄於西，故云體金精。朱鳥南方火鳥皆稟，故曰含火德。『性辯慧而能言，才聰明以

〔一〕今按：『隴西』，《夜航船》作『隴州』。

識機。紺趾丹觜，绿衣翠衿。采采麗容，咬咬好音。雖同族於羽毛，固殊智而異心。配鸞皇而等美。焉比德於衆禽？歸窮委命，離群喪侣；閉以雕籠，剪其翅羽。彼賢哲之逢患，猶栖遲以羇旅。矧禽鳥之微物，能馴擾以安處！』時爲曹操所迫，故寄意。

白樂天詩：『隴西鸚鵡到江東，養得經年觜漸紅。常恐思歸先剪翅，每因喂食暫開籠。人怜巧語情雖重，鳥憶高飛意不同。應似朱門歌舞妓，深藏牢閉後房中。』

杜詩：『健筆凌鸚鵡。』贈張垍。『隴俗輕鸚鵡。』自况客關隴。『醉客霑鸚鵡。』杯。『香稻啄餘鸚鵡粒。』《秋興》。

黄鳥

黄鳥，鸝鶹也。關西謂之鸝黄。俗呼黄離留。或謂之黄栗留。幽州人謂之黄鶯。齊人謂之摶香，謂之黄袍。一名商庚，一名倉庚，一名鵹黄，一名楚雀。《詩義疏》。

離黄，倉庚也。鳴即蠶生。《説文》。

南州〔一〕冬月，得土堅圓如卵，破之則鸎在其中，蓋以土自裹，伏而土堅勁，候春始生羽，破土而出。《爾雅翼》。

『打起黄鳥〔二〕兒，莫教枝上啼。啼時驚妾夢，不得到遼西。』《伊州歌》。

《詩》：『黄鳥于飛，集于灌木，其鳴喈喈。』《葛覃》。『晛睆黄鳥，載好其音。』晛睆，清和圓轉之意。《凱風》。

『交交黄鳥，止于棘。交交黄鳥，止于桑。交交黄鳥，止于楚。』《左・文公》：秦伯卒，以子車氏之三子：奄息、仲行、鍼虎爲殉，皆秦之良也。國人哀之，爲之賦《黄鳥》。『黄鳥黄鳥，無集于榖。黄鳥黄鳥，無集于桑。黄鳥黄鳥，無集于栩。』民適異國，不得其所。『綿蠻黄鳥，止于丘阿。綿蠻黄鳥，止于丘隅。綿蠻黄鳥，止于丘側。』微賤勞苦，思有所託。《大學》曰：『《詩》云：「綿蠻黄鳥，止于丘隅。」子曰：「於止，知其所止，可以人而不如鳥乎？」』

金衣公子，黄鸎二雛。明皇每於禁苑中，見黄鶯，常呼之爲『金衣公子』。有人取得黄鸎

〔一〕今按：『南州』，《爾雅翼》作『荆州』。

〔二〕今按：『黄鳥』，雲南大學出版社（宋劉克莊撰、鄧啓春注釋）《千家詩》作『黄鶯』。

雛，養于竹籠中。忽一日一投水〔一〕中，一觸籠而死。剖腹視之，其腸寸斷。杜詩：『曉鸎工迸淚。』『鸎入新年語。』『隔葉黄鸝空好音。』丞相祠堂。『欲辭巴徼啼鶯合。』《待嚴大夫》。『黄鶯〔二〕並坐交愁濕。』『黄鶯過水翻回去。』《遣悶即事》。賈至：『百轉流鸎滿建章〔三〕。』岑參：『鶯轉皇州春色闌。』樊川：『芳郊啅夏鶯。』『緑樹鶯鶯語。』杜詩：『黄鳥喧嘉音。惻隱仁者心。』《詩》：『春日載陽，有鳴倉庚。』《七月》。『倉庚于飛，熠耀其羽。』《東山》。『春日遲遲，倉庚喈喈。』《出車》。

可以止妒，顧廣爲羞。梁武帝平齊，獲侍兒十餘輩。爲郤后所隔拗，憤恚將成疹。左右進言曰：『臣讀《山海經》云，以倉庚爲膳，可以止妒。』郤茹之後，妒殆減半。左右曰：『願陛下廣爲羞，以遍賜群臣，使不才者無妒於才。挾私者不妒其奉公。濁者不嫉其清。貪者不忌其廉。』帝然其言，將詔虞人廣捕之。會崇佛戒殺，遂止。《英華》。鶊，鶬鶊，黄鳥異名。

〔一〕今按：『水』，《太平廣記》作『火』。

〔二〕今按：『黄鶯』，《全唐詩》杜甫《遣悶戲呈路十九曹長》作『黄鸝』。

〔三〕今按：『滿』，《全唐詩》賈至《早期朝大明宮》作『繞』。

百舌

春囀夏止〔一〕，惟食蚯蚓。正月後，蚓出而來；十月後，蚓藏而往。蓋物之相感也。《僉載》。

一名反舌，反覆其舌，以隨百鳥之意〔二〕。《月令》：芒種後反舌有聲。〔三〕《周書·時訓》：『仲夏之月，反舌無聲。』『反舌有聲，佞人在側。』江充之害，其萌反舌鳥入殿。《春秋寶乾》。〔四〕杜詩：『百舌來何處，重重祇報春。知音兼衆語，整翮豈多身。花密藏難見，枝高聽轉新。過時如發口，君側有讒人。』

〔一〕今按：『夏止』，《太平廣記》作『夏至』。
〔二〕今按：『意』，《藝文類聚》作『音』。
〔三〕今按：『芒種後反舌有聲』，《十三經注疏》本作『小暑至，螳蜋生，鵙始鳴，反舌無聲。』
〔四〕今按：『春秋寶乾』，《藝文類聚》作『春秋保乾』。

鶬鴳

《左・昭公十六年〔一〕》：青鳥氏，司啓者也。青鳥，鶬鴳也。以立春鳴，立夏止。

庾信賦：『隼翼鴳披。』《傳》：『鴳披隼翼。』山谷《演雅》：『老鶬銜石宿水飲。』

脊令

脊令，雍渠，水鳥也。飛則鳴，行則搖。《爾雅》。大如鴳，長脚長尾，尖喙，背上有赤色〔二〕，腹下白，頸下黑如連錢。陸機《疏》。《詩》：『脊令在原，兄弟急難。』《常棣》。『題彼脊令，載飛載鳴。』《小宛》。

脊令集，雪姑鳴。唐明皇時有脊令萃集麟德殿庭，來相和合。魏光乘作頌，以爲天子

〔一〕今按：『十六年』，《十三經注疏》本作『十七年』。

〔二〕今按：『有赤色』，《十三經注疏》本作『青灰色』。

友悌之祥。脊令，俗呼『雪姑』，鳴則大雪。《物類相感志》。杜詩：『沙晚鶺鴒寒。』《贈韋右〔一〕丞濟》：『鴒原荒宿草。』自況望二子。『原情類鶺鴒』。《得舍弟消息》：『深負鶺鴒詩。』得舍弟書，拋書樂鶺鴒。喜來故。古詩：『飛飛聯脊令〔二〕。』

鸛

一名負釜，一名背竈。一名黑尿，一名皂裾。泥其巢一方，含水滿之，取魚置池中。食其雛，若殺其子，則一村致旱灾。《詩義疏》。〔三〕《詩》：鸛鳴于垤，婦嘆于室。《東山》。鸛，水鳥似鶴者。《左·昭公廿一年》：鄭翩願爲鸛，其御願爲鵝。皆陣名。杜《宿江邊閣》：『鸛鵠回飛静。』〔四〕喻軍。杜：『江鸛巧當幽徑浴。』《荀九家易》：『巽爲鸛。』薄霄激雨，取石周園。江淮謂群鸛旋飛爲鸛井。鸛亦好旋飛，必有風雨。人探巢取鸛

〔一〕今按：『右』，《全唐詩》杜甫《贈韋左丞丈濟》作『左』。
〔二〕今按：『脊令』，《全唐詩》韓愈《答張徹》作『鶺鴒』。
〔三〕今按：『黑尿』『皂裾』『泥其巢一方』，《十三經注疏》本分别作『黑尻』『阜裾』『尼其巢一傍』。
〔四〕今按：『鸛鵠回飛静』，《全唐詩》杜甫《宿江邊閣》作『鸛鶴追飛静』。

冷卵則不殿，子，旱。能群飛，薄霄激雨，雨爲之散。《雜俎》。鸛，水鳥也。伏卵時數入水。冷卵則不毈，取礬石周圍繞卵，以助暖氣。故方術家以鸛卵巢中礬石爲真物也。〔一〕《博物志》。

食蛇，聚水。南方有鸛食蛇。每遇巨石，知其下有蛇，即於石前，如道士禹步。其石㘞然而轉，因得而啗。里人學其法，伺其養雛，緣樹以罥絙縛其巢，鸛必作法而解之。乃鋪沙樹底，俾足迹所印而仿學之。《北夢瑣言》。縻竺家有火厄，火盛之時，見數十青衣童子來撲之，即滅。又云：多聚鸛鳥之類，以禳火災。鸛能聚水於巢上也。

鳴鸛。仰鳴則晴，俯鳴則陰。《禽經》。

群國皆殺，三輔不取。昔有鸛，郡國皆殺之。三輔俗不敢取。取或雷霆霹靂赴之。原天不獨在此，其殺取時，正與偶耳。〔二〕桓譚《新論》。

姚元之長大行急，魏光乘謂之赴〔三〕蛇鸛雀。鸛生三子，一爲鶴。鳩生三子，一爲鶚。《禽經》。『鷺目成而受胎，鸛〔四〕影接而懷卵。』『鴛鴦交頸，野鸛傅枝。』《自然論》。

〔一〕今按：『毈』，《太平御覽》作『孕』。
〔二〕今按：『群』『赴之』『正與偶耳』，《太平御覽》分别作『郡』『起』『正與雷偶耳』。
〔三〕今按：『赴』，河北人民出版社（清趙翼著，欒保群、吕宗力校點）《陔餘叢考》作『趁』。
〔四〕今按：『鸛』，中華書局（宋王楙撰，王文錦點校）《野客叢書》作『鶴』。

伯勞 鶪，音局，伯勞鳥也

《爾雅》：鶪，伯勞也。五月，鵙鶪鳴。鵙者，百鷯也。鳴者，相命也。《大戴禮》。鶪不始鳴，令姦壅逼。《周書》。《詩·七月》：『七月鳴鶪。』《記》：孟秋〔一〕之月，鶪始鳴。夏至、小暑，伯勞鳴。博勞性好單栖，其飛翪。其聲嗅，夏至應陰而鳴，冬至而止。《通卦驗》。《孟子》曰：『今也南蠻鴃舌之人，非先王之道。』鴃，博勞也，惡聲之鳥。《左·昭公十六年》：『伯趙氏，司至者也。』伯趙，伯勞也。以夏至鳴，冬至止。伯勞使蛇蜿蟬。《萬畢術》。仲夏，陰作于下，陽發于上。伯勞夏至後應陰而殺蛇，磔之於棘而鳴於上。《吕覽注》。鶪鳴在上，蛇蟠不動。鵲鳴在上，蝟反不行。類從。鵞飛則蜮沉，鶪鳴則蛇結。《物理論》。〔二〕。

吉甫之殺伯奇，苻堅之分氏户。栖輿國人有以伯勞鳥獻諸庭者。侍臣謂曰：『世人同惡伯勞之鳴，何謂也？』王曰：『《月令》：「仲夏鶪始鳴。」《詩》云：「七月鳴鶪。」』昔尹吉甫

〔一〕今按：『孟秋』，《十三經注疏》本作『仲夏』。

〔二〕今按：『蛇』『《物理論》』，中華書局《四庫全書總目》分別作『蚓』『《禽經》』。

信後妻之讒，而殺孝子伯奇；其弟伯封求而不得，作《黍離》之詩。俗傳云：吉甫後悟，追傷伯奇。出遊于田，見異鳥鳴于桑，其聲噭然。吉甫心動，曰：「無乃伯奇乎？」鳥乃折翼，其聲尤切。吉甫曰：「果吾子也。」乃顧曰：「伯奇勞乎？是吾子，栖吾栖；非吾子，飛勿居。」言未卒，鳥尋聲而栖其蓋，歸入門，集于井幹之上。吉甫射殺後妻以謝之。故俗惡伯勞鳴，言所鳴之家必有凶也。陳思王《惡鳥論》。苻堅之分氏户於諸鎮也，趙整因侍，援琴而歌曰：『阿得脂，阿得脂，伯勞伯交是仇綏。尾長翼短不能飛。遠徙種人留單卑。一旦緩急語阿誰？』〔一〕至是整言驗矣。其聲鵙鵙，故以其言鳴也。

屈原賦：『恐鶗鴂之先鳴兮，使夫百草爲之不芳。』

山谷《演雅》：『伯勞饒舌世不問。』《夢書》：『夢見伯勞，憂口舌也。』

桑扈 扈生也

賈逵云：『春扈鳻鶞，相土地之宜，趣民耕種者也。夏扈竊玄，趣民耘苗者也。秋扈竊

〔一〕今按：『凶』『伯交』『單卑』，《太平御覽》分别作『户』『舅父』『鮮卑』。

翼，趣民收斂者也。冬扈竊黄，趣民蓋藏者也。棘扈竊丹，爲果驅鳥者也。行扈唶唶，晝爲民驅鳥者也。宵扈嘖嘖，夜爲民驅獸者也。桑扈竊脂，爲蠶驅雀者也。老扈鷃鷃，趣民收麥。令不得晏起者也。』

《詩》：『交交桑扈，率場啄粟。』《小宛》。『交交桑扈，有鶯其羽。』鶯然有文章也。『交交桑扈，有鶯其領。』天子燕諸侯。

《左·昭公十六年》：『九扈爲九農正，扈民無淫者也。』杜預注：扈有九種也。

《左·襄公廿七年》：鄭伯享趙孟于垂隴。公孫段賦《桑扈》。趙孟曰：『匪交匪傲〔一〕，福將焉往。』注：此《桑扈》卒章，因以取義。

鴿

鴿，家鳥名。唐人呼爲飛奴。

《周禮》：庖人掌供六禽：雁、鶉、鴳、雉、鳩、鴿。

〔一〕 今按：『傲』，《十三經注疏》本作『敖』。

傳書鴿，緣臂鴿。張九齡少時養鴿，每與親知書，繫鴿足上，依所教之處飛往投之。目爲飛奴。《開元遺事》。後魏崔光未嘗恚怒，位司徒。晝坐讀經，鴿飛集膝前，入懷中，緣臂上肩，久之乃去。史。

射鴿，養鴿。隋帝宴可汗，有鴿鳴梁上。命崔彭射之，中。上大悦，由是善射聞虜庭。宋高宗養鵓鴿，士人詩曰：『鵓鴿飛騰繞帝都，朝收暮放費工夫。何如養個南來雁，沙漠能傳二帝書。』即命補官。《古杭雜記》。

蒼鴿，赤鴿：蜀有蒼鴿，狀如春花。《越絶書》。楊素見赤鴿映棘，高二尺。《隋書》。

乞鴿，哺鴿。北齊李繪字敬文。河間太守崔諶，恃其弟暹勢，從繪乞麋角鴿羽，繪答書云：『鴿有六翮，飛則冲天；麋有四足，走便入海。下官膚體疏懶，手足遲鈍，不能近追飛走，遠事佞人。』《北史》。并州石壁釋明度者，貞觀末有鴿巢，楹乳二雛。度每以餘粥就哺之。一日俱隕，度爲瘞之。旬餘，夢二小兒曰：『今轉生寺東某家矣。』《高僧傳》。呼曰鴿兒。

能行數千里，馴養千餘隻。大理丞鄭復禮言：『波斯船上多養鴿，鴿能行數千里。輒放一隻至家，以爲平安信。』陳誨嗜鴿，馴養千餘隻。自南劍州牧拜建州觀察，去郡前一月，群鴿先之，舊所無孑遺矣。又嘗早衙，有一鴿投誨懷袖中，爲鷹所擊故也。誨感之，不復食鴿。《南唐近事》。

縱一鴿一軍至，縱五鴿五軍集。張浚嘗按視曲端軍，闃無一人。端以所部五軍籍進，公命點其一部，開籠縱一鴿以往，所點之軍隨至，悉縱五鴿，則五軍頃刻而集。戈甲焕燦，旗幟精明。魏公雖獎，而心實忌。《齊東野語》。波斯舶上以養鴿行數千里，輒放一隻至家，以爲平安信。《西陽雜俎》。舶船必養鴿。舶没，能皈其家云。《禆海》：輒放至家，舶没歸家。

白鷴

鷴，似鷄，尾長。

蕭穎士《白鷴賦》序：白鷴，羽族之幽奇也。素質黑章，爪觜純丹，體被冠距，類鷄翟。神貌清閑，不雜于衆禽。

獻鷴，縱鷴。閩越獻高帝白鷴、黑鷴各一隻，帝大悦，厚賜之。《西京雜記》。徽宗端邸時，頗好養禽獸。及即位，貂璫，羅致稍廣。江公望亟諫，上大悦。即日詔内籞，盡縱勿復留。殿中有一鷴，畜久而馴，不肯去。乃别刻公望于麈柄曰：『朕以旌直也。』

黄山白鷴，崖山白鷴。《李集》：黄山胡公有雙白鷴，家鷄所伏，自小馴狎。胡公贈我，求詩。援筆三作，以贈之。〔一〕祥興二年，元人襲崖山，陸秀夫負帝同溺海。白鷴墮海。

李白《贈胡公求白鷴》：『請以雙白璧，買君雙白鷴。白鷴白如錦，白玉耻容顔。照影玉澤裏，刷毛琪樹間。夜栖寒月静，朝步落花閒。我願得此鳥，玩之坐碧山。胡公能輟贈，籠寄野人還。』〔二〕謝惠連賦：『白鷴失素。』『五柳先生本在山，偶然爲客落人間。秋來見月多歸思，自起開籠放白鷴。』遺君雙白鷴。禮。時珍饌白鷴。宴。

鷸鶋

鷸鶋，一足鳥，舞則有大雨。

齊有一足之鳥，集於公朝。孔子曰：『此鳥名商羊，水祥也。昔童謡曰：「天大雨，商羊鼓舞。」今齊有之，其應至矣。治溝渠，修堤防。頃之，大雨水。諸國，傷害，唯齊有備，不敗。』《家語》。

〔一〕今按：『作』，《全唐詩》李白《贈黄山胡公求白鷴》作『叫』。
〔二〕今按：『白玉』『玉澤』，《全唐詩》李白《贈黄山胡公求白鷴》分别作『白雪』『玉潭』。

烏

《説文》：烏，孝鳥也。孔子曰：『烏，盱呼也。』取其助氣，故以爲烏呼。《説文》：烏者，日中之禽。《元命包》：『烏者，陽之精。』《三五曆》：『天地之初，有三白烏，主生衆鳥。』《運斗樞》：飛翔羽翮爲陽，陽氣仁，故烏哺公也。《運斗樞》：瑶光星散爲烏。《抱朴子》：『熒惑火精生朱烏。』《古今注》：所謂赤烏者，朱烏也。日中三足烏之精降而生。三足烏何以三足？陽數奇也。是以有虞至孝，三足集其庭。曾參鋤瓜，三足萃其冠。《古今注》：烏，一名鷙。鬼雀。烏之白脰者。『昔有烏名拘耆，遊在叢林。』梁言赤攜烏〔一〕。《法苑珠林》。俗候，烏飛翅重，知天將雨。《酉陽》。《淮南子》：『日中有踆烏。』謂三足烏也。又：『烏鵲填河而渡織女。』張衡《靈憲》：『日者，太陽之精，積而成烏，象烏。陽之類，其數奇。』

〔一〕今按：『攜』，上海古籍出版社（唐道世編纂）《法苑珠林·十惡篇》作『觜』。

瑞烏異烏

蒼烏，赤烏。文王時見蒼烏，王者孝悌生。又，三足烏，文王時見。《瑞應圖》。赤烏銜珪，降周之岐社，命代殷也。《墨子》。文王之時，赤烏銜丹書，集于周社，故其色尚赤。《吕覽》。周天子發渡孟津，火自上復于下，至於王屋，流爲烏，其色赤，其聲魄云。《中候》。火者，陽也。烏有孝名，武王卒父大業，故烏瑞臻。《尚書緯》。赤烏，武王時銜穀至屋上，兵不血刃而殷服。《瑞應圖》。

仁烏，慈烏。魯哀公十四年〔一〕。晋文公焚山求介子推。有烏繞烟而噪，或集子推之側，火不能焚。晋人嘉之，起一臺，曰：『思烟臺。』其烏又云『仁烏』，慈烏。《拾遺記》。

丹烏夾王而飛，白烏敬廟則至。越王入國，丹烏夾王而飛。故勾踐入國，起望烏臺，言烏之異也。齊高帝時，有獻白烏。帝問此何瑞，范雲曰：『臣聞王者敬宗廟，則白烏至。』時謁廟始畢，帝曰：『卿言是也。』

〔一〕今按：『魯哀公十四年』，《拾遺記》作『魯僖公十四年』。

樹上烏，廬下烏。齊太尉司馬殷齊之隨陳顯達鎮江州，辭付寶誌。誌畫絹作一樹，樹上有烏。語云：『急時可登此。』後顯達逆節，留齊之鎮州。及敗，齊之叛入廬山。追騎將及，齊之見林中有一樹，樹北有烏，乃誌所畫。悟而登之。烏竟不飛，追者見烏，謂無人而返。《高僧傳》。梁蕭放，梁武帝弟偉子也。字希逸，父卒，放居喪以孝聞。居廬有二慈烏來集，各據一樹爲巢。午前，馴庭聚啄，舒翼飛鳴。午後，更不下樹，全似哀泣。時以爲至孝感。《北齊》。

獻三足烏，養一赤烏。明帝時，順陽獻三足烏。八月甲子，群臣上表稱慶。詔曰：天不愛寶，地稱表瑞，莫不威鳳巢閣。圖龍躍沼，豈直日月珠連，風雨玉燭。是以《鈎命决》曰：『王者至孝則出。』《元命包》曰：『人君至治所有。』虞舜蒸蒸，來兹異趾。周文翼翼，翔此靈禽。文考至德下覃，遺仁爰被，遠符千載，降斯三足。將使三方歸本，九州翕定。惟此大體，景福在民。予安敢讓宗廟之善，弗宣大惠〔一〕。唐魏伶爲西市丞，養一赤觜烏，每與人衆中乞錢。人取一文，而銜以送伶處，日收數百，時人號爲魏丞烏。《僉載》。

〔一〕今按：『寶』『趾』『敢讓』，《太平御覽》分別作『淫』『祉』『敢攘』。『大體』『敢攘』，《周書·明帝紀》分別作『大禮』『敢讓』。

啄口，集第。譖人司馬由〔一〕短毛喜於後主，使其廢錮。由嘗晝寢於尚書省下，有烏啄其口流血，時論以爲譖賢所致。柳仲郢拜諫議，每遷官，群烏大集于昇平里第庭樹。唯除天平節度，烏不復集。遂卒於鎮。《長安志》。

啣肉，頭白。烏孫王昆莫初生，置草中。烏銜肉翔其旁，以爲神。《張騫傳》。燕太子丹質於秦。秦曰：『待烏頭白，乃歸。』太子仰天哭，烏頭白。王大驚，歸遣。

白烏，黑烏。後趙申録，廣昌令，白烏巢庭。漢明帝時，獲素烏。班固賦：『獲白雉兮效素烏。』見雉門。左思《魏都賦》：『莫黑匪烏，三趾而來儀。』其時三足烏見。

得烏，養烏。晋時營道縣令何潛之於縣界得烏，大如白鷺〔二〕。膝上髀下，自然有銅環貫之。《酉陽》。黄湛養烏，就掌食無疑忌，號林泉逸老。見有籠白烏而至者，號於道，曰：『某土某官。』見鸜鵒門。

白樂天詩：『慈烏失其母，啞啞吐哀音。慈烏復慈烏，烏中之曾參。』林烏反哺情〔三〕。

〔一〕今按：『由』『尚書省下』，《太平御覽》分别作『申』『尚書下省』。
〔二〕今按：『白鷺』，《太平廣記》作『白鷺』。
〔三〕今按：『林烏反哺情』，《全唐詩》杜甫《奉送二十三舅録事之攝郴州》作『林烏反哺聲』。

烏灾

赤烏，黑烏。《左·哀公六年》：有雲如衆赤烏，夾日而飛三日。太史曰：『其當王身乎！』庚信賦『赤烏則三朝夾日』是也。《詩》《北風》章曰：『莫黑匪烏。』

啄大屋，銜長斗。杜詩：『長安城頭頭白烏，夜飛延秋門上呼。又向人家啄大屋，屋底達官走避胡。』烏之夜呼，不祥之兆。故有避胡之禍。徐干木少時夢烏從天下，銜長斗纖樹公庭前。烏復上天，銜纖下。凡樹三纖，烏竟大鳴，作聲而去。徐後果得，遂以惡終。《世說》。

烏巢，烏隨。簡文時有烏巢殿屋，帝使人占之曰：『西南有女人師，當能伏此怪。』時歷陽郡烏江寺，有尼苦行通靈，時號聖麽。帝召問之，對曰：『修德可以禳灾，齋戒亦能搏障。』帝乃遠齊七日〔一〕，忽烏運巢而去。帝爲聖麽起新林亭。《晋南京寺記》。凡軍出，有鳶烏隨其後者，皆敗亡之徵。元和中，曾敬雲爲裨將，每出軍有烏鳶隨其後。即軍必敗。《宣

〔一〕 今按：『搏』『遠』，《法苑珠林》分别作『轉』『建』。

室志》。

烏集境上，烏集縣中。貞元四年夏，鄭汴境内，烏集魏博田緒、緇青李納境，銜木爲城，高二三尺，方十里。緒納惡而焚之，信宿如故。烏皆口流血。十八年六月，烏集徐州之滕縣，嗛柴爲城。中有白烏一，碧烏一。

鬼雀：烏之白脰者，西南人謂之鬼雀，鳴則凶咎。見上。

總

《詩》：『瞻烏爰止，于誰之屋？具曰予聖，誰知烏之雌雄！』

《爾雅》：純黑反哺，謂之慈烏；小而腹下白不反哺者，謂之鴉烏；白頭而群飛者，謂之燕烏；大而白頭者，謂之養烏。武周縣火山，亦名榮臺。其山出雛烏，形類鴉烏，觜若丹砂，性馴良而易附。赤觜烏，亦曰阿雛烏。〔一〕

支道林入東，見王子猶兄弟。還，人問：『見諸王何如？』答曰：『見一群白頸烏，但聞

〔一〕今按：『鴉烏』『養烏』『榮臺』，《水經注》本分别作『雅烏』『蒼烏』『熒臺』。

嗅〔一〕啞啞聲。』《世説》。

《左·莊廿八年》：楚師夜遁。諜告曰：『楚幕有烏。』《襄十八年》：師曠告晉侯曰：『烏烏之聲樂，齊師其遁。』叔向告晉侯曰：『城上有烏，齊師其遁。』

烏夜啼。宋臨川王義慶《烏夜啼》：『夜夜望郎來。』杜詩：『琴烏曲怨憤。』

李白詩：『黄雲城邊烏欲栖，歸飛啞啞枝上啼。姑蘇臺上烏栖時，吴王宫裏醉西施。』

李大亮、劉洎薦李義府，召見試令咏栖烏，立成。詩曰：『日裏颺朝彩，琴中伴夜啼。上林多少樹，不借一枝栖。』拜監察御史。杜詩：『丈人屋上烏，人好烏亦好。』『愛其人者，愛〔二〕屋上之烏。』『飢烏集戍樓。』『飢烏似欲向人啼。』『城頭烏尾訛』。訛，動也。漢桓時謡：『城上烏，尾畢逋，公爲吏，子爲徒。』皆謂政貪也。

〔一〕今按：『嗅』，四部叢刊初編《世説新語·輕詆》作『唤』。

〔二〕今按：『愛』，《説苑·貴德》作『兼』。

鴉

《爾雅》：小而腹下白，不反哺者，謂之鴉烏。《爾雅》：鸒斯，卑居也。孫炎曰：卑居，楚烏。《説文》謂之雅。稚〔一〕，楚烏。《詩》：『弁彼鸒斯，歸飛提提。』鸒，鴉烏非反哺者。《揚子》：『頻頻之黨，甚於鸒斯，亦賊夫粮食而已矣。』注：鸒斯，群行啄穀，喻人黨比，賊害粮食。

引路，挽鈴。魏太和廿三年，孝文親征馬圈。行至賈復城，昏霧，得三鴉引路，逐至南山。因號『通鴉城』。〔二〕《元和郡縣志》。温障爲京兆尹，勇於殺戮。一日聞挽鈴，不見有人，乃鴉。尹曰：『是必有人探其雛而來訴也。』命吏隨鴉所在而捕之。其鴉盤旋，引吏至城外樹間。果有人探其雛，尚憩樹間。吏執送之。尹以事異於常，乃斃之〔三〕。鴉立桑杪，鴉隨彩鳳。會稽釋全清，能劾鬼神。後劉漢宏、董昌亂，見一鴉飛，立桑杪，

〔一〕今按：『稚』，《水經注》本作『雅』。
〔二〕今按：『逐至』，中華書局（唐李吉甫）《元和郡縣圖志》作『遂過』。
〔三〕今按：『乃斃之』，《太平廣記》作『乃斃捕雛者』。

人語曰：『今得見日光矣。』時清公已没也。宋《高僧傳》。杜大中武人有愛妾，能詞。一日題《臨江仙》一詞於聯枕几上，有『彩鳳隨鴉』之句。大中怒云：『鴉且打鳳。』掌其面，折項而斃。

鴉栖殿樹，鴉争鵲巢。唐昭宗幸鳳翔，鴉數萬栖殿樹，謂之神鴉。後魏李崇爲揚州刺史，壽春城中野鴉群飛，與鵲争巢。未幾〔一〕，霖雨，大水入城，屋宇皆没。

樊川詩：『擾擾復翻翻，黄昏颺冷烟。毛欺皇后髮，聲感楚姬絃。蔓壘盤風下，霜林接翅眠。秖如西施様，頭白豈無緣。』杜詩：『昏鴉已滿林。』喻小人。『迎棹送林〔二〕鴉』。荆楚祀烏爲神。李商隱《隋宫》詩：『終古垂楊有暮鴉。』

鵲

鵲者，陽鳥，先物而動，先事而應。如來在雪山，芻尼巢於項〔三〕上。芻尼：野鵲子。

〔一〕今按：『未幾』，《魏書·李崇傳》作『五月』。

〔二〕今按：『送林』，《全唐詩》杜甫《過洞庭湖》作『舞神』。

〔三〕今按：『項』，上海書店出版社（北宋道原著，顧宏義譯注）《景德傳燈録譯注》作『頂』。

《傳燈録》一名神女。《古今注》。一名飛驚〔一〕。《本草》。《詩》：『維鵲有巢。』『防有鵲巢。』《召南》。《陳風》。『鵲之強強。』

木鵲相隨。居有常匹，飛則相隨。公輸子『木鵲相隨』。

七月七日，午日午時。七月七日，鵲無故皆髡。〔二〕世傳以爲河鼓與織女會於漢東，役鵲爲梁，以渡。故毛皆脱去。午日午時，取其巢，灸病者，立愈。《酉陽雜俎》。

知備遠難而忘近患，知來而不知往。『鵲識來歲之多風也。去喬〔三〕木而巢扶枝，大人過之則探其鷇；嬰兒過之則挑其卵，知備遠難而忘近患。』《淮南子》：『乾鵲知來而不知往，此脩短之分也。』

避大歲，向太乙。《博物志》：鵲巢開口避〔四〕大歲。《淮南子》：鵲知大歲之所。〔五〕注：向太乙，知歲之所，知風之自。見上。《淮南子》：『鵲巢知風之自。』

〔一〕今按：『飛驚』，《初學記》作『駁烏』。

〔二〕今按：『七月七日，鵲無故皆髡』，《爾雅翼》作『涉秋七日首無故皆禿』。

〔三〕今按：『喬』，諸子集成《淮南子·人間訓》作『高』。

〔四〕今按：『避』，《初學記》作『背』。

〔五〕今按：『鵲知大歲之所』：未見今本《淮南子》有載。《説文解字》作『鵲知大歲之所在』。

鵲枕，鵲腦。番禺人端午日，採鵲巢中獲兩石，號鵲枕。取鵲一雌雄頭中腦繞之於道中〔一〕，以與人酒中，飲則相思。《莊子》：鵲上高城危，而巢於高枝之顛，城壞巢折，凌風而起。故君子之居世也，得時則義行，失時則鵲起。〔二〕

獻馴鵲，占風鵲。漢武帝時，四夷賓服。有獻馴鵲。見梟禽。漢武帝坐未央殿，東方朔屈指，獨語曰：『殿後柏上有鵲立桂枝上，東向而鳴。』問何以知之，曰：『此以人事知之。風從東方來，鵲尾長，傍風則順，背風則蹶。必當順風而立，是以知之。』《東方朔傳》。

祥

上梁鵲，鳴樹鵲。崔圓相公妻在家時，與姊妹見二鵲營巢〔三〕，共銜一木，安巢中。俗言見鵲上梁必貴。《酉陽》。

〔一〕今按：『取鵲一雌雄頭中腦繞之於道中』，《太平御覽》注引《淮南萬畢術》作『取鵲一雄一雌頭中腦燒之於道中』。

〔二〕今按：『危』『高枝』『凌』，《太平御覽》分別作『之絶』『高樹』『陵』。

〔三〕今按：『二鵲營巢』，《太平廣記》作『一鵲構窠』。

祥灾

武衛奚永洛與河内人張子信對坐，有鵲鳴於庭樹。鬥而墮。子信曰：『鵲言不善，向夕若有風從西南來，歷樹，拂堂角。則今夜有人唤，公不得往。』子信去後，果有風來。至夜，高儼使召永洛。永洛欲赴，其妻稱墜馬腰折，免於難。《北齊書》。

殿槐之巢，帆檣之鵲。貞觀，嘗有白鵲巢於寢殿槐上，合歡如腰鼓，大者瓦，小者木。左右稱賀。上曰：『我嘗笑隋煬好祥瑞，瑞在得賢，此何足賀？』命毁其巢。孫和行過蕪湖，有鵲巢於帆檣，官僚皆憂怵。以爲檣木傾危之巢〔一〕。既而，果敗。《吴志》。

烏不爲烏，鵲不爲鵲。史疾謂楚王曰：『張〔二〕官置吏，必曰廉潔勝任。今盗賊公行，不能禁也。可謂烏不爲烏，鵲不爲鵲也。』

〔一〕　今按：『巢』，《太平御覽》作『象』。
〔二〕　今按：『張』，《戰國策·韓二·史疾爲韓使楚》作『任』。

灾

鵲巢崇華殿，鵲巢承塵上。魏作崇華殿，有鵲巢其上。高堂隆曰：『《詩》曰：「維鵲有巢，維鳩居之。」天意若曰，宫室未成，身不得居，將有他姓制禦之耳。』《宋書》。建平王景素謗聲日積，有鵲巢於承塵，飛鳴自逐。後果及敗。《南史》。

灾祥

鵲巢發石車之上，鵲巢空青山之側。高祖圍堯君素於蒲州，粮盡人相食。有鵲巢發石車之上，人心遂離，爲李楚客斬首。《舊唐》。貞觀中，南康黎景逸居于空青山。有鵲巢其側，每飯食以喂之。後鄰地失布者誣景逸盗之，〔一〕繫南康獄，其鵲止于獄樓。向景逸歡喜，似

〔一〕今按：『貞觀中』，三秦出版社（唐張鷟撰，袁憲校注，唐劉餗撰，袁憲校注）《朝野僉載・隋唐嘉話》作『貞觀末』。

傳語之狀。其日傳有赦，官司詰其由來，云路逢玄衣素衿人所説。三日而赦至。乃知玄衣赤衿者，鵲之所傳。《僉載》。

謂之喜鵲，謂之靈鵲。竇申，宰相參之族子。參特愛申。每擬除授，多詣於申，或泄之，以招權受賂。每所至，人謂之喜鵲。《舊唐》。參敗，申擬配流。德宗曰：『吾聞申欲至，人家謂之喜鵲。』遂賜死。《僉載》。學士院有靈鵲，嘗栖于西軒海棠枝上。文士會食，略無驚畏，因謂之靈鵲。或鳴噪，必有詔令宣召之事。

巢鵲，獻鵲。貞元三年，中書省梧樹上有鵲，以泥爲巢。焚其巢，可禳狐魅。後唐釋可止，善律詩，會有獻白鵲者，止即席而成，後句云：不知誰會喃喃語，必向王前報太平。宋《高僧傳》。

賦鵲巢，惡鵲巢。《左・昭公元年》：趙孟入于鄭，鄭伯享之。穆叔賦《鵲巢》，趙孟曰：『武不堪也。』喻晋君有國，趙孟治之。侯景將拜册命，忽有丹觜鵲集於册書，景深以爲惡。自控弦伺之。

烏鵲同巢，烏鵲擁車。郭世儁。李元紘。

杜詩：『烏鵲愁銀漢。』雖參幕府無以補，故。『浪傳烏鵲喜。』《得舍弟消息》。『待爾嗔烏鵲。』『月細鵲休飛。』《得舍弟書》。李白詩：『五色雲間鵲，飛鳴天上來。』山谷詩：『慈母每占烏鵲喜。』《西京雜記》：『乾鵲噪而行人至。』《演雅》：『鵲傳古語安得閑。』曹孟德詩：『月明聲稀，烏鵲南飛。繞樹三匝，無枝可依？』蘇子瞻賦：「月明聲稀，烏鵲南飛」，此非曹孟德之詩乎？』庾信賦：『崑山〔一〕鵲飛而玉碎。』崑山之人以玉抵鵲。漢章帝時，條支國貢鳷鵲，形高七尺，解人語。其國太平則鳷鵲群翔。

鶉 鶉曰鷹《禽經》

鶉，鷂屬，機星散爲鶉。家則鶉生，德義小，殘。《運斗樞》。陸機云：鶉性淳，不越橫草。能不亂其匹。《尸子》曰：『堯鶉居。』《莊子》云：『聖人鶉居而鷇食。』『鳥之鬥，竦其尾；鶉之鬥，竦其翼。』《林氏星經》〔二〕。夢見鶉鷃，憂閑鬥也。《夢書》。《詩》：『鶉之奔奔。』『胡瞻爾庭有懸鶉兮。』《左・僖公五年》：卜偃曰：『童謠云：「鶉之賁賁，虢公其奔。」』鶉，鶉火，星名。賁賁，鳥星之體也。《左・襄公廿七年》：鄭伯享趙孟。伯有賦《鶉之奔奔》。文子

〔一〕今按：『崑山』，《歷代賦選》作『荆山』。

〔二〕今按：『林氏星經』，中華書局（馬永卿撰）《嬾真子》作『甘氏星經』。

曰：『伯有將爲戮矣。』《大戴禮》：『三月，田鼠化爲鴽。鴽，鵪也。變而之善，故盡其辭也。鴽爲鼠，變而之不善，故不盡其辭也。』餘見鷹。《呂覽》注：鴽，青州謂之鴾母。周洛謂之鴽，幽州謂之鶲。《淮南子》：『天文朱雀取象於鶉。』

有雀生鶉，有蛙爲鶉。宋康王時，有雀生鶉。占之曰：『小生巨，必霸天下。』康王大悦，射天笞地。爲齊所滅。賈誼《新書》。至道二年夏秋間，鬻鶉者積於市門。是時，雨水絶，無蛙聲，半爲鶉，半爲蛙。《列子》云：『蛙變爲鶉。』《談苑》。『短頭細黄魚，因秋風而變成鶉。團吏捕取，以鹽炙食。』《草木狀》。

黄魚成鶉，老蛙爲鶉。見上。種瓜園東北饒鶉子，以瓜爛，故老蛙於園東北，即化爲鶉子。《物類相感志》。

『千歲羊肝，化爲地宰；蟾蜍得苽，卒時爲鶉。』此皆因氣作以相感而成也。注《萬畢术》。

李：『君看海上鶴，何似籠中鶉。』杜：鶉衣寸寸鍼。衣結似懸鶉。寒衣半結鶉。衣單任結鶉。衣故有懸鶉。子夏衣若懸鶉。『夫俗士之牽達人也，猶鶉鳥之欺孺子也。鶉鳥之性善近人，飛，卒至乎不可獲。俗士之與達人言也，若將可悟，卒至乎不可悟。』《中論》。

鸜鵒 鸜鵒，鳥名，亦名寒皋。五月五日，剪舌能言

《考異》：鸜鵒者，飛行屬之陽。夷狄之鳥，穴居於陰。《禮·稽命徵》：『鸜鵒者，非中國之禽也。』《運斗樞》：有鸜鵒來巢於榆。『鸜鵒交時，以足勾足，鳴鼓翼如鬥狀，往往墮地。俗取其勾足爲媚藥。』《酉陽》。鸜鵒可使取火，效人言勝鸚鵡。取其目睛，和人乳研，滴眼中，能見烟宵外物。上。五月，鸜鵒子毛羽新成，登巢取養，以教其語。鸜鵒之謂花鵒。《荆楚歲時記》。《周禮》：『鸜鵒不逾濟，此地氣然也。』《零陵記》：五月五日，去其尖舌，則能語。

鸜鵒語，鸜鵒舞。《幽冥録》：晋桓豁在荆州，有參軍。五月五日剪鸜鵒舌，教語，無所不能。僧虛中《端午》詩：『鸜鵒〔一〕性多靈。』《古今注》。謝尚爲《鸜鵒舞》。

鸜鵒來巢，鸜鵒念佛。《左·昭公廿五年》：有鸜鵒來巢。傳：『有鸜鵒來巢。』書所無也。師己曰：『異哉！吾聞文成之世，童謡有之。曰：「有之有之，公出辱之。鸜鵒之

〔一〕今按：『鸜鵒』，《全唐詩》虛中句作『鴝鵒』。

羽，公在外野，往饋之鳥。鸜鵒咮咮，公在乾侯，微褰與襦。鸜鵒之巢，遠哉遥遥。裯父喪勞，宋父以驕。鸜鵒之巢，往歌來哭。」童謡有是，今鸜鵒來巢，其將及乎？』胡氏曰：『《書》曰：有巢者去穴，而巢陰居陽，臣逐君象也。』或曰：『此公子宋有國之兆也。』宋天台黄巖寺僧，畜一鸜鵒，隨僧念佛。一日立死，僧葬之。生紫色蓮花。大智律師爲之頌曰：『籠中生死渾閑事，化紫蓮花也大奇。』《耕餘博覽》。

鸜鵒啣一物，鸜鵒爲八哥。唐秘書監崔行功，忽有鸜鵒銜一物，乃魚袋鈌〔一〕。不數日加大夫。《隋唐嘉話》。南唐李煜改鸜鵒爲八哥，亦曰八兒。〔二〕《負暄雜録》。

納頭甕中，擊墮庭中。顧參軍善彈琵琶，立聽移時。又善能效人語聲。司空大會吏佐，令效四座語，無不能似〔三〕。有生鼅語，難學。納頭於甕中以效焉，遂與鼅者語聲不異。主典人於鸜鵒前盗物，密白盗某物。後盗牛肉，鸜鵒復白，盗者患之，以熱湯灌之。參軍請殺此人，司空曰：『不可以禽鳥故，極之於法。』宋龍圖孫正臣嘗有疾，得異方，須鸜鵒。公

〔一〕今按：『魚袋鈎鈌』，《太平廣記》作『魚袋鈎鐵』。中華書局（宋委心子撰金心點校）《新編分門古今類事》作『魚袋鈎』。《太平御覽》作『魚袋鈌』。

〔二〕今按：『八兒』，社團法人臺南市净宗學會（宋國學進士王日休譔）《龍舒增廣净土文》作『八八兒』。

〔三〕今按：『無不能似』『灌之』，《太平御覽》分别作『無不絶似』『灌殺』。

素不殺，故藥久不就。忽有鷙禽擊死之，墮庭中，得而餌之，疾遂愈。

《新序》：魯之有鸜鵒爲黑祥也。屬於不明〔一〕其咎急也。

韓愈見有籠白鸜鵒白鳥。而至者，號於道曰：『某土某官，使人進於天子。』《感二鳥賦》曰：感二鳥之無知，方蒙恩而入幸。惟進退之殊異，增余懷之耿耿。彼中心之何嘉，徒外飾焉是逞。余生命之湮厄，曾二鳥之不如。〔二〕幸年歲〔三〕之未暮，庶無羨於斯類。上。

杜鵑

杜鵑，鳥名，杜宇，子規，催歸，謝豹。

《寰宇記》：黄帝子昌意，封其支庶於蜀，始稱王，自名蠶叢。後王曰杜宇。荆人鱉靈死，其尸訴江至岷山下。杜宇禪位，化爲怨鳥，自呼曰：『不如歸。』杜鵑生子寄之他巢，百鳥皆飼之。《博物志》。《博雅》：鷶鵤子鳺。《禽經》注：曰：甌越間曰『怨鳥』，夜啼達朝，血

〔一〕今按：『不明』，四部叢刊初編本《新序·雜事》作『不謀』。
〔二〕今按：原禹本『余生命之湮厄，曾二鳥之不如』十二字在『彼中心之何嘉徒外飾焉是逞』十二字上，誤。
〔三〕今按：原本脱『歲』字。

漬草木。

《博物志》：杜宇啼苦則懸於樹，自呼曰謝豹。

《異物志》：俗言取梅子塗口，兩邊皆赤，上天自言乞恩。至商陸子熟，鳴乃止。〔一〕

《異苑》《雜俎》：先聽其聲者，主離别。厠上聽其聲，不祥。《爾雅》云：嶲周。《禽經》：嶲周，子規也。啼必北向。《離騷經》：『恐鶗鴂〔二〕之先鳴兮，使夫百草爲之不芳。』高唐賦：『姊歸思婦。』《曆書》：百草奮興，秭鳺先嗥。《風俗録》：惟田家候其鳴，則興農事，鶗鴂，田鵑。左思《蜀都賦》：『鳥生杜宇之魄。』

杜甫《杜鵑行》：『君不見昔日蜀天子，化爲杜鵑似老烏。寄巢生子不自啄，群鳥至今爲哺雛。雖同君臣有舊禮，骨肉滿眼身羈孤。蒼天變化豈〔三〕料得，萬事反覆何所無。』明皇遷西，内有感而作。『杜鵑暮春至，哀哀叫其間。我見常百拜，重是古帝魂。生子百鳥巢，百鳥

〔一〕　今按：『至商陸子熟，鳴乃止』，《太平御覽》作『至當梅子熟，鳴乃止』。

〔二〕　今按：『鶗鴂』，中州古籍出版社（戰國屈原撰、黄靈庚校詁）《離騷校詁》作『鵜鴃』。黄靈庚云『鶗鴂』『秭鳺』『鵜鴃』等皆爲一字異文。校参看黄靈庚校詁《離騷校詁》。

〔三〕　今按：『豈』，《全唐詩》杜甫《杜鵑》作『誰』。

不敢嗔。仍爲喂其子，禮若奉至尊。』『子規夜啼山火〔一〕裂。』『傷春怯杜鵑。』李白《蜀都難》：『又聞子規啼夜月，愁空山。』顧况詩：『绿樹村中謝豹啼。』張沱詩：『曲崖濃雲謝豹啼。』〔二〕《博物志》：杜宇啼苦則倒懸於樹，自呼曰謝豹。

英宗治平中，邵雍與客散步天津橋上，聞杜鵑聲，慘然不樂。曰：『洛陽舊無杜鵑，今始至。』『天下將治，地氣自北而南。將亂，自南而北。今南方地氣至矣。禽鳥飛類，得氣之先者也。』

鷦鷯

鷦鷯，小鳥也。生於蒿萊之間，長於藩籬之下，翔集尋常之間，而生生之理足矣。色賤體陋，不爲人用；形微處卑，物莫之害。繁滋族類，乘居匹遊，翩翩然有以自守。張華序。《鷦鷯》賦曰：『何造化之多端兮，播群形於萬類。惟鷦鷯之微禽兮，亦攝生而受氣。

〔一〕今按：『火』，《全唐詩》杜甫《元都壇歌寄元逸人》作『竹』。

〔二〕今按：『曲崖濃雲謝豹啼』，《全唐詩》張泌《晚次 一作歇湘源縣》作『曲岸籠雲謝豹啼』。

育翩翾之陋體兮，無玄黄以自貴。毛不施於器用兮，肉不登乎鼎味。鷹鸇過猶俄翼兮，尚何懼於罿罻。傾翼過之翳薈蒙蘢，是焉遊集。飛不飄揚，翔不翕習。其居易容，其求易給；巢林不過一枝，每食不過數粒。栖無所滯，遊無所盤。匪陋荆棘，匪榮茝蘭。動翼而逸，投足而安。委命順理，與物無患。伊兹禽之無知兮，何處身之似智！不懷寶以賈害兮，不飾表以招累。静守約而不矜，動因循以簡易。任自然以爲寶，無誘慕於世僞。陰陽陶蒸，萬品一區。巨細舛錯，種繁類殊。鷦螟巢於蟁睫，大鵬彌乎天隅。將以上方不足，下比有餘；普天壤而遐觀，吾又安知大小之所如。〔一〕

《晏子春秋》：『東海有螟，巢於蟁睫。』〔二〕

杜詩：『體物幸鷦鷯。』

坡詩：『本與鷦鷯群，寧〔三〕隨鳳凰族。』

〔一〕　今按：『寶』，中國社會出版社（李安綱主編）《萬家辭賦》作『資』。『毛不施於器用兮』當作『毛弗施於器用兮』。

〔二〕　今按：『東海有螟，巢於蟁睫』，諸子集成《晏子春秋校注》作『東海有蟲，巢於蟁睫』。

〔三〕　今按：『寧』，《全唐詩》李白《空城雀》作『不』。

燕

燕，玄鳥也。齊曰燕，梁曰鳦。一名天女，又名鷙鳥。《古今注》。入山見白燕，其君宜〔一〕得貴女。京房《易占》。

鷾鴯，戊己。『鳥莫智於鷾鴯』。鷾鴯，燕也。《莊》。燕戊己月〔二〕不銜泥塗巢，此非才智，自然得之。《博物》。

齊魯之間，謂燕爲乙，作巢避戊己。《玄中記》云：『千歲之燕户北向。』《述異要》云：『五百歲之燕生胡生髯。』《酉陽》。

玄鳥，赤鷰。鳦，玄鳥也，燕也。齊魯謂之鳦，取其名自呼。《廣韵》。

御羽遺書。少昊之時，赤鷰銜羽，而飛集户，遺其丹書。《田俅子》。

〔一〕 今按：『宜』，《太平御覽》作『且』。

〔二〕 今按：『月』，《博物志校證・佚文》作『日』。

『瑶〔一〕光星散爲燕。』《運斗樞》。杜牧詩：『燕媒〔二〕得皇子。』《詩》：『天命玄鳥，降而生商。』《史》：簡狄見玄鳥墮卵，吞之生契。《左・昭公十七年》：玄鳥氏，司分者也。任注：玄鳥，燕也。以春分來，秋分去。〔三〕《襄公廿九年》：吴公子札曰：『夫子之在此也，猶燕之巢于幕上。』孫文子也。孔斌曰：『棟宇將焚，燕雀顔不變。』潘岳賦：『甚玄鳥〔四〕之巢幕。』『燕燕于飛，差池其羽。』『燕燕于飛，頡之頏之。』『燕燕于飛，下上其音。』戴嬀大歸，莊姜送之。

吞卵，遺卵。秦之先，帝顓頊之裔曰女脩。玄鳥墮〔五〕卵，女脩吞之，生子大業。有娀氏有二佚女，爲九咸之臺，飲食必以鼓。帝令燕往，視之，鳴若謚愛。二女愛而争搏之，覆以玉筐，少選祭而視之，遺二卵。二女作歌，一終曰『燕燕往飛』，實始作爲北音。〔六〕

〔一〕今按：『瑶』，《太平御覽》作『揺』。

〔二〕今按：『媒』，《全唐詩》杜牧《杜秋娘詩》作『禖』。

〔三〕今按：『任注』當作『杜注』。

〔四〕今按：『玄鳥』，天津古籍出版社（董志廣校注）《潘嶽集校注》作『玄燕』。

〔五〕今按：『墮』，中華書局《史記・秦本紀》作『隕』。

〔六〕今按：『九咸之臺，飲食必以鼓』『謚愛』『祭』，《太平御覽》分别作『九成之臺，飲食必鼓』『謚隘』『發』。『有娀氏』『爲九咸之臺，飲食必以鼓』『帝令燕往，視之，鳴若謚愛』『搏』『一終曰「燕燕往飛」，實始作爲北音』，《藝文類聚》分别作『有娥氏』『爲九成之臺』『帝令燕往，夜鳴』『博』『始遺北音』。無『祭』字。

群燕銜土而培城，萬燕銜土而置冢。魯人浮海，至于亶洲，見仲尼及七十子遊於海中，與魯人一木杖，令閉目乘之，使告魯侯，築城備寇。魯人出海，投杖水中，乃龍也。具以狀告，魯侯不信，群燕數萬，銜土培城，魯侯信之，大城曲阜。訖而齊寇至，攻魯不克而還。〔一〕《十六國春秋》。臨江閔王坐寢廟堧爲宮，王恐，自殺，葬藍田。燕數萬銜土置冢上。《史》。

銜土而投，銜土於冢。王莽開哀帝母丁姬冢，有燕數千銜土投窟〔二〕中。《漢書》。宋青州刺史都泰玄，字義貞，好黄老，德感禽獸。初葬時，群燕數千銜土於冢。獨高大與他異，鄉村歲時，迄今祭祀。《蘇州記》。〔三〕

吐豆，銜像。承相薛宣對曰：『茂陵寢上，玄燕來集。吐大豆，紫黑色，翱翔殿上。』宋天竺僧跋摩路過靈鷲寺，曰：『此間尋有異瑞，兼值王者登極〔四〕。』其年冬，果有群燕，其銜繡像委之堂內。及齊主道成初爲始興太守，遊於此寺而起白塔。《廣弘明集》。

燕語，燕瑞。安清，字世高，漢桓帝時人。聰敏，博學，鳥獸之聲無不綜達。忽謂伴

〔一〕今按：『亶洲』『使』，《太平御覽》分別作『澶洲』『歸』。
〔二〕今按：『窟』，《太平御覽》作『穿』。
〔三〕今按：『都泰玄，字義貞』『蘇州記』，《太平御覽》分別作『鬱泰玄，字義真』『蘇州冢墓記』。
〔四〕今按：『登極』，四部叢刊初編本《廣弘明集》作『登臨』。

曰：『燕云應有送食者。』頃之，果有致焉。《高僧傳》。魏禪晋之歲，闕下有一白燕，以金爲籠。論者以晋金德之瑞。昔師曠時，有白燕來巢。撿《瑞應圖》，果如所論。白色葉於金德，師曠事晋。古今之議相符矣。〔一〕王子年《拾遺記》。

燕來殿掖，燕集庭宇。慕容儁時，燕來于正陽殿之西掖，生三頭。頭上有竪色，異鳥，五色成章。咸稱：『燕者，燕鳥也。首有毛冠者，大燕龍興，冠通天章甫之象也。巢正陽西掖者，至尊臨軒朝萬國之徵也。三子者，數應三統之驗也。神鳥五色，言聖朝將繼五行之籙以御四海者也。』儁大悦。〔二〕《載記》。元嘉元年，有白燕集於齊郡，遊翔庭宇。經九月，乃去。衆燕翼隨，恒有數千。〔三〕《起居注》。

白燕出，白燕巢。侍中紀睦初生，有白燕一雙出，〔四〕既表素質，官塗亦通。《宣城記》。高

〔一〕今按：『以金爲籠』，《太平廣記》作『以金籠盛』。無『撿《瑞應圖》，果如所論。白色葉於金德』十四字。『籠』『論者以』『撿』『師曠事晋』『儀』，《拾遺記》分别作『樊』『論者云』『檢』『師曠晋時人也』『義』。

〔二〕今按：『燕來於正陽殿之西掖，生三頭。頭上有竪色』『異鳥』『冠通天』『西掖』，《太平御覽》分别作『燕巢於正陽殿之西椒，生三雛。頂上竪毛』『幾城獻異鳥』『冠通天冕』『西椒』。

〔三〕今按：『九月』，《太平御覽》作『九日』。

〔四〕今按：『紀睦』『有白燕一雙出』，《太平御覽》分别作『紀昌睦』『有白燕一雙出巢』。

士馬樞目常黃，能視闇中物。有白燕一雙，巢其庭樹。馴狎闌廡，時上几案，春來春去，幾三十年〔一〕。

白燕遊酒泉，黃氏見童子。呂光大安三年，白燕遊酒泉群，黑燕列從。《涼州記》〔二〕 孫氏妻黃見一童子當前，以釵擲之，躍入雲中。夜聞歌曰：『昔填夏家冢，葦泥頭欲禿。今寄黃氏居，非意傷我目。』尋覓巢中，得一白燕，左目傷。《續異記》。

共乳，長巢。崔玄暐居父喪。廬有燕，更巢共乳。俗傳：燕巢人家，巢户内向，及長過尺者，吉祥也。集賢張公，每歲燕巢正寢，其長可容匹練，户悉向内，數年遂登庸。《瑣碎録》。

燕歸巢林，燕不巢林。宋文帝元嘉廿八年，魏人破南兖、徐、豫、青、冀，所過郡縣赤地無餘。春燕歸來，巢於林木。宋錢惟演自兖守罷，遂築室于揚，亦既五年。忽春深，巢燕不歸。疑之，默訪寺、觀州宅，皆不至。一二年，一城丘墟矣。《雜志》。舊説燕不入室，是井之虛也。取桐爲男女各一，投井中，燕必來。

繼偶嗉蒺，雌燕抱殼。漢户部侍郎范質言，嘗有燕巢於舍下，雛已哺食矣。雌爲猫搏

〔一〕 今按：『目常黃，能視闇中物。有白燕一雙，巢其庭樹。馴狎闌廡。時上几案，春來春去』，中華書局《陳書·馬樞傳》作『目精洞黃，能視闇中物。有白燕一雙，巢其庭樹。馴狎櫩廡，時集几案，春來秋去』。

〔二〕 今按：『群』『涼州記』，《太平御覽》分別作『郡』『京州記』。

食，雄與一燕爲匹而至。不數日，雛相次墮地。剖腹視之，則蒺藜在嗉中，蓋爲繼偶者所害。《玉堂閑話》。《夷堅志》：張子韶事同。元元貞二年，雙燕巢於柳湯佐之宅。其雄鷙墮，爲猫所食。雌守巢哺雛，成翼而去。明年雌獨來，復巢其處。疑其更偶，徐伺之，則抱雛之殼耳。

玉京之詩，紹蘭之吟。襄陽霸城王整之姊嫁爲衛敬瑜妻，年十六而敬瑜亡。父母欲嫁，截耳爲誓。户有燕巢，雙飛來去，後忽孤飛。以絲繫足，後歲更來。爲詩曰：『昔年無偶去，今春猶獨歸。故人恩既重，不忍復雙飛。』雍州刺史西昌侯藻乃起樓於門，題曰『貞義衛婦之閭』。又表於臺。《南史》。宋末姚玉京，倡家女，嫁小吏衛敬瑜，溺水而死。有雙燕巢梁，一日爲鷙鳥所獲，其一孤飛。明年果至。贈詩云云。凡六七年。玉京病卒。明年燕來，周章哀鳴，燕遂至墳所亦死。每風清月明，襄人見玉京與燕同遊溪水之濱。〔一〕唐李公《燕女墳記》。長安民郭行，有女紹蘭，適巨商任宗，爲賈於湖中，數年，音信不通。見雙燕戲於梁間，欲附書壻於燕子，遂飛泊膝上。蘭吟詩云：『我壻去重湖，臨窗泣血書。慇懃憑燕翼，寄與薄情夫。』繫於足上，燕飛鳴而去。宗在荆州，燕泊於肩上。見有書感而泣下，歸出詩

〔一〕今按：『倡』『溪水』，《青泥蓮花記》分别作『娼』『漢水』。

示蘭。《開元遺事》。

漢家之謡，田琢之詩。漢成帝時，童謡曰：『燕燕，尾涎涎。燕飛來，啄皇孫。皇孫死，燕啄矢。』謂趙飛燕也。《徐敬業檄》曰：『燕啄皇孫，知漢祚之將盡。』是也。金宣撫使田琢，字器之。丙辰從軍塞外，有雙燕爲巢，土人不識，屢欲捕之。田曲爲全護。一日，飛止坐隅，思明日秋社，燕當歸矣，此殆爲留別語也。因贈詩云：『幾年塞外歷奇危，誰謂烏衣亦此飛；朝向蘆陂知有爲，暮投茅舍重相依。君迎我處頻爲語，我憶君時不掩扉。明日西風悲鼓角，君應先去我何歸？』細書爲蠟丸，繫其足上。明年四月，田受代歸。又八年甲子，田爲潞州判官。四月十二日，偶坐含翠堂，即前燕也。臘書尚在。田謂同年龐鑄畫爲圖，自作序，求趙開作賦詩。〔一〕《中州集》。

游没處帷游没鳥，燕也。雷效云：『海竭江枯投游没而立泛，言江海乾水立漲，投燕于其中。』《物類相感志》。

天下無道，攻擊不已。甲生蟣虱〔二〕，燕雀處帷幄。《韓子》。《博物志》：『燒燕肉而致

〔一〕　今按：『迎』，江蘇古籍出版社《春燕雙飛·燕》作『憐』。

〔二〕　今按：『甲生蟣虱』，《太平御覽》作『甲冑生蟣虱』。

龍。』杜詩：《别何邕》：『悲君隨燕雀。』公孫弘鴻漸之翼，困於燕雀。劉禹錫詩《金陵懷古》：『舊時王謝堂前燕，飛入尋常百姓家。』《宫人斜》：『應有春魂化爲燕，年年飛入未央栖。』李白《雙燕離》：『雙燕復雙燕，雙飛令人羡。玉樓珠閣不獨栖，金窗繡户長相見。』喻得幸。『柏梁失火去，因入吴王宫。』遭讒，從永王。『吴宫又焚蕩，雛盡巢亦空。憔悴一身在，雙雌憶故雄〔一〕。雙飛難再得，傷我寸心中。』杜詩《和嚴中丞》：『樓頭燕雀馴。』德及禽獸。

隼

骨曰鶻，瞭曰鷂。䳟曰鸇，奪曰鵽。《禽經》。《詩義疏》：『隼，鷂也。齊人謂之擊征，或曰雀鷹，或謂之題肩。春化爲布谷。』。隼，鷂屬，急疾之鳥。隼，鷙鳥也。顔師古曰：『即今所謂鶻，一曰鶉子。』鵓鶻，籠脱也。賚雀，鶉鷂也。江東呼爲之鸔。《爾雅》。顔師古云：『隼，鷙鳥，即今之

〔一〕　今按：『雙雌憶故雄』，《全唐詩》李白《雙燕離》作『孀雌憶故雄』。

鳺〔一〕也。』宗均曰：『題肩，有爪，爲陽，中陰，故擊殺也。』《易·解》：『上六，公用射隼于高墉之上，獲之無不利。』《傳》：『隼，鷙害之物。象爲害之小人。』《象》曰：『公用射隼，以解悖也。』《繫辭》。子曰：『隼者，禽也。弓矢者，器也。射之者，人也。君子藏器於身，待時而動，何不利之有？動而不括，是以出而有〔二〕獲，語成器而動者也。』《詩》：『鴥彼飛隼，其飛戾天，亦集爰止。』《采芑》。『鴥彼晨風。』今之鷂也。晨風，鸇也。《爾雅》。

殺隼，放隼。魏公子無忌方食，有鳩飛入案下。見一鷂在屋上飛去，縱鳩令出。鷂逐而殺之。公子不食，曰：『鳩避患皈無忌，竟爲鷂所得。爲吾捕此鷂者，無忌無所愛。』旁國左右捕三百餘頭。乃自按劍至其一籠上，曰：『誰獲罪無忌者耶？』一鷂低頭，不敢仰視。乃取殺之，盡放其餘。《列子》。傳書之『魏公子爲鳩報仇』，此虚言也。夫鸇，物也。情心不同，音語不通，公子何能使鸇低頭自責？鳥爲鸇者以千萬數，而擊鳩飛去，安可復得？〔三〕

〔一〕今按：『鳺』，中華書局《漢書》注作『鴂』。

〔二〕今按：『有』，《十三經注疏》本作『不』。

〔三〕今按：『飛』，諸子集成《論衡·書虚篇》作『蜚』。『傳書』『情心不同，音語不通，公子何能使鸇低頭自責？鳥爲鸇者以千萬數，而擊鳩飛去，安可復得？或時公子實捕鸇，鸇得。人持其頭，折其頸，低垂，不能仰視。緣公子惠義人也，因褒稱言，鸇服過也』，《太平御覽》分别作『儒書』『鸇有千數，擊鳩飛去，安可復得？或是捕鸇者折（其頸）也』。

或時公子實捕鸇，鸇得。人持其頭，折其頸，低垂，不能仰視。緣公子惠義人也，因褒稱言鸇服過也。《論衡》。

縱隼，藏鷂。大中元年二月，旱。上以旱故，縱鷹隼。太宗得鷂，見魏徵，乃藏於懷。公知之，遂因白事。語不時盡，鷂死懷中。《舊唐》。

拔鷂，捕鷂。揚德幹，高宗朝爲萬年令。宦官恃寵放鷂不避人禾稼，德幹擒杖，悉拔鷂頭。宦者涕泣袒背以示於帝。帝曰：『爾情知此漢犴，何須犯他百姓。』《嘉話》。劉齊賢爲人方正，高宗甚重之，爲晋州司馬。將軍史興宗言：晋州産佳鷂，請使捕之。上曰：『劉齊賢豈捕鷂者耶！』《通鑑》。

言隼來之遠，言鷙鳥之俊。仲尼在陳，有隼積于陳侯之庭而死。楛矢貫之，石砮其長尺有咫。仲尼曰：『隼之來也遠矣，此肅慎氏之矢也。』《國語》。王勃《夫子廟碑序》曰『石砮昭集隼之庭』是也。唐薛昭緯銜命梁園，朱温宴接款曲。薛盛言鷙鳥之俊，温後送鷂子一頭。仍對史令公所賜，戒僮僕曰：『直須愛惜。』裹以紙囊，安鞲袋中。《北夢瑣言》。

東翅鷂子。李藹應舉，號『東翅鷂子』，動敏絶人。《盧氏雜説》。庾信賦：『隼翼鷃披。』潘岳賦：『隰有翔隼。』善曰〔一〕：『鷙擊之鳥，通呼曰隼。一曰鷂，春化爲布穀。』文子曰：『鷹隼未擊，羅網不得張。』『鷹隼未擊，矰弋不得施于虞〔二〕隧。』孫寶爲京兆尹，請侯文爲掾。立秋日，文曰：『今鷹隼始擊，當順天氣，成嚴霜之誅。』『鷂子兩翅各有復翎，左名撩風，右名掠草。』〔三〕《雜俎》。鳥反哺，仁也。隼憫，胎義也。《化書》。

夢見鷹鷂，憂賊人也。《夢書》。杜詩《奉簡高適》：『鷹隼出風塵。』〔四〕喻。杜勤〔五〕：『鷙鳥舉翮連青雲。』

鶻

鶻，鳥名。王思孝之擊賊，如鶻入鴉。回紇，國之改名。

〔一〕今按：『善曰』當作『《楚辭》曰』。
〔二〕今按：『虞』，中華書局《漢書·貨殖傳》作『徯』。
〔三〕今按：『鷂子兩翅各有復翎，左名撩風，右名掠草』亦見宋葉廷珪《海録碎事·鷹鷂》。
〔四〕今按：『鷹隼出風塵』見《全唐詩》杜甫《奉簡高三十五使君》。
〔五〕今按：『杜勤』當作『杜甫』。

以鶻爲捷。文宣曰：『汝擊賊如鶻入鴉。』回紇，改紇爲鶻，義取如鶻。

仁鶻，義鶻。滄州東光縣寶觀寺，常有蒼鶻集重閣，有鴿數千。冬中，每夕取一鴿以暖足，至曉，放之而不殺。自餘鷹隼，不敢犯。《僉載》。長安薦福寺有鶻，冬每取小禽暖爪掌，旦則縱之。視其所適之方，則是日不於是方擊搏。

獨擊鶻，白將軍。王素爲御史。唐太宗養一白鶻。

義鶻，海鶻。杜甫《義鶻行》：『陰崖有蒼鷹，養子黑白巔。白蛇登其巢，吞噬恣朝飡。』『其父從西歸，翻身入長煙。斯須領健鶻，痛憤寄所宣。斗上捩孤影，噭哮來九天。脩鱗脱遠枝，巨顙折老拳。』『物情有報故，快意貴目前。』『功成史所在，用舍何其賢。』『斯爲義鶻行，永激壯士肝。』薛嵩鎮魏，有人持鷹，東夷樵夫傳。漕蕭惜素髮，寧欲銜佞冠。』『斯爲義鶻行，永激壯士肝。』薛嵩鎮魏，有人持鷹，東夷人曰此海鶻也。鄴城南陂蛟常爲患。人持往。海鶻忽投水，得一小蛇〔一〕，鄴無其患。

鷹鶚之子，或爲鶻鳶。『夏雀生鶉，楚鳩生鴞。』《造化權輿》。杜詩：『成都孟將有花卿。勇〔二〕如快鶻風火生。』《禽經》：『鶻不擊妊。巧者莫如鶻。』劉珙曰：『鶻之老者搏

〔一〕今按：『小蛇』，《太平廣記》作『小蛟』。

〔二〕今按：『勇』，《全唐詩》杜甫《戲作花卿歌》作『用』。

擊尤俊，老將有微過，未必可終棄。』

鸇

鸇，乘風鶻。

《莊子》：鷂爲鸇，鸇爲布穀，布穀復爲鷂，此物變也。《爾雅》：晨風，鸇。《詩》：『鴥彼晨風，鬱彼北林。』《孟子》：『爲叢驅爵者，鸇也。』《左・文公十八年》：季文子曰『見無禮於其君者，臧文仲曰誅之如鷹鸇之逐鳥雀也。』《襄廿五年》：子產問政焉，然明曰：『見不仁者，誅之如鷹鸇之逐鳥雀也。』齊惠公之妾生頃公於野，又不敢舉也。狸乳鸇覆之。宋康王時有雀生鸇〔一〕。鸇者，黑色，食爵，大於爵，害爵也。攫擊之物，貪叨之類，爵而生鸇者，是宋君且行急暴擊伐貪叨之行，距諫以生大禍，以自害也。見雀。王奐曰：『陳元不罰而化，得無少鷹鸇之志耶。』仇香曰：『以爲鷹鸇，不若鸞鳳。』〔二〕杜詩：戮力效鷹鸇。

〔一〕今按：『有雀生鸇』，《新序・雜事》作『有爵生鸇』。

〔二〕今按：『王奐曰：「陳元不罰而化」』『仇香』，《太平御覽》分別作『王渙曰：「陳元之過而不罪」』『仇覽』。

鷹

《元命包》：『瑶光星散爲鷹。』《月令》：『驚蟄之日，鷹化爲鳩。孟秋之月，鷹乃祭鳥。』《禽經》：『鷹不擊伏。』《周書》：『小暑之日，鷹乃學習。處暑之日，鷹乃祭鳥。』《廣志》：『有雉鷹，有菟鷹，一歲黄鷹，二歲撫鷹，三歲青鷹，胡鷹獲獐〔一〕。』《大戴禮》：『鷹也者，其殺之時也。鳩也者，非殺之時也。善變而之仁，故具言之也。鳩爲鷹而之不仁，故不盡其辭。』〔二〕《搜神記》：『春分之日，鷹變爲鳩，時之化也。秋分之日，鳩變爲鷹。』鷹在衆鳥之間，若旽夢然，故積怒而後金剛生焉。《裴氏雜書》。〔三〕　鷹則有青翅、黄眸、青冥、金距之屬。鶚則有從風鶚、孤飛鶚。茂陵李亨《西京雜記》。

譬布如鷹，譬垂如鷹。陳登曰：『譬如虎，當飽其肉，否則噬人。』曹公曰：『如養鷹，飢

〔一〕　今按：『獐』，《藝文類聚》作『麞』。
〔二〕　今按：『鷹也者，其殺之時也。鳩也者，非殺之時也。善變而之仁』，《太平御覽》分别作『正月，鷹則爲鳩。鷹也者，非其殺之時也。鳩也者，非其殺之時也。善變而知仁』。
〔三〕　今按：『夢然』『裴氏雜書』，《泊宅編》分别作『寐然』『裴氏新書』。

則爲用，飽則揚去。』呂布乃解。《魏志》。慕容垂請至鄴拜墓，苻堅許之。權翼諫曰：『垂猶鷹也，飢則附人，飽便高颺。若遇風塵之會，必有凌霄之志。』堅不從，去果不還。《載記》。

張載《榷論》曰：『青骹繁霜，縶於籠中，何以效其撮東郭于韝下？白猿玄豹，藏於檑檻，何以知其接垂條於千仞？』〔一〕《晋書》。

匡術之鳩，味道之鷹。孔群爲匡術所逼。王丞相令術勸群酒，以釋横塘之憾。群曰：『德非孔子，厄同匡人。雖陽和布氣，鷹化爲鳩。至於識者，猶憎其眼。』孔群在御道逢匡術，群初不視，直云：『鷹化爲鳩，衆鳥猶惡其眼。』上。蘇味道才學識度，物望攸歸；王方慶體質鄙陋，言辭魯鈍，俱爲鳳閣侍郎。郎中張元一曰：『蘇九月得霜鷹，王十月被凍蠅。』《僉載》。

凌霄君，决雲兒。北齊後主高緯，鷹犬皆有儀同、郡君之號。鷹曰凌宵郡君，食縣邑。《本紀》。申王有高麗赤獵鷹，目爲决雲兒。《酉陽》。《津陽門》詩：『赤鷹黄鶻雲中來，妖狐狡兔無所依。』注：申王有高麗赤鷹，岐王有北山黄鶻，上愛之，目爲『决勝兒。』岐王範爲岐州刺史，失白鷹。長史鄭繇爲《失白鷹》詩，詩曰：『白錦文章亂，丹霄羽翮低。雲間呼暫下，雪裏

〔一〕今按：『韝』『檑』，中華書局《晋書·張載傳》分别作『韝』『櫑』。

放還迷。梁苑鷲池鶩，陳倉拂野鷄。不知遼郭外，何處别依栖。』〔一〕《唐新語》。

雙白鷹贊。開元乙卯歲，蠻夷君長自肅慎、扶餘而貢白鷹一雙，皆皓如練色，斑若綵章，積雪金映，飛花群點。所謂金氣之英，瑶光之精，指麾應雄，顧眄餘雄，當落鵰之賞，蔑仇鷄之敵。〔二〕《英華》蘇頲。《詩》：『維師尚父，時維鷹揚。』《大明》。如鷹之飛揚。《左·昭公十七年》：剡子〔三〕曰：『爽鳩氏，司寇也。』注：爽鳩，鷹也。鷙，故爲司寇，主盜賊。

獻鷹，獲菟。楚文王，一人獻一鷹，雲際有物，鷹竦翮而升。見鵰。齊主高洋天保三年，獲白菟一聯。毛羽如雪，號爲全脚。〔四〕

毋獻鷹，罷獻鷹。後唐同光四年，明宗。留鷹坊二十人，毋得獻鷹犬。長興二年，敕解縱五方鷹隼〔五〕。書法，初立鷹坊，止留二十人禁中，外毋得獻鷹犬。於是又敕解縱，可謂終始惟一矣。高宗永徽二年，詔獻鷹隼者，罷。書法，書美之也。

〔一〕今按：『低』『遼』，《全唐詩》鄭谿《失白鷹》分别作『齊』『寥』。

〔二〕今按：『金』『雄』『眄』，《全唐文新編》分别作『全』『捷』『盼』。

〔三〕今按：『剡子』，《十三經注疏》作『郯子』。

〔四〕今按：『白菟』『全脚』，《酉陽雜俎·前集》分别作『白兔』『金䏶』。

〔五〕今按：『五方鷹隼』，四部叢刊初編本《資治通鑒》作『五坊鷹隼』。

放鷹，縱鷹。唐寶曆二，文宗立，放鷹犬。書法，書美之也。世民爲太子，縱禁苑鷹犬。徵天下之鷹師，美涼州之鷹表。大業四年，隋徵天下鷹師。貞觀二年，遣使涼州，都督李大亮有佳鷹，使者諷使獻之。大亮密表曰：『若陛下之意，深乖昔志〔一〕，如其自擅，乃是使非其人。』上手詔褒美，賜以荀悦《漢記》。書法，書交美之也。

蒼鷹獄吏。蒼鷹太守郅都。

野鷹集梁，文鷹至闕。虞潭字思奧，沈充逼京師，潭起義軍。至上虞，有野鷹飛集屋梁，潭曰：『起大義而網鷙之鳥來，破賊必矣。』後如其言。王蜀先天二年，太祖寢疾。文州進白鷹，茂州貢白兔。群臣議曰：『聖人本命是兔，鷹兔至甚相刑，貢禽，非以爲瑞。退鷹留兔，帝疾必痊。』敕命不從，是歲晏駕〔二〕。

〔一〕 今按：『貞觀二年』『志』，四部叢刊初編本《資治通鑒》分別作『貞觀三年』『旨』。《舊唐書·李大亮傳》作『貞觀元年，轉交州都督，封武陽縣男。在越州寫書百卷，及徙職，皆委之廨宇。尋召拜太府卿，出爲涼州都督，以惠政聞。嘗有臺使到州，見有名鷹，諷大亮獻之。大亮密表曰：陛下久絶畋獵，而使者求鷹。若是陛下之意，深乖昔旨；如其自擅，便是使非其人。』

〔二〕 今按：『先天二年』『茂州貢白兔』『鷹兔至甚相刑，貢禽』，《堅瓠集補集》引蜀何光遠《鑒戒録》分別作『光天元年』『茂州進白兔』『兔厄於鷹，二禽並貢』。

飢鷹侍中。魏盧昶貪縱，人謂飢鷹侍中。

同州進鷹，冀州好鷹。貞元十一年二月，同州進五色鷹。八月，潞州進白鶻。《唐會要》。

元垣爲冀州刺史，好畋漁，鷹犬數百頭，罝〔一〕網十餘車。《三國典略》。

馮顥追捕，乾曜自請。馮顥爲謁者，逐單于至靈中〔二〕。大將軍梁冀遣人求鷹，顥收之，使人擊鷹而亡。顥追捕甚急，冀辭乃止。《益部耆舊傳》。源乾曜爲京兆尹，政存寬簡，不叩而理。嘗有仗内白鷹，遂失所在。俄於野外獲其鷹，絓〔三〕於叢棘而死。官吏懼得罪，相顧失色。乾曜曰：『事有邂逅，死亦常理。』遂入，自請失旨之罪，上不問。

義鷹，虎鷹。盱南陸氏子，得牡猴、雛猴。益老意向類奸，見婦女必跳抃。陸謀殺之，無如之何。會少年臂蒼鷹來據，高隅發鷹，鷹摩空下瞰，猴舉尾自扞，鷹穿雲以逝。明日鷹揚擊以過，一鷹繼至。遂中其擒，蓋少年之鷹，往招之而來助者也。彼豈有响响之語言，沾沾之势貌，以相諷動者耶？噫！亦奇矣？治平末，吕南公記。鼓山有老僧云：見一禽，自海上

〔一〕今按：『罝』，《太平御覽》作『器』。
〔二〕今按：『靈中』，《太平御覽》作『雲中』。
〔三〕今按：『絓』，《太平御覽》作『掛』。

至。身大如牛，翼廣二丈餘。俄攫一羖羊〔一〕，乃望海而去。識者云是虎鷹，能捕捉虎豹。《墨客揮犀》。

取鷹法。七月二十日爲上時，八月上旬爲次時，八月下旬爲下時。塞外鷹畢至矣。鷹相同鶻，唯欲尾長，翅短，爲異耳。《酉陽》。

鵂鶹賦。蒼鷹鷙而受緤。戀鍾岱之林野。善曰：『鍾、岱二山，鷹之所産。』隋魏彦深賦：『惟靈禽之化育，寔鍾山之所生。質金方之勁氣，稟火德之炎精。』『生於窟者則好伏，生於木者則常立。雙骹長則起遲，六翮短而飛急。』『寅生酉就，换號爲黄。二周作鳴，千日成蒼。』〔二〕庾信賦：『蒼鷹擊殿。』《戰國策》：要離刺慶忌。蒼鷹擊殿。《列士傳》：聶政刺韓相。蒼鷹擊殿。杜詩《王兵馬使二角鷹》：『鷹之有角。』『惡鳥飛鷹啄金屋，安得爾輩開其群，驅出六合梟鸞分。』〔三〕惡鳥喻史思明，欲得王將軍驅賊，而使君子小人分也。

〔一〕今按：『一羖羊』，書目文獻出版社（清潘永因）《宋稗類鈔》作『二大羖羊』。

〔二〕今按：『惟靈』『質金方之勁氣』『稟』『生於木者則常立。雙骹長則起遲，六翮短而飛急』『换』『鳴』，《初學記》分別作『唯兹』『資金方之猛氣』『擅』『巢於水者則常立，雙骹長者則起遲，六翮短者而飛急』『總』『鴞』。

〔三〕今按：『鷹之有角』『鳥飛』，《全唐詩》杜甫《王兵馬使二角鷹》分別作『角鷹翻到壯士臂』或『亦如角鷹下翔（一作入朔）雲』『飛飛』。其中寫鷹的詩句還有『二鷹猛腦徐侯穟』。

白鷹：『雲飛玉立盡清秋，不惜奇毛恣遠遊。』黑鷹：『黑鷹不省人間有，度海應〔一〕從北極來。』李白《白鷹》：『八月邊風高，胡鷹白錦毛。』《行路難》：『上蔡蒼鷹安足道。』杜詩：『捩翅服蒼鷹。』《劉伯華》文：俊逸。鮑照賦：『飢鷹厲吻。』

鷲

鷲，大鵰也，其羽可爲箭竿。波斯國有土山，連接甚遠，中有鷲鳥噉羊。土人極以爲患。《南史》。

西南遠界有靈鷲鳥，能知吉凶。覘人將死，食尸，肉盡乃去。家人取骨燒爲灰，投之漲海。《林邑國記》。

耆崛山，鷲鳥居其巔〔二〕。土人號爲靈鷲山。《西域記》。

〔一〕　今按：『應』，《全唐詩》杜甫《見王監兵馬使説近山有白黑二鷹羅者久取竟未能得王以爲毛骨有異他鷹恐臘後春生鶱飛避暖勁翮思秋之甚眇不可見請餘賦詩》作『疑』。

〔二〕　今按：『耆崛山』『巔』，《水經注》分别作『耆闍崛山』『嶺』。

鶚鵰〔一〕

鶚鵰，屬姓好立，每立不移處，謂之鶚立。史。《孔融薦禰衡表》：『鷙鳥累百，不如一鶚。』西子母夢翠鷄五色，自空中而下化爲鶚，飛去後生西子，即西施女也。皂鵰三卵，一乃狗也。名曰鷹背狗也。《東園客談》。皂鵰巢中生獵犬。《使遼録》。

黄帝之力使，周宣之牧正。黄帝與炎帝戰於攻泉之野，熊、羆、狼、豹、貙、虎爲前驅，鵰、鶡、鷹、鳶爲旗幟〔二〕，此亦力使禽獸者也。周宣王之牧正，有役人梁鴦，能養野獸，委食於園庭之內。雖虎狼鵰鶚之類，無不馴柔〔三〕者。異類雜居，不相搏噬也。《列子》。

〔一〕　今按：《康熙字典》：《廣韵》五各切《集韵》《韵會》逆各切，音咢。《玉篇》雕，鶚也。師古曰：鷙擊之鳥，鷹鸇之屬。陸佃曰：鶚性好峙立，每立更不移處，所謂鶚立。《本草》一名魚鷹，又名鵰鷄，又曰下窟鳥。《前漢·鄒陽傳》：鷙鳥累百，不如一鶚。《正字通》：鶚翔水上，扇魚令出，啖之，故名沸波。

〔二〕　今按：『攻泉之野』『亦』，諸子集成本《列子注·黄帝篇》分别作『坂泉之野』『以』。《太平御覽》作『黄帝與炎帝戰，以鵰、雁、鶚爲旗幟』。《初學記》作『黄帝與炎帝戰，以鵰、鶚、鷹、鳶爲旗幟』。《藝文類聚》作『黄帝與炎帝戰，以鵰、鶡爲旗幟』。

〔三〕　今按：『馴柔』，諸子集成本《列子注·黄帝篇》作『柔馴』。《太平御覽》無『馴』『也』二字。

春山〔一〕爰有青鵰，執犬豕，食鹿。《穆傳》。李白詩：『鷹鸇鵰鶚，貪而好殺。鳳凰雖大臣〔二〕，不願以爲臣。』張華序：『或陵〔三〕赤霄之際，或託絶垠之外。翰舉足以冲天，觜距足以自衛。』

杜甫《鵰賦》：『臣竊以爲鵰者，鷙鳥之殊特，搏擊而不可當，引以爲類，是大臣正色立朝之義也。』『當九秋之凄清，見一鶚之直上。以雄才爲己任，以殺氣而獨往。捎捎整翮，肅肅遺響。青骹戴角，白鼻如瓠。嘵哮其音，颯爽其慮。降精於金，立骨如鐵，目通於腦，筋入於節。晨飛絶壑，暮起長汀。』〔四〕《贈鮮于仲通》詩：『鵰鶚離風塵。』《寄董嘉榮》：『秋天憶射鵰。』《送郭英乂》：『鵰鶚垂〔五〕時去。』《贈叩八》：『鵰鶚在秋天。』《贈陳補闕》：『皂鵰寒始急。』杜牧詩：『落鵰都尉萬人敵。』『弓箭落鵰兵。』

〔一〕今按：『春山』，《太平御覽》作『舂山』。
〔二〕今按：『臣』，《全唐詩》李白《白鳩辭》作『聖』。
〔三〕今按：『陵』，江蘇古籍出版社（王愷編選）《孔雀開屏》引張華《鷦鷯賦》作『淩』。
〔四〕今按：『以』『捎捎整翮』『青骹戴角』，鳳凰出版社（張忠綱，孫微編選）《杜甫集》分別作『横』『梢梢勁翮』『青骹帶角』。此條亦見《全唐文》。
〔五〕今按：『垂』，《全唐詩》杜甫《奉送郭中丞兼太僕卿充隴右節度使三十韵郭英乂》作『乘』。

鴆

《周禮》：翨氏音翅。掌攻猛鳥，各以其物爲媒而掎之。掎其脚。以時獻其羽翮。

鴆，運日也。韋注。

鴆，鳥名，出南方，大如鴞，紫黑色，頸長七八寸。唯食毒蛇。蛇入石穴，於穴外作步法。有頃石碎，啄蛇食之。鴆在處，草木不生。秋冬間脱羽，人以銀筯拾取，着瓶中，否則人手爛墮。尿着人，立死。着石，石爛。翮歷酒飲，殺人。唯犀角解之。禹步法則，三步九迹也。天藏遁法云：先一左足，二右足，三左足，四右足，五左足，六右足，七左足，八右足，九左足，行也。〔一〕有人入山，見其步法，歸向其妻學之。婦正織，而機翻倒。凡鴆飲水處，百鳥吸之皆死。或得犀牛，蘸角其中，則水無毒。此鳥與犀二物相伏，今有犀處，必有鴆；鴆生處，必有犀。

〔一〕 今按：『紫黑色』『頸長七八寸』『鴆在處』『筯』『尿着人，立死。着石，石爛。翮歷酒飲殺人。唯犀角解之』，文化藝術出版社（明郎瑛著　安越點校）《七修類稿》分別作『紫緑色』『頭長七八寸』『山有鴆』『爪』『以之瀝酒，飲人即死也，所謂鴆酒。今以爲鶴頂紅毛，非也。矢集於石，石亦裂。《爾雅翼》曰：「矢石即變爲雄黄。」今諸書云雄黄治蛇毒。有由然也』。無『出南方』三字。『頸長七八寸』，《爾雅翼》作『長頸』。

犀。不然，有毒氣傷物類，故天資之以含育萬物。《物類相感志》。一名曇鳥，亦曰同力。《寰宇記》。鶤鳥千歲爲鴆，老則愈毒，同力即鴆也。史。《説文》：鴆，毒鳥也。『其雄謂之運日，其雌謂之陰諧。』《爾雅》。『運日知晏，陰諧知雨。』《左・閔公元年》『宴安鴆毒，不可懷也。』《僖公卅年》：『使醫衍酖衛侯，甯俞貨醫，使薄其酖，不死。』《楚辭》：『吾令鴆爲媒兮，鴆告余以不好。』鴆喻讒佞。《蜀都賦》：『黑鴆零。』一名雲白。《抱朴子・良規》：『渴者恣口於雲白之酒，飢人醉飽於鬱肉漏脯也。〔一〕』《晋語》：申生祭齊姜於曲沃，歸福于絳。公田，驪姬置鴆于酒，置堇于肉，公歸祭之地。地墳。飲小臣酒，亦斃。

買鴆注江，得雛與愷。駙馬共〔二〕爲荆使于巴，見擔酖者，問之：『是何以？』曰：『所以酖人也。』於是請買之，注之於江。《尸子》。石崇爲荆州刺史，得鴆鳥雛。以與王愷而養之。時制鴆鳥不得過江，燒鴆於都街。《晋書》。

穆帝升平二年二月，詔曰：『佽飛督王饒忽上吾鴆鳥一口云以避惡，此凶物，豈一日安進！』於是鞭饒三百，使殿中御史孫雲焚其鳥于四達之衢。〔三〕《晋中興書》。晋史：『豈有鴆

〔一〕今按：『恣』『白』『飢人醉』，《抱朴子外篇・良規》分别作『資』『日』『飢者之取』。

〔二〕今按：『共』，上海古籍出版社（戰國尸佼著，清汪繼培輯，朱海雷撰）《尸子譯注》作『其』。

〔三〕今按：『一日』『三百』『焚其鳥於四達之衢』，《初學記》分别作『宜』『二百』『監臨於四衢道焚之』。

人羊叔子耶？』韓詩：『羽格見鵩鴞。』〔一〕

鵩

鵩鴞，屬惡鳥。異禽。《史》：『楚人命鴞曰鵩。』有鳥如小鷄，體有文者，土俗因形名之曰鵩。不能遠飛，行不出域。《巴蜀異物志》。

《鵩鳥賦》：誼爲長沙王傅三年，有鵩鳥飛入誼舍，止於坐隅。鵩似鴞，不祥鳥也。誼既以謫居長沙，長沙卑濕，誼自傷悼，以爲壽不得長，乃爲賦以自廣。辭曰：『單閼之歲兮，四月孟夏，丁卯。庚子日斜兮，鵩集余舍，止於座隅兮，貌甚閑暇。異物來萃兮，私怪其故，發書占之兮，讖言其度。曰：「野鳥入室，主人將去。」請問於鵩：余何去之？吉乎告我，凶言其灾。淹速之度，語予其期。』鵩乃太息，舉首奮翼，口不能言，請代以臆。曰萬物變化兮，固無休息。夫禍之與福兮，何異糾纏。細故蔕芥兮，何足以疑！』《西京雜記》：『誼作《鵩鳥賦》，齊死生，等榮辱，以遺憂累焉。』

〔一〕 今按：『格』，《全唐詩》韓愈《同宿聯句·韓愈孟郊》作『怪』。

《周禮》：『庭氏掌射國中之夭鳥，若不見其鳥獸，則以救日之弓、與救月之矢夜射之，若神也，則以大陰之弓與枉矢射之。』杜《李白》：『幾年遭鵩鳥。』《呈親友》：『彈落此〔一〕鴞禽。』又：『鵩鳥長沙諱。』《贈盧琚》：『莫信鵩爲鴞。』《贈鄭十八虔》：『賈生對鵩傷王傅。』韋超《别杜員外》：『地濕愁飛鵩。』杜牧《李甘》詩：『鵩鳥飛來庚子直。』許渾《丁補闕》詩：『鵩上承塵纔一日。』《搜神記》：長安張氏處室，有鵩上于床。張氏祝曰：『爲禍即？飛上承塵，爲福即飛入我懷。』承塵，衣也。

梟鴞

梟，不孝鳥，又名流離，鴞鴟，屬惡聲。大如斑鳩。賈誼所賦『鵩鳥』是也。其肉甚美，可以爲羹，又可爲炙。

〔一〕 今按：『此』，《全唐詩》杜甫《風疾舟中伏枕書懷三十六韵奉呈湖南親友》作『似』。

流離：鳥小〔一〕美長醜，爲鶹鷅。《爾雅》。《詩·邶風》：『瑣兮尾兮，流離之子。』陸機疏云：流離，梟也。自關而西謂梟爲流離。其子長大，還食其母。故張奐云：『鶹鷅食母。』許慎云『梟，不孝鳥』是也。《感應經》：『鴟鳥食母眼睛，乃能飛。』炎州有鳥，其名曰梟，傴伏其子，百日而長，羽翼既成，食母而飛。《列子·貪愛》。〔二〕 鴞、梟，字異，當是一物耳。北方梟，人家以爲怪。南中晝夜飛鳴，與烏鵲無異。桂林人家家養使捕鼠。《録異》。

唐堯在處，鴟梟逃于絶漠。曾子居時，鴟梟不入城郭：堯在位十年〔三〕，鴟梟逃于絶漠。《拾遺記》。曾子居曲阜，鴟梟不入城郭。《水經注》。

祠梟，羹梟：黄帝欲絶其類，令百官祠以其梟。漢五月五日，作梟羹賜百官，以惡鳥故食之。古者重梟羹、梟炙，蓋欲滅其族類。故莊子見彈思鴞炙。

蘇穎濱《端午帖子》：『百官却拜梟羹賜，凶去方知舜有功。』庾信賦：『小則爲梟爲獍。』惡獸。杜牧詩：『梟嘯得黄昏。』《詩》：『懿厥哲婦，爲梟爲鴟。』劉峻論：梟鸞不接翼。

〔一〕 今按：『小』，《十三經注疏》作『少』。
〔二〕 今按：『列子·貪愛』，泰東圖書局（劉晝）《新論》作『劉子·貪愛』。
〔三〕 今按：『十年』，《太平廣記》作『七年』。

翩彼飛梟，集于泮林。食我桑椹，〔一〕懷我好音。《淮南子》：『譬白公之嗇也，何異梟之愛其子也？』《北山録》：『烏反哺，梟反噬。蓋順逆之習也。』坡：『莫言〔二〕鵩如鴞。』韓：『何須强問鴞。』

子産治鄭，而梟不至〔三〕。常騫禳齊，而梟伏地：《梁翼别傳》：子産治鄭，鵄梟不至。李矩令郭誦禱鄭子産祠，曰：『君昔相鄭，惡鳥不鳴。凶胡醜羯，何得遍庭？〔四〕』齊景公爲露寢之臺，梟鳴其上。公惡之，柏常騫爲置白茅禳之，梟當陛布翼伏地而死矣。《説苑》。夏至賜百官梟羹，欲絶其類也。夏至，始起育萬物，梟害其母，故以此日禳之〔五〕。《漢官儀》。『墓門有梅，有鴞華止。』〔六〕惡聲之鳥也。

化梟，鳴梟。仇香字季和，化陳元爲孝子，鄉邑爲之諺曰：『父母何在在我庭，化我鳴梟。』

〔一〕今按：『梟』『椹』，《十三經注疏》分别作『鴞』『黮』。

〔二〕今按：『言』，《全唐詩》杜甫《奉贈盧五丈參謀琚》作『信』。

〔三〕今按：『至』，中國書店《北堂書鈔》作『鳴』。

〔四〕今按：『醜』『遍』，中華書局《晋書・李矩傳》分别作『臭』『過』。

〔五〕今按：『始起育萬物，梟害其母，故以此日禳之』，中華書局《史記》作『微陰始起，長養萬物而梟害其母，因以是日殺之』。

〔六〕今按：『華』，《十三經注疏》本作『萃』。

梟哺所生。』〔一〕《後漢書》。劉孝綽詩：『化梟仰季和，馴雉推仲康。』〔二〕張重華爲石季龍所攻。重華使謝艾爲中堅將軍，師出振武。夜有二梟鳴于牙中，艾曰：『梟，邀也。六博得梟者勝。今梟鳴牙中，克敵之兆。』於是進戰，大破之。《晉書》。

梟集其手，梟鳴産帳。乞伏乾歸畋于五溪，梟集其手，甚惡之。六年，爲兄子公有〔三〕所弑。齊後主重緯〔四〕，武成之長子也。母曰胡太后，夢於海上坐玉盆，日入裙下，有娠。五月五日生于并州，其日鴞鳴于産帳之上。《典略》。梟不孝之鳥，不祥之應也。後主嗣位，胡后淫亂，幽死北宫。《隋志》。

梟鳴改官，梟嘯遷令。梟鳴庭樹。張華〔五〕曰：『急灑掃！吾當改官。』言未畢，賀者已在門。《晉書》。路敬潛，遂安令。梟嘯其屏，鼠走於前，不爲懼，遷衛令，位中書舍人。《新唐》。

〔一〕今按：『季和』『鳴』，中華書局《後漢書・循吏傳・仇覽》分別作『季智』『鳴』。

〔二〕今按：『化梟仰季和』，《先秦漢魏晋南北朝詩・上虞鄉亭觀濤津渚學潘安仁河陽縣詩》作『化鶵（《文苑辯證》云：一作化鴞）』。

〔三〕今按：『有』，中華書局《晉書・乞伏乾歸》作『府』。

〔四〕今按：『重』『胡太后』，中華書局《北史・齊本紀下》分別作『諱』『胡皇后』。

〔五〕今按：『梟鳴庭樹』『張華』，《太平廣記》分別作『梟晨鳴庭樹』『張文成』。

唐玄宗令突厥入仗馳射，吕向疏曰：『鵰梟不鳴，未爲瑞鳥，猛虎雖伏，豈稱〔一〕仁獸。』《突厥傳》。《説苑》：梟逢鳩，鳩曰：『子將安之？』梟曰：『吾將東徙。』鳩曰：『何故？』梟曰：『鄉人皆惡我鳴，以故東徙。』鳩曰：『子能更鳴可矣，不能更鳴，東徙猶惡子之聲。』

鬼車

九頭鳥，一名鬼鳥，能入人室收人魂氣。此鳥昔有十首，一首爲犬所噬。《本草》。孔子聞歌，齊公見色。孔子與子夏渡江，見而異之。孔子曰：『鶬也。』河上人歌云：『鶬兮鴰兮，逆毛襄〔二〕兮，一身九尾長兮。』《韓詩》。其圖九首，今呼爲九頭鳥也。《白澤圖》謂之蒼鸆，《帝鵠書》謂之逆鶬。《爾雅》云：『鶬，麋鴰。』《酉陽》。齊孝昭有鳥止園，其色赤，形似鴨，其年帝崩。《隋・五行志》。郝氏逐之，壽翁得之。郝氏夜祀，佛鬼乘燭光而下，翼廣丈餘，呼犬逐之，墜一羽。《續

〔一〕今按：『稱』，中華書局《舊唐書・突厥上》作『齊』。

〔二〕今按：『襄』，新編諸子集成（漢王充，黄暉校釋）《論衡校釋・實知》作『衰』。

博物志》。淳熙初，李壽翁守長沙，惡鬼車中夜鳴噪，募得之。身圓如箕，十脰環簇，其九有頭，其一獨缺。當飛時，十八翼霍霍而動。類野狐而黑，觜長，洛中呼爲渠逸鳥。《夷堅志》。

一云乳母鳥，亦名鬼鳥。《本草》。姑獲鳥夜飛晝隱，衣毛爲飛鳥，脱毛爲婦人，名天帝小女，一名夜行遊女，一名鈎星，一名隱飛鳥。豫章男子得一女爲婦，生三女，衣在積稻下。得之，衣而飛去。三女得衣俱飛去。今謂之鬼車。《玄中記》。《本草》：姑獲鬼車，爲二鳥車載，板鬼車也。

鵂鶹 關西曰訓狐

一名訓狐，一名角鴟，食其母。今江東呼鵂鶹爲鵋鵙，亦謂之鴝鵒。《爾雅》。

鴟鵂，夜撮蚤，窠毫末。晝出瞑目，而不丘山，殊性也。《莊子·結性》。〔一〕鵂鶹，一名鵋鵂，晝日無所見，夜則目至明。人載爪甲，棄露地。此鳥夜至人家，拾取爪，知有吉凶。凶者鳴於屋上。《博物志》。除爪甲埋之户内，恐此鳥得之也。鵂鶹白日不見人，夜能食蚤虱

〔一〕今按：『窠』『莊子·結性』，諸子集成本《莊子集解》分别作『察』『莊子·秋水』。

也。蚤爪字相近。俗云：鵂鶹拾人棄爪，相其吉凶，妄説也。《纂文》。取鵶鵂，折其大羽，絆其兩足，以爲媒。張羅其旁，鳥聚矣。《録異》。

一士謂無此理，侯景深以爲惡。劉在朱方，人不得共話，若與之言，必遺禍難及身死、疾，惟一士謂無此理，劉聞之欣然而往。自説被謗，君能見明。答云：『世雷同，何足恤。』須臾火發，資蓄、服玩蕩然。於是舉世呼爲劉鵂鶹〔一〕。侯景矯豫章王，禪位於己。夜有鵂鶹鳴於太極殿上，深以爲惡，控弦伺之。

飛集縣署，飛下幄帳。僖宗廣明二年，群飛集縣署，衆鳥逐而噪之。《唐·五行志》。光化二年，劉仁恭爲幽尉，飛下幄帳内。竟爲魏汴所敗。《唐書》。

訓狐，惡鳥也。鳴則後竅應之。《酉陽》。韓詩：『有鳥夜飛名訓狐，矜凶挾巧誇自呼。』山谷《演雅》：『訓狐啄屋真行怪。』夜枕聞鵂鶹。夜視曾不如鵂鶹。《周禮》：『硩蔟氏掌覆夭鳥之巢。』鵂鶹，惡鳴之鳥，若鴞鵩。以方書十日之號，十有二辰之號，十有二月之號，十有二歲之號，二十有八星之號，懸其巢上，則去之。

〔一〕今按：『話』『遺』『蓄』『然』『呼』，《太平御覽》分别作『語』『遭』『畜』『盡』『號』。

鴟鴞

《運斗樞》：『玉衡精散爲鴟。』世俗相傳，鴟不飲泉及井水，唯遇雨濡翮，方得水飲。《雜俎》。

《詩》：『鴟鴞鴟鴞，既取我子，無毁我室。』鴟鴞，鸋鴂，惡鳥。攫鳥子而食者。比武庚既敗管蔡，不可更毁王室。《書》：苗民。鴟義奸宄。《左·襄公廿八年》：慶公來奔，穆子餐慶封。慶封氾〔一〕祭，爲之誦《茅鴟》逸詩。陶侃曰：『杜曾凶狡，所謂「鴟鴞食母之物」。』或謂惠子曰：『莊子欲代子相。』惠子恐。莊子往見之，曰：『南方有鳥，其名鵷雛，非練實不食，非醴泉不飲。於是鴟得腐鼠，鵷雛過之。仰而視之，曰：「嚇！」今子欲以梁國而嚇我耶？』《莊子》。太山之鴟啄腐鼠於窮澤，非有害於人也。今有司盗主財而食之焉，得若太山之鴟乎！《鹽鐵論》。梅書：鳶鵲遭弋〔二〕，則仁鳥增逝。愚者蒙戮，則智士深退。鳶音緣，鴟也。《抱朴子》：『梧禽不與鴟鴞同枝，麟虞不與豺狼連群。』

〔一〕今按：『氾』，《十三經注疏》本作『泛』。
〔二〕今按：『鳶鵲遭弋』，中華書局《漢書·梅福傳》作『鳶鵲遭害』。

雙鴟鳴上，老鴟隨駕。秦王翰弟幹，善弓馬，以騎從明元於白登之北。有雙鴟鳴於上，幹以箭下雙鴟，帝賜之御馬。軍中號幹弓矢爲『射鴟都將』〔一〕。德宗初登勤政樓，見一緑衣人乘驢，至樓下，俯而東去。上遣京尹物色之。對曰：『上皇時，鴟必集樓上，號隨駕老鴟集。今見群鴟盛集，又覺景象宛如昔時。』〔二〕《因話録》。

肅宗張后專權。每進酒，常置鵄腦酒。鵄腦酒，令人久醉健忘。《雜俎》。

鳶

鴟類也，鷙鳥似鴟。《詩》：『鳶飛戾天。遐不作人。』咏文王旱麓之德。《中庸》曰：『鳶飛戾天。』詩云。言其上察也〔三〕。子思引詩以明化育流行，莫非此理之用。『匪鶉匪鳶，翰飛戾天。』《四月》。

仰視飛鳶，詔作紙鳶：馬援曰：『虜未滅時，仰視飛鳶跕跕墮水中。』杜甫詩：『南征盡

〔一〕今按：『翰』『北』『箭』，中華書局《北史》分别作『良』『東北』『二箭』。
〔二〕今按：『隨駕老鴟集』，中華書局（宋王讜撰，周勛初校證）唐宋史料筆記叢刊《唐語林校證》亦作『隨駕老鴟』。
〔三〕今按：『上』，朱熹《四書章句集注》作『上下』。

跕鳶。』

韋迢詩『天炎畏跕鳶』是也。侯景圍臺城，簡文作紙鳶於殿前飛之，賊射而下之，遂不得通。及墮，皆化爲鳥，飛入雲中，不知所往。《獨異志》。

庾信賦曰『書逐鳶飛』是也。《淮南子》：『魯般、墨子以木爲鳶而飛之，三日不集，而不可使爲工也。』諺曰：『鳶墮腐鼠，而虞氏以亡。』詳見鼠門。飛躍有〔一〕魚鳶。雲外飄飄戲紙鳶。

蝙蝠

一曰天鼠。《李氏本草》。蝠，飛鼠也。蝙蝠，仙鼠，又名伏翼。《抱朴子》：千歲蝙蝠色如雪，集則倒懸，脯〔二〕重故也。李白詩曰：『仙鼠如白鴉，倒懸清溪月。』是也。

自關而東，謂之服翼，或謂之仙鼠。自關而西，謂之蝙蝠，北燕謂之蟙𧑒〔三〕。《方言》。

〔一〕今按：『有』，宋衛宗武《爲慈上人賦雲溪》作『樂』。
〔二〕今按：『脯』，諸子集成本《抱朴子·内篇》作『腦』。
〔三〕今按：『蟙𧑒』，《藝文類聚》作『𧑒蟙』。

蝙蝠夜值庚申乃伏變化自然。百歲伏翼，色赤，止則倒懸。千歲伏翼，色白，得而食之，使人神仙〔一〕。取人之髻，與燕而争。燕日出爲旦，日入爲夕。蝠日入爲旦，日出爲夕。

衆禽《字林》：**兩足曰禽。禽者，鳥獸之總名。鳥不可曰獸，獸亦可曰禽。故『鸚鵡不曰獸，而猩猩則通曰禽也』**

《淮南子》：羽嘉生飛龍，飛龍生鳳凰，鳳凰生鸞鳥，鸞鳥生庶鳥。凡羽者生於庶鳥。

《白虎通》：鳥所以飛何？鳥者，陽也。飄輕，所〔二〕飛也。禽者，何？鳥獸之總名，明爲人所禽制也。

《方朔傳》：武帝問朔：何知鳥之雌雄，對曰：『雄左翼加右，聲高。雌，右翼加左，聲小。』一云：燒毛納水中，沉者雄，浮者雌。

《禽經》：一鳥曰隹，二鳥曰雔，三鳥曰朋，四鳥曰乘，五鳥曰雇，六鳥曰鶂，七鳥曰鴕，八鳥曰鸞，九鳥曰鳩，十鳥曰鶉。陸鳥曰栖，水鳥曰宿，獨鳥曰止，衆鳥曰集。鶴以怨望，鴟

〔一〕今按：『使人神仙』，《藝文類聚》作『壽萬歲』。
〔二〕今按：『所』，《太平御覽》作『故』。

以貪顧，鷄以嗔睨，鴨以怒瞋，雀以猜瞿，燕以狂眄。視也。鸎以喜囀，烏以悲啼，鴛以飢鳴，鶴以絜淚，梟以凶叫，鴟以愁嘯。鳴也。烏鳴啞啞，鸞鳴噰噰，鳳鳴喈喈，凰鳴啾啾，雉鳴嘒嘒，鷄鳴咿咿，鸎鳴嚶嚶，鵲鳴喈喈，鴨鳴呷呷，鵠鳴哠哠，鵙鳴嗅嗅。冠鳥性勇，帶鳥性仁，纓鳥性樂。注云：『冠鳥若鷹。』是也。帶鳥若練鵲是也。纓鳥若綬鳥是也。短脚者多伏，長脚者多立，脚近翠者能步，脚近臆者能躑。多伏鳴鵝之類是也。多立鸛鶴之類是也〔一〕。

陸生之鳥咮多鋭而善啄。水生之鳥咮多圓而善唼。善啄鳴鵝之類是也。善唼，鸛鶴之類是也。凡鳥左顧則怒，作右眄則喜。生飛而起則仰左翼，飛而下則仰右翼。《埤雅》。

鳥有四種：聲好而形醜，羅鳥是也。形好而聲醜，鷙鳥是也。聲形俱醜，土梟是也。聲形俱好，孔雀是也。《阿含經》。

鶴以聲交而孕，鵲以音感而孕，白鷁相視而孕，烏以傳涎而孕。《禽經》。

鶴聲宜學仙，雉聲宜習武，烏聲宜習醫，雁聲宜習卜，鵲聲宜習士，梟聲宜習器。聽聲。《考課篇》〔二〕。

舊説鳥雀尾上，有肉高有穴者，名脂瓶。每引觜取脂，以塗翅，毛則悦澤，雨露不能濡。

〔一〕　今按：『眄』，《野客叢書》引《禽經》作『盱』。

〔二〕　今按：『考課篇』，《花木鳥獸集類》作『考祥篇』。

《海録》。

子路、顔淵浴於洙水，見五色鳥。子路曰：『熒熒之鳥。』後日又浴於泗水，更見前鳥，子路曰：『回回之鳥。』顔回曰：『何一鳥而二名？』子路曰：『譬如絲絹，煮之則爲帛，染之則爲皂。』《綺波傳》。〔一〕

漢武更中尉名爲執金吾。師古曰：『金吾，鳥名，主辟不祥。』《百官志》。

章帝永寧元年，條支國來貢異瑞，有鳥名鳿鵲。形高七尺，解人語。其國太平，則鳿鵲群翔。漢武帝時，四夷賓服。有獻鵲。莊周云：『鵰陵之鵲。』蓋其類也。《拾遺記》。

煬帝征遼回，次柳城郡。有大鳥二，素羽丹觜，翻翔雙下，高一丈四五尺，長八九尺。敕著作佐郎吴緯〔二〕製《瑞鳥銘》。秘書郎虞世南上《瑞鳥頌》。

『周鵲〔三〕尚銜羽，蛩蛩亦念飢。』阮詩。　鸜鵲之信不如雁，周鵲之智不如鴻。〔四〕《禽經》。

〔一〕　今按：『回回』『綺波傳』，山東友誼書社（清馮雲鵷校刊）《聖門十六子書・仲子傳》分别作『同同之鳥』『冲波傳』。

〔二〕　今按：『吴緯』，《太平廣記》作『虞綽』。

〔三〕　今按：『周鵲』，人民文學出版社（阮籍著、黄節注）《阮步兵咏懷詩注》作『周周』。

〔四〕　今按：『鵲』『雁』『鵲』，《禽經》分别作『鸜』『鷹』『周』。

交州有鳥王，如鵲，頭上有毛冠，尾長一尺五寸，純黑色。若欲取諸鳥，先選高枝，斫除枝柯，以膠插着，惟留一兩枝。取鳥王置其下，鳥王鳴呼，衆鳥争集。獠子收之也。〔一〕《寰宇記》。

越地深山中有鳥大如鳩，青色，名曰冶鳥。穿樹作巢。形長三尺，入澗取石蟹就人火間炙之，不可犯也。越人謂此鳥爲越祝之祖。《博物志》。

木客鳥，大如雀。俗云：木客化爲此鳥也，白黄文者謂之君長，飛高正。赤者謂之伍伯，居前正。黑者謂之鈐下。緗色赬雜者謂之功曹。〔二〕左脇白帶者謂之主簿。《廣陵異物志》。

歸美山石室有鸕鳥，隻者鑑水向影，悲鳴自絶。《南康記》。

雪山有共命鳥，一身二頭。杜詩：『蓮花交響共命鳥，金榜雙迴三足烏。』和帝時，安息

〔一〕今按：『一兩枝』，中華書局（明張燮著）《東西洋考十二卷》作『三兩枝』。
〔二〕今按：『飛高正』『伍伯』『赬』，中華書局（楊孚撰、曾釗輯）《異物志·北户録》（據嶺南遺書本）分别作『飛高而正』『五伯』『赪』。

國獻條支大爵。頸膺身蹄都似槖駝，色蒼。舉頭八九尺，展翅丈餘，其卵如甕。即今駝鳥。《後記》。〔一〕

波斯大鳥形如駝槖，食草與肉，亦能噉火。馳走甚疾，一日七百里。《魏書》。

波斯有鳥，其形似人，亦如槖駝，鳥常居水中，出水便死。《北史》。

高宗永徽中，吐火羅國獻大鳥，色玄，足如駝，行日三百里，能噉銅鐵，呼爲駝鳥。上以太宗懷遠，所致獻於昭陵。《舊唐》。

大食國有駝鳥，高四尺以上，脚似駝蹄，人騎行五六里。真臘國葛浪山有鳥，狀似老鵰，大如駱駝，人過攫食，騰空而去。王取大牛肉，中安小劍子，令人載〔二〕行。鳥攫而吞之，乃死。《僉載》。

河州有禽，名骨託，狀類鵰，高三尺許，常以名自呼，能食鐵石。《墨客揮塵》。〔三〕

三佛齊國出火鷄，好食麩炭，身圓而頸更長，因名火鷄。《瀛崖勝覧》。　鳥一足曰獨立，見

〔一〕　今按：『頸膺身蹄都似槖駝，色蒼。舉頭八九尺，展翅丈餘，其卵如甕。即今駝鳥』，中華書局《後漢書・孝和帝孝殤帝紀》卷四引郭義恭《廣志》作『大爵，頭及身膺蹄都似槖駝，舉頭高八九尺，張翅丈餘，食大麥，其卵如甕，即今之駝鳥也。』

〔二〕　今按：『載』，中華書局（唐張鷟）《朝野僉載》（唐宋史料筆記叢刊・補輯）作『戴』。

〔三〕　今按：『鵰』『墨客揮塵』，大化書局（明商浚輯）《稗海》引宋彭乘撰《墨客揮犀》分别作『雕』『墨客揮犀』。

其勇强也。〔一〕《河圖説》。越王鳥狀似鳶，口勾，米可受二升許，南人以爲酒器，珍於文螺。不啖百草，不下餌蟲魚，唯噉木華，糞似薰陸香。南人既以爲香，又治雜瘡。〔二〕《登羅山疏》。䲘䲉，鸗一名越王鳥。《南越志》。鸗鳪鳴聲哀。俗云：繼母欲嫁，因爨，使人守之，母遂不還，兒因呼母，言鸗鳪〔三〕也。《臨海異物志》。霜傳强枝，鳥以武生者少；雪封枯原，鳥以文死者多。《禽經》。有五采之鳥，有冠，名曰狂鳥。《山經》。儀鳳屯集，狂鳥穢之。孔融論。《詩》：『肅肅鴇羽，集于苞栩。肅肅鴇翼，集于苞棘。肅肅鴇行，集于苞桑。』鴇似雁而大，無後趾。民從征役，不養父母。

羽

董仲舒曰：『夫天亦有所分與，傅之翼者兩其足〔四〕。』

〔一〕今按：『見其勇强也』，《太平御覽》作『見則主勇强也』。
〔二〕今按：『口勾，米』『不下餌蟲魚』，《太平御覽》分别作『口句末』『木餌蟲魚』。
〔三〕今按：『鳪』，《太平御覽》作『烠』。
〔四〕今按：『與』『之』，中華書局《漢書·董仲舒傳》分别作『予』『其』。

《周禮》：『羽人掌以時徵羽翮之政于山澤之農，以當邦賦之政令。凡受羽，十羽爲審，百羽爲摶，十摶爲縳。』『鍾氏染羽，以朱湛丹秫。湛，漬也。秫，赤粟。羽所以飾旌旗及王后之車。三月而熾之，淳而漬之。淳，沃也。熾，炊也。漬，染也。三入爲纁，五入爲緅，七入爲緇。』

杜甫《諸葛》詩：『萬古雲霄一羽毛。』以高飛鳥喻。『泄泄其羽，右手秉翟，不濡其翼，熠耀其羽，予羽譙譙，予尾翛翛，翰飛戾天，有鶯其羽，戢其左翼，翽翽其羽。』徐州厥貢羽畎夏翟。荊州厥貢羽毛。高宗肜日，越有雊雉。自是章服多用翟羽，作雉尾扇。無冬無夏，值其鷺羽。《易》：『明夷于飛，垂其翼。』『豐其屋』，天際翔也。『翰音登于天，何可長也。』

舜時，焦僥氏獻没羽。庾信賦曰『南琛没羽』是也。舜舞干羽于兩階，七旬有苗格。陳敏之：顧榮羽扇一揮，賊兵潰散。庾信賦曰『顧榮虚摇羽扇』是也。周鵲翅扇。諸葛羽扇。史。積羽沉舟，謂讒言也。子路曰：『願得白羽若日，赤羽若月。』

六翮，三翮。《揚子》：『鷦朋〔一〕冲天，不在六翮乎？』王次仲變篆爲隸，始皇召之不至。將殺之，化爲大鳥。乃以三大翮墮與使者，因號落翮山。《列仙傳》。見羽旄之美，舉疾首蹙頞而相告。見羽旄之美，舉欣欣然有喜色而相告。《孟子》。

〔一〕今按：『朋』，諸子集成《揚子法言・寡見》作『明』。

聚鷸冠，雉頭裘。聚鷸羽爲冠，以雉頭羽爲裘。

《左・襄公十四年》：范宣子假羽毛於齊而不〔一〕歸。折羽爲旌，王者游車之所建，齊私有之，因謂之羽毛。《昭公十五年》：費無極曰：『吴在蔡，蔡必速飛。去吴，所以翦其翼也。』《定公四年》：『晉人假羽毛於鄭，鄭人與之。』

卵

卵，羽蟲所生。《淮南子》：『蜂房不容鵠卵，小形不足以包大體也。』孟戲人首鳥身，其先爲吴氏，馴百禽。夏后之末，民始食卵。孟戲去之，鳳皇隨焉。〔二〕史。覆巢毁卵，則鳳凰不巢。范蜀公見二鶻擲卵，相上下接之，蓋習飛也。其胎教之意乎。周世宗征河東，劉旻曰：『若遇我師，如山壓卵。』史。

孔靖無瞟，取伏鷄卵爲肴。音[illegible]，肴也。弘成子，人授以文石如燕卵，吞之，後爲名儒。

〔一〕今按：『不』，《十三經注疏》本作『傅』。

〔二〕今按：『孟戲』『吴』『末』，《博物志校證》分别作『孟舒國民』『雲』『世』。

後吐出，文思減。《左・哀公十六年》：楚子西曰：『勝如卵，予〔一〕翼而長之。』晉荀息諫曰：『臣能纍十二碁子，加九卵。』公曰：『危哉！』徐君宫人有孕，生卵棄之。有大鵠頡銜卵，生兒，宫人取爲己子，是爲偃王。簡狄見玄鳥墮卵，吞之生契。《詩》曰：『天命玄鳥，降而生商。』是也。

孔文舉被收，兒大者九歲，小者八歲，曰：『大人豈見覆巢之下，有完卵乎？』條支有卵如甕，漢武時來獻。庾信賦曰『識鳥卵於條支』是也。《揚子》：『雖之不才，其卵翢矣。君之不才，其民野矣。』李先主以國用不足，税民間鵝卵出雙子者。伶人獻詞云：『惟願普天多瑞慶，柳條結絮鵝卵生。』

獵者

《易》：『即鹿無吴〔二〕，以從禽也。』《屯》。『田有禽，利執言。』《師》。『王用三驅，失前禽。』

〔一〕今按：『予』，《十三經注疏》本作『餘』。

〔二〕今按：『吴』，《十三經注疏》本作『虞』。

《禮》所謂『天子不合圍，成湯祝網』，是其義也。《象》：『舍逆取順，失前禽也。』《比》。『九四，田無禽。』《象》：『久非其位，安得禽也。』太康田于有洛之裔〔一〕，《五子歌》曰：『外作禽荒，未或不亡。』終日而不獲一禽，嬖奚反命曰：『天下之賤工也。』一朝而獲十禽，嬖奚反命曰：『天下之良工也。』《孟子》。『弋言加之。畢之羅之。弋鳧與雁。』《詩》。『弋不射宿。』《論》。鴻鵠將至，思援弓繳而射之。漢靈帝光和五年，校獵上林苑。書法，書校獵何，譏禽荒也。梁君欲射行者，公孫襲託矢進言，梁君曰：『幸哉！今日也。他人獵皆得禽獸，吾獵得善言而歸。』

相如賦：『掩翡翠，射鵕鸃。弋白鵠，連駕鵝。雙鶬下，玄鶴加。』班固賦：『招白鷴，下雙鵠。』

《左·隱公五年》：臧僖伯諫曰：『春搜，夏苗，秋獮，冬狩，皆於農隙以講事也。鳥獸之肉不登於俎，骨角、毛羽不登於器，則公不射古之制也。』《襄公廿五年》：『鳩搜澤。』鳩聚搜澤，使不得焚，以備田獵。十四年：衛獻公『射鴻於囿，二子從之，不釋皮冠，而與之田。』十七年：『衛孫蒯田于曹隧，飲馬于重丘，毀其瓶。』《昭公三年》：鄭伯如楚，楚子享之。賦

〔一〕今按：『裔』，《十三經注疏》作『表』。

《吉日》。廿年：齊侯田于沛，招吴人以旌，不進。辭曰：『皮冠以招吴人，臣不見皮冠，故不敢進。』

《列子》：『蒲且子之弋也，弱弓纖繳，乘風振之。連雙鶬於青雲之際。用心專，動手均也。』

鳥獸附

禽者，鳥獸之總名。鳥不可曰獸，獸亦可曰禽。故鸚鵡不曰獸，而猩猩則通曰禽也。見衆禽門。《周禮・調人》：凡過而殺傷鳥獸者，以民成平也。之。傷人畜産。《書》：『鳥獸孳尾。』『鳥獸希革。』『鳥獸毛毨。鳥獸氄毛。』《堯典》。『疇若予上下鳥獸。』《舜典》。『古有夏先后，方懋厥德，鳥獸咸若。』方懋厥德，致中和也。鳥獸咸若，萬物育也。《伊訓》。『珍禽奇獸，不育于國。』《旅獒》。《論語》：『鳥獸不可與同群。』

《孟子》：君子之於禽獸也，見其生，不忍見其死。聞其聲，不忍食其肉。今恩足以及禽獸，而功不至於百姓。禽獸繁殖，禽獸逼人，益列山澤而焚之，禽獸逃匿。鳥獸之害人者消。園囿、污池、沛澤多而禽獸至。人之所以異於禽獸者，幾希。得天地之理以爲性，得天地之氣以爲形。雖有鳥獸，豈能獨樂哉？逸居而無教，則近於禽獸。與禽獸奚擇哉？於禽獸又何難焉。史：湯德至矣，及禽獸。

《左·成公十一年》：婦人曰：『鳥獸猶不失儷，子將若何？』《襄公四年》：魏絳曰：『戎，禽獸也。』《隱公五年》：臧僖伯諫曰：『鳥獸之肉不登於俎，則公不射，古之制也。』君不親射。

《揚子》：『鳥獸觸其情者也。』無別。

白龜年於崇山〔一〕東巖下遇李白，授一軸素書，曰：『讀此可辨九天禽語，九地獸言。』龜年一日過潞州，二雀啾唧。過太守庭，守曰：『彼何言？』龜年曰：『言西城民家有粟，可共食。』驗之，果然。

〔一〕今按：『崇山』，中華書局（李劍國輯校）《宋代傳奇集》作『嵩山』。